本书受"2018 年湖北省社科基金一般项目（后期资助□□□□□
大别山乡村旅游文化建设研究（2018035）"资助。感谢"黄□□□□□
目——大别山生态旅游资源开发与利用""湖北省人文社科重点研究基地大别山旅□□□
文化研究中心——大别山乡村旅游供给侧改革研究（201714803）"对本研究的大力支持。

基于旅游人类学角度的乡村旅游文化建设研究

——以大别山乡村旅游为例

叶俊 著

九 州 出 版 社
JIUZHOUPRESS

图书在版编目（CIP）数据

基于旅游人类学角度的乡村旅游文化建设研究 ：以
大别山乡村旅游为例 / 叶俊著 . -- 北京 ：九州出版社，
2019.9

ISBN 978-7-5108-7826-8

Ⅰ . ①基… Ⅱ . ①叶… Ⅲ . ①大别山－乡村旅游－旅
游文化－研究 Ⅳ . ① F592.763

中国版本图书馆 CIP 数据核字 (2019) 第 181724 号

基于旅游人类学角度的乡村旅游文化建设研究：以大别山乡村旅游为例

作　　者　叶　俊 著
出版发行　九州出版社
地　　址　北京市西城区阜外大街甲 35 号（100037）
发行电话　(010) 68992190/3/5/6
网　　址　www.jiuzhoupress.com
电子信箱　jiuzhou@jiuzhoupress.com
印　　刷　定州启航印刷有限公司
开　　本　710 毫米 ×1000 毫米　　16 开
印　　张　17.5
字　　数　321 千字
版　　次　2019 年 9 月第 1 版
印　　次　2019 年 9 月第 1 次印刷
书　　号　ISBN 978-7-5108-7826-8
定　　价　79.00 元

前　言

随着《国民旅游休闲纲要》的正式发布，国内休闲旅游迎来了新的发展，作为传统的农业大国，伴随着城镇化浪潮和城乡统筹开发的推进，以亲近自然、体验农事、感受民俗为主要内容的乡村旅游已然成了新的旅游热点。2017年，中央一号文件明确提出："聚焦农业供给侧结构性改革，大力发展乡村休闲旅游产业。"2018年，党的十九大报告再次提出乡村振兴战略，为解决"三农"问题做出了总体布局，即按照产业兴旺、生态宜居、乡风文明、治理有效、生活富裕的总要求来加快推进农业农村现代化。不可否认，乡村旅游作为以乡村社区为活动场所、以乡村独特的生产形态、生活风情和田园风光为对象的一种旅游业态，其发展能够促进农民增产增收、农业多元经营、农村美丽繁荣，因此已经成为乡村振兴中的重要引擎。可见乡村旅游已经从过去的小旅游、中旅游进入大旅游时代，成为新时代乡村经济发展新的增长点。但在其蓬勃发展的背后，我们也观察到城镇化和乡村旅游的快速发展，也对乡村文化造成了巨大的冲击，导致传统文化日渐衰落甚至部分消失。急功近利的发展模式使国内乡村旅游多集中开发休闲农业和观光农业等旅游产品，对乡村文化传统和民风民俗资源的开发重视不够，大部分乡村旅游地区只能向游客提供初级产品，整体接待水平仍然较低，乡村旅游业偏重于物质层次的经营水平，这与游客日益成熟的消费心理和精神文化需求形成了矛盾，无法满足乡村旅游者的体验需求。此外，由于乡村旅游的低层次经营，也使其在发展过程中很难避免"产品雷同、重复建设"的局面，以"农家乐""采摘园"为代表的乡村旅游发展模式已直接造成了游客的"审美疲劳"。众所周知，文化是旅游业的精髓和灵魂，文化价值将更加深刻地影响着各国旅游产品的生产和消费，是发展旅游业的强大支撑点，是旅游业提高竞争力的关键因素。在中国社会历史发展过程中创造的赋存于乡村地域的物质和精神文化，是中华文化的源头和重要组成部分，蕴藏着中华民族的文化基因，其文化价值决定着乡村的未来。面对快速城镇化和旅游业发展背景下乡村文化的现实困境，如何保护利用和恢复重构乡村文化，成为非常紧迫的现实问题和亟待解决的理论课题，本书正是基于此进行的探讨。

本书内容共分为十章，第一、二章为基础理论部分，分别介绍了旅游人类学的相关概述、研究现状以及乡村旅游的发展概况。第三章从乡村旅游与传统文化变迁、凝视理论下的乡村旅游文化反思、乡村旅游的"符号化"现象等三个方面阐述了旅游人类学视阈下的乡村旅游文化。第四章对旅游人类学视阈下的乡村旅游文化体系进行了构建，梳理了乡村旅游的文化命脉，介绍了乡村旅游文化学的基础理论，并在此基础上提出了乡村旅游文化的载体。第五章介绍了文化景观的概念，分析了乡村旅游文化景观的类型及特点，探讨了旅游人类学视阈下的乡村旅游文化景观的构建。第六章则重点论述了旅游人类学视阈下的乡村旅游文化产品规划与设计，首先分析乡村旅游文化产品的内涵及分类，然后从基于社区的角度构建了乡村旅游文化产品的规划理念、规划方法与实施案例。第七章从乡村聚落旅游文化建设、乡村农业旅游文化建设、乡村民俗旅游文化建设三个层面阐述了旅游人类学视阈下的乡村旅游文化载体建设。第八章则重点分析了主客关系下的乡村旅游形象的设计与传播。第九章对大别山乡村旅游发展现状及文化特色进行了梳理与总结。第十章选择大别山乡村旅游文化建设的典型案例进行了实证分析。在此，特别感谢罗田燕儿谷生态农业有限公司旅游部长徐晓意提供了案例调研的素材与资料。

　　由于笔者的水平和学识有限，书中不当之处，敬请广大读者提出宝贵意见。

目　录

第一章 旅游人类学概述

第一节 旅游人类学的产生和发展

一、旅游与人类学

　　旅游与人类学从学术上来说是两个完全不同的领域，但它们之间产生了联系，这与人类的社会发展有着紧密的关系。经过许多学者数十年的研究发现，人类学不但与旅游有着紧密的联系，而且从人类学角度对旅游进行研究已变得势在必行。离开了人类学的研究，旅游业的发展将碰到许多问题，产生许多不良影响，最终有可能导致人类社会的变异，其中包括文化传统的丧失、自然环境的破坏、资源的耗竭等人类社会问题。反之我们也发现，如果用人类学的理论和观点来研究和指导旅游的发展，许多由于旅游带来的负面影响就可以得到有效的控制和解决，并使旅游活动真正成为人类社会有意义的行动，同时还会给社会文化带来积极的影响，做到人与人之间的相互理解，达到我们进行旅游活动的理想目的，即通过旅游创造一个和谐的世界。旅游是人类行为的一部分，特别是现代旅游，它的产生和发展包含了许多文化的内容，如仪式、艺术、迁徙、民俗、娱乐、审美等，这些都是人类活动不可或缺的。人类学是一门专门研究人的学科，是一门与人类活动有关的、内容广泛的学科。从这个角度来说，用人类学的理论和观点来研究旅游，其意义也就不言而喻了。

　　关于什么是旅游，或者说怎样对旅游下定义，什么是旅游者，不同的人、不同的学者也有不同的观点。远古时期的旅游与我们当今的旅游应该是完全不同的，或者说在旅游真正成为一个产业之前，人们的旅游方式和旅游目的与现代旅游相比是有很大不同的。但是，我们在追溯旅游历史沿革的时候也不难发现，早期的旅游与现代的旅游在精神方面有着许多相似的地方。不管是旅行或旅游，人们都有着自己的目的和动机，而这些又取决于人们的思想和文化背景。不同的人会对旅游方式做出不同的选择，这就需要我们从人的文化角度加以分析和研究。而在这方面，它恰好和人类学的研究有许多相似的地方，如什么样的人会选择什么样的旅游方式，为什么有的人要外出旅游而有的人又不愿去，人们外出旅游的目的和动机为什么又是这样不同。总之，我们研究的是旅游者，研究的是人。在这一点上与人类学的研究是一致的，在研究旅游的过程当中我们一般会研究旅游的景观、景点和旅游者行为以及它们之间的关系，而人类学对旅游的研究更多是从社会文化方面来进行的。

旅游人类学首先关注对旅游者旅游动机的研究，以寻求现代和后现代的建构和内涵。人们一般认为，一名旅游者就是这样的人：他自愿花时间离开自己的家，到某个地方去旅游，去经历某种变化。许多学者认为旅游者外出旅游是出于不同的目的和动机应该根据他们的社会和文化动机对他们进行分类。由此出现了大量的有关旅游动机的研究，如朝圣旅游、休闲旅游、观光度假旅游、商务旅游、探亲访友旅游、文化旅游、民族旅游、生态旅游、探险旅游、乡村旅游等形式多样的旅游，为旅游人类学的研究提供了许多重要的素材。随着时间的变化，以上这些旅游已变成大众旅游，世界各地纷纷开发旅游业，因为旅游业的发展为本国的经济带来了可观的利益，国内旅游和国际旅游已成为当代人们的一种生活方式。与此同时，人们逐步意识到，旅游不仅是种经济消费，也是种文化消费。在旅游活动当中由旅游引起的文化现象，如文化商品化，也引起了旅游人类学家极大的关注。旅游活动不再被看作单纯的经济活动，更是一种文化活动。旅游开发与文化保护和发展的问题，长期以来一直是旅游人类学研究的重要内容。

总之，旅游与人类学被联系在了一起，这不仅从理论上来说是必要的，在实际操作中也是必要的。

二、旅游人类学研究的对象及主要内容

旅游人类学，顾名思义，就是旅游的人类学研究，或者说是从人类学的角度来看待和研究旅游业的发展。旅游人类学属于一个应用性的、新兴的分支学科，主要研究旅游业带来的各种社会文化现象的发生和发展变化。

不同的学者对旅游本质，或旅游的动机有着不同的看法。从人类学的角度来研究这一问题更有着深刻的意义。虽然不同的人有不同的旅游动机，但有三个最基本的要素构成了一个等式：旅游 = 休闲时间 + 可供自由支配的收入 + 积极的对旅游目的地的认可。我国学者彭兆荣也从人类学的研究角度指出，人类的旅行文

化早就开始了，严格地说，有了"人"的认定、概念、价值和行为规范，旅行也就随之产生了。而从古代的旅行到旅游，反映了人类社会巨大的历史变迁。美国著名人类学者丹尼森·纳什在其理论性著作《旅游人类学》一书中从三个角度分析了旅游的产生：①从目的地社会的角度；②从旅游者的角度；③从客源地的角度。这三个角度与一些学者提出的旅游业当中的"主体"（即游客）、"客体"（即东道地）和"媒体"（即旅游机构、部门、政府组织）等十分接近。国内有的学者根据在国外的学习和研究，认为应将旅游人类学研究划分为两个维度，即关于游客的研究和关于旅游业对目的地影响的研究，认为分析游客的旅游动机、体验及旅游对游客的影响，是旅游人类学研究的两大主流。但不管是在中国，还是在外国，对旅游本质的研究都要涉及以上问题。而旅游人类学对这个问题的研究，就是要从人类学的视角，用人类学的理论和方法来进行分析和阐述，以便从旅游业开发这一表面的现象中，窥探到人类社会深层次的东西。这样的"深度描写"将有助于我们理解很多人类的行为和活动，以及由此带来的社会文化变迁，这些是人类学家关注和研究最多的问题。综上所述，对旅游者旅游本质自身的研究以及对旅游业的出现给东道地地区和居民带来的社会、经济、文化、生态等影响的研究，是旅游人类学研究的两个主要命题。

　　人类学研究的是人以及与人有关的一切活动。其中文化人类学主要研究人类文化的起源、成长、变迁以及进化的过程，并研究和比较各民族、各部族、各国家、各地区、各社区的文化异同，借以发现文化的普同性及差异性。文化人类学由于以上的研究，与其他学科产生了交叉、渗透与融合，如历史学、民族学、民俗学、文学艺术、宗教神话学、语言学、社会学、经济学、符号学等。旅游人类学亦是如此。众所周知，无论旅行还是旅游，都是人类活动的一部分。特别是当今大众旅游的形成给现代社会带来了社会、文化、经济、生态等方面的巨大影响，特别是文化方面的影响，这些影响涉及与文化有关的方方面面。其中文化变迁、文化涵化、文化同化、文化融合、文化认同、文化仪式、文化符号、文化象征、文化真实性等人类学中探讨最多的话题无不与旅游有密切联系。对这些问题的研究，构建了旅游人类学理论研究的框架、体系和内容。在早期，开发旅游业的国家和地区开始都是出于经济的目的。可是随着开发的不断深入，人们意识到旅游活动不仅是一种经济活动，更是一种文化活动；旅游带来的影响不仅是经济的，更重要的是文化的、社会的、生态的影响。前者是在有限和有形的范围内发生作用，后者则是在一个无形而且更为广阔的空间内与许多方面发生错综复杂的联系。前者带来的经济利益是可见的，随着时间的推移和开发的加强，后者带来的是社会传统文化无形的变化、变异，甚至丧失。为单纯经济利益所付出的文化代价和生态危机已使人类学家和有识之士再也不能坐视不管，等闲视之。一些学者提出，经济现象只是旅游业开发的一个外壳，而社会文化和生态环境的保护才是旅游业得以持续发展的灵魂。旅游经济开发和文化保护之间的关系成了学者们长期以来争论的问题，并形成了旅游人类学研究的基础理论。

三、国内外旅游人类学研究

（一）国外旅游人类学研究

旅游人类学是一门西学。旅游人类学在西方的产生和作为一门人类学的分支得到学术界的公认，是从 20 世纪 60 年代初开始的。1963 年，美国人类学家努涅斯发表了一篇论文，论述了一个墨西哥山村开展周末旅游带来的影响。西方旅游人类学者将其当作人类学者加入旅游研究的标志。而第一本收集了数十篇有关旅游人类学研究经典论文的著作是由美国的瓦伦·史密斯编著的《东道主与游客——旅游人类学研究》。他们这批自称为"恐龙级"的学者在经历了数十年的研究后，发表了许多至今仍使人感到余味无穷的观点和论述，为旅游人类学的发展和壮大立下了丰功伟绩。这批老一代的西方学者大都生活在美国，当然还有生活在以色列、澳洲和日本的学者。以美国为例，旅游人类学在美国的产生最早可以追溯到 20 世纪 60 年代。那时的美国旅游业与西方其他地区的旅游业发展一样，已经历了一段较长的历史，并已成为其文化和当代人类生活中的一个重要部分。

虽然西方社会学家对旅游业的研究已经历了近半个世纪，但人类学家对旅游业的关注是在 20 世纪 70 年代。这种对旅游业的突然关注被西方人称为"如获珍宝"。那么旅游业怎么会引起人类学家的关注呢？因为人类学家对人类的一切活动都感兴趣，不管这些活动发生在什么地方，什么时候。不同民族的不同生活方式以及用来指称这些方式的社会文化话语都引起了他们的兴趣。人类学家们，如英国功能派大师马林诺夫斯基，就根据他在田野作业时所注意到的一切写下了许多专题论文。此外，他们还把不同民族的人进行比较。由此可以看出，旅游人类学的产生主要是因为旅游业的产生和发展带来的各种社会的、文化的突然碰撞，及其引起的社会文化变迁，深深引起了人类学家们的注意。他们在研究西方现代化社会给第三世界带来冲击的同时，把旅游业的发展也纳入其中。

一开始的时候，人类学家把旅游者看作征服者、新殖民主义者，甚至传教者，因为他们把自己的文化带到异地，充当了文化传播的媒介。这样的传播有时是直接的，有时是间接的，由此人们把游客看成是引起世界上不发达地区文化变迁的主要原因。那时候人类学家们对旅游业的研究还没有注意到旅游与其他学科交叉的关系。后来随着旅游业的不断发展，他们开始注意到旅游与其他学科的交融现象，于是开始用跨学科的观点来对旅游业进行研究，同时还用跨文化的观点来对旅游进行研究，对不同旅游活动的定义就是个例子。有的学者把旅游者看作观光客，有的学者把游客看成休闲者，后者是为了摆脱沉重的生活负担，包括家庭和工作的负担，到外面进行休闲旅游，加入一种社交活动当中。这种活动被人类学家用人类学中有关仪式、阈限、朝圣的理论来进行分析，把旅游者的旅游目的、动机从一般的社会学分析层面上升到了一定的人类学理论分析层面。还有的学者把旅游者看作一名体验者，他们外出旅游的目的主要是想要体验异质文化，体验某种在他们看来只有在异地才有的所谓真实的文化。还有一种旅游者被称为民族的旅游者，他们像民族志工作者，像人类学家一样，深入田野进行实地调查，在旅游中用人类学的眼光观察旅游活动，并亲自参加到旅游活动当中。另外，由于人类学家把旅游看作人类社会文化中的一个部分，所以他们倾注了更多的时间和精力来分析与调查旅游业的发展和开发给东道地居民和游客自身所带来的各种冲击和影响，这些冲击和影响同时也给一个东道地的社会、文化、经济带来了前所未有的变化。这样的变化涉及一个社会的诸多方面，所以旅游人类学这门新兴的学科在当时引起了人类学家的高度关注，越来越多的有关著述不断发表，引起了学术界的热烈讨论。

关于旅游者的定义，瓦伦·史密斯在《东道主与游客——旅游人类学研究》一书里把旅游者分为 7 类：探索旅游者、精英旅游者、不落俗套的旅游者、特殊旅游者、初期大众旅游者、大众旅游者、租赁旅游者，如表 1-1 所示。

表 1-1 旅游者分类及其数量对当地的适应程度

旅游方式	游客数量	适应程度
探险旅游者	非常有限	完全能适应
精英旅游者	少见	完全能适应
不落俗套的旅游者	不多但能见到	很好适应
特殊旅游者	偶尔能见到	多少能适应
初期大众旅游者	游客数量稳定	寻求西方式的舒适
大众旅游者	游客不断	希望西方式的舒适
租赁旅游者	成批到达	要求西方式的舒适

在充分分析了游客的旅游目的和动机后，史密斯又根据不同的旅游需求所产生的不同旅游方式进行了分析。并把旅游者分为 5 类：①民族旅游者。这样的游客喜欢到一个他们认为具有奇异风光和文化的地方旅游，参加一些带有地方特色的民族活动，参观并加入当地的民族歌舞及仪式表演，购买当地的民族土特商品等。②文化旅游者。这样的游客也是寻求有"地方色彩"文化的地方，如体验当地人工生活方式，参观当地人工住房，购买手工艺品、食品、服饰，领略民俗风情，参加节庆活动等。③历史旅游者。其主要目标是参观历史事物或名胜古迹，这些游客主要是历史学家、人类学家、考古学家等。④生态文化旅游者。他们到遥远的地方旅游，在欣赏自然风光的同时，还领略当地的地方文化，品尝地方风味及观赏地方歌舞表演。⑤娱乐型旅游者。他们到海岸的沙滩边游玩，到大海中游泳，到雪山滑雪，到山脉登山，充分享受阳光和大自然的赐予。他们所追求的纯粹是娱乐、享受。

综合起来看，根据游客的身心要求，大致有以下几种因素促成了游客的旅游动机：①使自己在繁忙的工作之余得到暂时的放松；②逃避工作压力；③实现自我价值；④增加家庭的亲情关系；⑤寻找性接触的机会；⑥提升人的威信与威望；⑦希望加强社会关系的了解与互动；⑧愿望的实现；⑨购物的需求；⑩经历的体验和经验的获得；⑪社会知识增长的需要；⑫渴望了解"异文化"的生活习俗；⑬个人化的社会炫耀；⑭趋从时尚。

旅游人类学研究的第二个重要维度，就是研究东道地及其人民由于旅游业的影响而产生的文化、社会及经济各方面的变化，着重研究社会文化的变迁。其中，文化变迁的重要形式之一"涵化"得到了广泛而深入的讨论。随着旅游业的不断发展，人们越来越注意到，旅游业给东道国或地区带来了经济上的发展，但同时也使之出现了许多社会和文化的变化，这些变化既有积极的，也有消极的。如果对这些变化不采取积极正确的态度来对待，旅游业最终给人类的文化和社会带来的将是灾难性的破坏甚至毁灭。庆幸的是，西方人类学家在 20 世纪 60 年代就开始注意到了旅游与文化变迁的关系这一问题，其中包括旅游与涵化的关系及其所引发的一系列问题。涵化在人类学中也称为文化移入，即两种文化在一起碰撞一段时间后，相互产生影响，一种文化变得像另外一种文化。涵化在旅游过程中是再明显不过的现象了，并由此引发了一些问题，如旅游开发与传统文化的保护问题、旅游与商品化问题、旅游与民族文化的重建问题等。归根到底，旅游带来的文化变迁成了备受人类学家关注的问题，因为文化变迁包括的内容十分广泛。除了文化涵化外，还有文化震荡、文化适应、文化认同、文化融合、文化创新等。许多人类学家用辩证的观点来看待旅游给东道国和地区带来的文化变迁问题。例如，随着旅游业的发展，文化的内涵也发生了改变与转型，人们（旅游者或是目的地居民）对"文化"一词有了新的体会和界定。人类学家也追根溯源，对"文化是什么""什么是传统"阐述了各自的观点。文化像一条主线，穿起了许多与其有关的问题，使旅游人类学的研究有着重要的理论价值和实践价值。

从旅游的社会影响方面来说，人类学家对于东道地社区旅游影响的研究在数量上大大超过了对旅游者本身的研究。尽管在许多人类学的论著中，旅游并不被看作主要的社会变革力量，但它日益成为研究的焦点。正像美国人类学家、社会学家格林伍德指出的那样，在复杂和快速变革的世界中，旅游只是现代化和西化或导致传统破坏的一小部分因素。

20 世纪 70 年代的西方旅游人类学研究还包括旅游对少数民族的影响。根据美国人类学家格雷本的观点，在旅游的场景下，少数民族不仅在数量上处于劣势，在文化上也是弱势的一方。以产业化、商业化为重要特征的现代旅游业在其发展过程中对少数民族，或被他们称之为"第四世界"的所谓"弱势文化"产生了重大而深远的影响，出现了"强势文化"向"弱势文化"渗透的强烈趋势。而"弱势文化"为了迎合"强势文化"的要求，出现了虚假化、变异化，进而导致了少数民族社区文化变迁的加速、变异，甚至扭曲，从而影响了少数民族及当地社会文化的可持续性发展。旅游对少数民族艺术品的影响就是一个典型的例子。在一些人类学的个案研究中，手工艺品的制作被当作一种将当地文化变成资本的最佳方式而得到支持，出现了格雷本所说的"机场艺术品"，即小巧而且容易携带的旅游纪念品。这些复制品的出现往往伴随着旅游的发展，在一定程度上导致了民间工艺品的粗制滥造和传统技艺的下降，这是不可否认的事实。作为民族旅游文化符号的一系列系统，在构建的同时也有一些在解构，其中一个主要因素就是文化商品化问题，所以民族文化的商品化问题又引起了学者的争辩。

从 20 世纪 70 年代到 90 年代，随着应用人类学的迅速发展，作为其中一个分支的旅游人类学的研究者也在不断壮大和成熟。以美国加州大学为代表的教授群体成为旅游人类学研究的领军人物：格雷本在分析旅游现象时，提出了首先要了解与人类学有关的概念和方法体系，他在对旅游业的研究中，以旅游者的身份，结合自己对土著民族长期的田野调查，提出了民族志旅游，即旅游者既是观察者，又是参与者，深入村寨部落，调查研究他们的社会与文化，发现他们的社会文化随着现代社会的发展而发生的巨大变迁。格雷本为《无包装文化》一书所写的序言，《民族旅游艺术品的再思考》等论文中，深刻分析了现代旅游给东道国与接待地区的艺术品发展带来的变化、转型及新的整合。他的另一篇论文《亚洲及大洋洲地区旅游与文化发展》，深刻地阐述了现代化与地方文化产生的碰撞、涵化以及由此引发的文化转型，阐明了在全球经济一体化的今天，产生以及保持地方文化的重要性。此外，格雷本在其他的论著和论文，如《旅游人类学》《旅游：神圣的旅程》《旅游，现代化和怀旧》《旅游、休闲以及博物馆》等论文当中，从人类学的角度，分析了人类从事旅游业的目的、动机、行为，以及旅游业与现代化博物馆之间的关系，其论点十分深刻、精辟。美国加州大学戴维斯分校社会学系教授马康奈编撰了不少有关旅游人类学的文章和著作，其代表作为《旅游者：休闲阶层的新理论》。该书分析了作为中产阶级的旅游者在旅游中的旅游目的和行为，即他们去旅游主要目的是为了寻求一种文化经历，而在这种寻求过程当中碰了许多问题，其中之一是关于传统文化的真实性问题。东道地区为吸引旅游者设计了"舞台真实"，即设计所谓的旅游文化产品，以此来迎合各国游客。这对传统文化是破坏？还是保护？马康奈从社会、文化、经济的角度对这一问题做了精辟的论述，引起了人类学家的浓厚兴趣和注意。该书体现了这样一种主题思想，不同的旅游者对文化的真实性存在不同的要求；因此"舞台真实"到底是好事还是坏事，引起了许多后来研究者的争论。马康奈对"舞台真实"的深刻批判有着独创的理论和观点。不同于格雷本，纳什则从基础理论的角度，更加客观地审视旅游人类学的研究内容和领域。他在其代表作《旅游人类学》一书中，从旅游作为发展和文化趋同、旅游作为个人转型以及旅游作为上层建筑的形式等三个基本观点出发，对旅游现象做出理论解释，并从文化人类学的角度探讨旅游可持续发展的道路。纳什结合田野研究事例，分析和阐述了"商品化""模仿效应""内在化和社会化""社会矛盾与冲突""文化调适""文化瓦解与文化重建"等社会文化现象在世界旅游发展中的表现。

自 1985 年 Murphy 最早将社区作为一种旅游规划方法纳入研究视野，并构建了一个社区模型后，社区旅游的相关研究便成为旅游人类学研究的重要内容和方法，许多理论被引入到社区旅游研究中，为旅游人类学的细化提供了一些方法论的指导。例如，Pearce 等运用社会表象法研究了社区对旅游的反应，并对社区参与的关键性因素从其目标和形式、方法与程序、影响因素、关键结果等几个维度进行了构建，同时格外强调主位研究方法对社区冲突管理的应用；Bill Bramwell 等运用了利益相关者中的协作理论分析了目的地旅游规划的决策制定过程，并从其协作的范围（利益相关者）、协作的强度、达成共识的程度等方面构建了社区参与旅游规划的协同决策框架体系；Maureen G. Reed 分析了权力关系对基于社区的旅游规划的影响，通过介绍加拿大 Squamish 基于城市居民的旅游规划的过程来说明这一框架的适用性；BumYong Ahn 用可接受改变的限度（LAC）结构来考察美国得克萨斯州三个旅游地的可持续旅游发展的过程；Donald G. Reid 构建了一个社区参与旅游规划的自我评估的方法，在对加拿大六个旅游社区的应用调查中也显示出突出的效果。

经过半个世纪的发展，旅游人类学已经从默默无闻到声名远播，美国排名前十名的哈佛、耶鲁、斯坦福、达特茅斯、哥伦比亚、芝加哥等大学都是从人类学角度介入旅游研究的。但如果把旅游人类学近半个世纪的演进过程做一个小结的话，我们不难发现，西方旅游人类学研究是从研究旅游活动的经济现象开始的，而研究旅游的文化内涵是从 20 世纪六七十年代发端，并延续至今。我们似乎可以这样说：二战前的数十年是把旅游活动作为经济现象研究的时期，即是现代旅游刚刚起步的时期。二战以后则是文化内涵逐渐成为研究中心的时期，以文化视野关注旅游人类学在其中起到了极其重要的作用。

（二）国内旅游人类学研究

如果说在世界范围内"大众旅游"时代到来，并伴随着旅游活动和旅游产业的快速发展，进而引起西方人类学家的关注和研究是在 20 世纪 60 年代，那么中国的旅游业发展和西方国家以及其他一些亚洲国家相比晚了近二十年。旅游作为一种产业，在中国的兴起开始于 20 世纪 80 年代，到了 20 世纪 90 年代，旅游产业在中国开始蓬勃发展。那时中国已开始由计划经济向市场经济转轨，并迅速发展，而旅游业的发展也在这场社会变革中扮演了重要角色，具有鲜明的中国特色和时代特征。

旅游管理作为一门新兴的产业和学科，在我国学术界引起了相关学者的关注，但大多也是从经济学和管理学的角度去看待旅游业的发展，更多关注的是旅游设施的建设，旅游市场的预测与开发，饭店、旅行社的管理等操作层面上的管理。可以说，当时开发旅游产业更多的是从经济的角度考虑。这一点与世界上大多数进行旅游开发的国家和地区是一样的。人们都认为旅游业的发展是一种经济发展的手段。可是，随着旅游业的不断发展，许多由于旅游业开发而引起的社会、文化、生态等问题也日益凸现。这些问题也引起了中国人类学家和民族学者的注意。20 世纪 90 年代，由我国学者潘盛之撰写的《旅游民族学》一书可算得上是中国第一本类似于西方旅游人类学的专著。人类学在中国一直被称为民族学，其发展已有多年的历史，但它获得蓬勃发展，研究队伍日益壮大，成果累累，还是近二十年的事。20 世纪 80 年代从人类学的角度对旅游业进行研究的学者及论著可以说是凤毛麟角。直到 1999 年 9 月在中国云南大学召开的"旅游、人类学与中国社会"国际学术研讨会上才首次从人类学的角度对旅游业发展、对东道地的影响进行了多方面的研究。这次会议云集了国内外著名的人类学家，如以色列希伯来大学人类学家科恩、美国人类学家布鲁诺、格雷本、玛格丽特斯旺等著名学者。国内学者有香港中文大学的陈志明，厦门大学的彭兆荣，云南省社科院的杨福泉，云南大学的尹少亭、杨慧、田里等。在这次会议上，西方学者们再次强调，今天人类学家们不仅意识到旅游对于当地发展的重要性，而且还将旅游作为文化人类学研究的一个重要分支领域，甚至可能成为研究人类文化生活的一个重要部分。许多西方学者把研究对象转向了亚洲国家和地区，如中国、日本、泰国、印度尼西亚等。在中国的云南省召开这样的会议有着特别重要的意义。如果按西方学者的看法，中国属于第三世界，那么"那些在政治上、社会上不完全属于该国主体民族的人群，由于他们的生态环境或文化特征或独特性"而冠以他们"第四世界"的名称，在这一点上，中国云南的少数民族与他们有着许多的相似性，那就是他们不仅被认为有明显的自我认同，有自己的文化和生活方式，而且这些文化和生活方式被外来人认为是"奇异"和"原始"的。所以，云南的民族旅游成为具有极大诱惑力的旅游产品，其独特的自然风光、奇异而多元的文化资源为云南开发旅游业奠定了基础。云南还被称为"秘境"，是中国西南边陲的一颗"明珠"，独特的民族旅游资源吸引了众多国内外游客纷至沓来。

然而，如果从时间顺序上来说，较早把旅游人类学作为一门完整学科引入中国或进行评介的，是中国学者张晓萍和宗晓莲。前者于 1997 年、1999 年和 2005 年三次赴美国加州大学伯克利分校人类学系进修学习。她于一次偶然的机会发现该校开设了"旅游人类学"这门课，并找到了主讲这门课的纳尔逊·格雷本，有幸在他的指导下开始接触和学习这门课。虽然那次访问的时间只有三个月，但她发现这是一门极有研究意义的课程。1999 年她再次到伯克利分校做访问学者，进行了为期一年的访问、学习，正式师从格雷本，并于 2000 年在云南大学《思想战线》上发表了第一篇有关旅游人类学的评介文章《纳尔逊·格雷本的"旅游人类学"》，这篇文章作为第一篇评介性的文章同年被《旅游学刊》转摘。该篇文章如今读来虽然显得有些不成熟，或者说有些观点还不太清晰，但可以说它是在我国较早发表的一篇正式引介"旅游人类学"的评介文章。之后，她又在《思想战线》2001 年第 2 期上发表了另一篇文章——《旅游人类学在美国》，该文较清晰地介绍了旅游人类学在西方特别是在美国的发展历史，把几位重量级的旅游人类学学者的学术观点进行了梳理和评介。另一位重要的引介人就是中央民族大学的宗晓莲。她于 2001 年在《民族研究》发表的《西方旅游人类学研究评述》以及后来发表的《西方旅游人类学两大研究流派浅析》同样引起了学术界的关注。宗晓莲的毕业论文《旅游业开发与文化变迁》，以中国丽江为案例，深入探讨了旅游业开发给文化带来变迁这一文化人类学研究的重要内容。自从旅游人类学这门西学被引介到中国后，在短短几年内就在不同的学刊和杂志上出现了许多研究中国问题的旅游人类学著述，如我国第一部有关旅游人类学的论文集《民族旅游的人类学透视》。

为中国旅游人类学研究提出理论纲领的学者是厦门大学人类学系的彭兆荣。他也曾到伯克利分校做访问学者，凭借自己文化人类学的深厚功底，加上自己的许多实证研究，他于 2004 年出版了《旅游人类学》。这部著作涵盖了旅游人类学所关注和研究的诸多方面的问题，同时结合国内外旅游开发中的实证案例，使旅游人类学的理论在实践中得到了充分运用。近几年来，研究旅游人类学的学者越来越多，不时见到有关的文章，有不少新的研究成果问世，研究的题目更广泛、更深入。虽然如此，但与西方相比，还远远不够。

中国当代的旅游业起步于 20 世纪 70 年代末 80 年代初。虽然到了 20 世纪 90 年代旅游业得到了长足的发展，但对旅游的学术研究显得非常薄弱，尤其是对旅游业开发给旅游目的地带来的社会文化影响的研究更是如此。旅游影响研究一直滞后于旅游学研究的其他领域。在这段时间里，只有个别学者开始注意到旅游开发对旅游目的地社会文化产生的影响，如刘振礼以野三坡为案例，研究了旅游对目的地的社会影响并提出了相应的对策；申葆嘉对旅游接待地所承载的社会压力问题给予了极大的关注。

20 世纪 90 年代以后，研究的内容呈现出多元化的趋势，建立在案例基础上的旅游社会文化影响研究成果逐渐增多。其中有关于旅游地居民对旅游开发的认知度和态度的研究；有关于旅游业对价值体系、居民行为、家庭关系、生活方式、道德标准、社会治安、文化生态等产生深刻社会文化影响的研究；还有的学者探讨了旅游对目的地产生社会文化影响的理论机制的构建，总结了影响较大的三种理论：发展阶段理论、涵化理论和社会交换理论。此外，还有关于旅游人类学对旅游主体旅游者的研究，研究时往往把旅游者的目的和行为与精神内涵、文化符号、探索旅游的本质、分析旅游体验等联系在一起，并由此引发了以下的理论探讨：旅游与宗教的关系，旅游与仪式的关系，旅游与符号的关系。这些问题同样也在中国出现了。但对旅游主体的研究与对目的地的研究相比，前者的研究成果要比后者多得多。

以上是我国早期关于旅游人类学的研究，近十年间，我国旅游人类学研究开始探讨许多新话题。

一是旅游人类学与旅游文化。我国学者以旅游人类学视角对旅游文化展示、不同文化的交流、旅游对文化的影响等方面研究旅游文化的传承与发展。赵红梅从旅游地区民族文化以及不同游客的角度来探讨旅游业中的文化商品化现象和人类学家所关注的文化真实性问题。颜姿分析了影响广西宾阳炮龙节文化展示的主要因素，提出民俗文化展示的建议。王德刚、周灿和钟小勇等分别探讨了台湾布依族、德昂族龙阳文化保护与传承。周星、韩晓兰、周霄和雷汝林等分析了旅游过程中的跨文化交流。何睿研究少数民族文化在旅游业发展过程中所受影响之后的各种变化和表现。宗晓莲和戴光全以中国丽江国际东巴文化艺术节为案例，对节事活动中的文化表达及旅游影响进行分析解读。李四玉从文化涵化、舞台真实性、历史文化再建构与族群认同三个旅游人类学的视角探讨了旅游对东巴文化的影响。郭凌对乡村旅游发展前后的乡土文化变化从结构到解构的过程，最终达到"和而不同"的城乡文化一体进行分析。彭兆荣对旅游人类学研究视野中"旅游文化"以及相关的问题做一些评述和分析。

二是旅游人类学与民族旅游。我国学者对旅游学视角下的民族旅游研究主要表现为民族旅游开发、民族文化保护与发展等。陈兴贵阐述人类学研究在民族旅游开发中的作用。廖杨、蒙丽和杨杰、陆盈等分别从人类学角度分析了壮族花山、宝兴县硗碛上九节等旅游资源开发及其相关问题。龙梅探讨了旅游开发与民族文化保护这对矛盾的辩证关系，并从实际出发，提出平衡旅游开发与民族传统文化保护的三大措施。王萍分析了云南白族旅游开发过程中歌会文化如何得以保护。光映炯和张晓萍以西双版纳傣族"泼水节"为例，研究了民族节日传承与发展。周俊研究了区域性民族旅游的可持续发展。吴晓美以性别歧视为视角，结合民族旅游实例，揭示了以男性为主导的社会现实造成了民族旅游中女性的病理化形象和女性游客的不公平地位。杨毅和张会超依据旅游人类学的理论和方法来研究档案学视野下各民族文化的过去和现状。何睿探讨了少数民族文化在旅游业发展过程中所受影响之后，在生活、意识、民族风俗等方面的各种变化和表现。

三是旅游人类学与旅游开发。

四是旅游人类学与社区参与。我国学者对社区参与的研究大部分是采用案例分析法分析旅游人类学视角下的社区参与模式、利益分配、旅游规划等问题。孙九霞和保继刚以西双版纳傣族园社区为例，通过人类学的调查方法深入分析傣族园的社区参与现状、参与过程、参与方式、参与中存在的利益关系等问题；又以阳朔世外桃源为例分析如何在利益要求多元分化时，处理好与社区、农民、企业和政府等利益主体的关系。李天翼分析了上郎德村以集体分配为形式的社区参与旅游模式。廖杨探讨了广西龙胜龙脊壮寨旅游开发中的社区参与。卢学爽和王力峰以贺州桂台客家文化旅游示范区案例为例，提出要通过政府、企业和社区的共同努力完善建设社区参与机制和利益公平分配机制。王春雷和周霄从人类学视角初步分析了旅游规划中的社区参与问题。李萍以湖南湘西土家族苗族自治州德夯苗寨为对象，分析了德夯苗寨居民参与旅游和对旅游影响的感知，并提出适合德夯苗寨参与旅游的模式及相应的参与机制。张娅莉结合利益相关者理论以及可持续发展理论，提出加强社区能力建设、构建社区居民有效参与的法律保障机制和创设社区参与决策渠道的建议。

除了上述研究外，我国学者对旅游人类学视角下的社会文化影响、旅游体验、"主—客"范式、朝圣旅游、导游等问题进行了研究。例如，刘宇和周建新以广东省苏家围客家乡村旅游开发为例，分析旅游开发带来旅游地居民生活方式、人际关系、价值观念等方面的变化。周霄阐述了旅游民俗的概念体系与类型，以及民俗旅游的本质与特征，并从文化变迁、组织重构、角色认同和社会控制等方面对民俗旅游的社会文化影响进行了简要分析。陈兴结合人类学相关理论从"文化真实"及"主客关系"等方面对"旅游体验"问题进行深入分析。彭兆荣和李春霞对旅游人类学的"主—客"范式进行了研究。郑晴云和杨慧从人类学视角，透析了朝圣和旅游的关系。杨丽娟提出导游研究中出现旅游人类学缺场的原因。在人类学"人本"的主旨下通过"人—人"研究模式，确立旅游人类学在导游中可以探讨的"导游与游客""导游与管理局""导游与旅行社""导游与媒体"和"导游与导游"五对重要关系是将导游纳入旅游人类学研究的重要内容。

综上所述，我国对旅游人类学研究大致可以概括为如图1-1所示的内容。

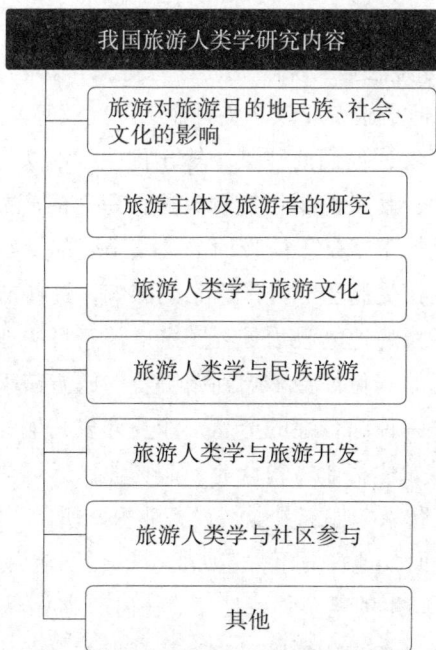

图 1-1　我国旅游人类学研究的内容

第二节 旅游人类学的研究目的和意义

一、研究目的

正如彭兆荣所言："不言而喻，人类学是一个专门解析人类社会'迷思'的学科。对这一酝酿了近半个世纪的现代问题的思索，人类学自然不能缺席发言，更做不到'失语'。这也是为什么在发达国家，包括国际组织、大学教育和科研机构，人类学对旅游的研究总是引人关注的原因。"众所周知，任何一个国家或地区一开始进行旅游开发的时候往往是出于经济的考虑，旅游业开发被看作脱贫致富的一条捷径，因为这样的产业"投资小、见效快"，还被称为"朝阳产业""无烟工业"等。由旅游业开发带来的经济效益体现为创汇、拓宽货币回笼渠道，增加就业、带动和促进其他经济部门的发展、缩小地区差别等方面。旅游业被称为"无烟工业"，是因为其是一种服务产业，它给游客所提供的产品被称为"无形产品"。旅游还被称为"无形出口"，因为其"出口"的是"服务"，而不是某种具体的、可触摸的实物。经济学家们把旅游看作"无形出口"当中的一种，因为它与其他"无形出口"，如金融业、保险业、咨询业、运输业等一样，这些行业所提供给顾客的都是服务。但是旅游业较之金融业、保险业等又有许多的不同。例如，我们把旅游者当作购买者，他们前往某个输出国去"购买"某种"产品"，即到某个国家或地区去旅游，就必然要付钱购买这种特殊的产品——服务；而服务产品在当时当地就被消耗掉了，是不能带回去继续享受的。经济学家们还认为，旅游业当中的游客需求往往受制于非经济因素的影响，这些非经济因素包括旅游者对不同目的地的喜好，目的地的政治是否安定，关于目的地积极的或负面的媒介报道等。以上任何因素的变化都会影响到旅游者的旅游需求。正是由于旅游业的特殊属性，旅游被看作一种综合性的产品，涉及许多其他的行业，或者说与其他行业或产业进行交叉，如住宿业、餐饮业、购物业、运输业、娱乐业等，甚至还和一些次要的产业发生联系，如家具业、设备业等。所以，旅游业必然要对社会、文化、环境产生影响，而其他产业不一定如此。这说明旅游业是一个特殊的产业，它与其他产业或行业所产生的复杂关系是其他任何产业所不及的。

如果说旅游业对经济产生的影响具大，在获取大量经济效益的同时，旅游所产生的一些负面影响和社会问题，更加引起了社会学家和人类学家的关注。根据世界旅游组织所发表的宣言，旅游业开发的终极目标，是要让生活在世界各地的人民通过旅游达成更多、更好的了解。而旅游活动为这一目的提供了一个很好的机遇。人们通过旅游彼此学习、互相交流，学到了其他国家的文化，但也在这一过程中产生了许多文化上的冲突。例如，东道地对外来文化的不适应或不认可，当地人对外来者产生敌对情绪。他们认为外来者把外来的文化强加在了当地人民的头上，他们为此感到愤怒和反感。可是当这些人有一天也成为旅游者的时候，他们却认为他们有权力把自己的文化强加在其他目的地人民的头上，因为他们花钱买了这个旅游的"产品"，这就意味着他们想做什么就可以做什么，由此引起的文化冲突成了旅游开发中的一个困境。那么，什么是文化？什么是旅游文化？对于这个问题不同的学者有不同的看法。从人类学的角度来看，文化是一种复合体，包含有不同的意义，体现在不同的国家生活的不同方面。例如，音乐、舞蹈、艺术、语言、文学、教育、手工艺品、历史、宗教、饮食、传统习俗等。这些文化既包括有形文化，也包括无形文化。这些文化反映了一个国家、社会和地区的方方面面，如经济、政治、宗教、社会、历史、习俗、传统。这些有形和无形的"资源"深深吸引了世界各地的游客，他们从一个地方涌向另一个地方，形成了人类前所未有的"大迁徙"。他们的目的是要寻求"原汁原味"的文化经历，特别是来自不发达国家的"真实文化"。作为目的地的人民来说，为了迎合大众旅游的需求市场，他们也精心策划和设计了一些看起来比"真实"还"真实"的文化产品，这些产品经过人为包装被搬上了"舞台"，向广大游客展示，这些做法在某种程度上影响了目的地的社会和文化。这种影响包括正面的影响和负面的影响。经济学家认为，任何可以被出售的产品在生产时都包括了三个要素：土地、资金及劳力，即生产的三要素。如果这种观点正确的话，我们不禁要问：无形文化是不是一种产品？因为游客自愿花钱来购买这种产品，以获得一种特殊的经历和感受。经济学家们可能会回答说："文化也是自然资源的一部分，因为它也是生产要素当中土地要素的一部分，它也是一种商品，所以可以出售。"但我们此时又要反问："如果把文化当作一种资源、一种商品，并对它们进行广告宣传以吸引游客，那么我们用什么去购买当地人的文化？有没有人曾经问过当地人是否愿意出售自己的文化？如果我们什么都不付给他们的话，那不是对当地人的剥削吗？文化不是被商品化了吗？"对于这种商品化的现象，许多学者，特别是人类学家表现出了极大的忧虑。他们认为在未获得当地人同意的情况下把文化当作商品进行包装，标上价格，像快餐一样拿去出售，是对传统文化的亵渎。这一问题正是人类学家和经济学家在对待旅游业开发问题上的争论核心。

当然，文化人类学家也承认这样一个事实：文化不是一成不变的。在旅游中产生文化涵化是难以避免的。例如，当游客到异地旅游时，他们常常希望当地人使用他们的语言，希望工作人员、导游等能说旅游者的语言。这样造成的结果是当地人常常从游客那里学到一些外语，甚至在本土语言中也夹入一些外来语。当地人在言谈举止和穿着打扮上都受到外来者的影响。作为游客来说，他们也在"借鉴"当地人的文化，如到夏威夷旅游的人会模仿当地人，男士会穿夏威夷衬衣，女士则会穿当地妇女的长裙。他们还改变了以往在家里的一些行为举止（这些行为被格雷本称为"倒置"），认为现在自己已成了"皇帝"，他们的一切举止都要像一个"皇帝"。"做一天游客做一天皇帝"在这里得到了充分体现。总之，这些由旅游带来的文化变迁是十分明显的。

综上所述，旅游人类学的研究目的在于揭示旅游对游客的影响以及旅游对目的地社会、文化和文化变迁的影响。

二、研究意义

旅游人类学的研究对象大多是第三世界。研究第三世界旅游业的发展比研究发达国家的旅游业更具有重要的现实意义，这是因为发达国家由于其雄厚的经济实力，加上历史上长期与外来文化频繁接触，使其在各方面都有较强的对外来文化的适应能力。它们很容易吸纳外来文化，并把外来文化与自己的文化整合，创造出适合于自己的文化。发达国家由于经济发达，可以采用现代化的手段，投入大量资金完善高级设施和基础设施，并采取对等的措施来应付由于旅游开发和大量游客的到来而造成的文化、生态、环境的"超负荷"现象。而在第三世界国家要做到这一切就很困难。第三世界国家和地区由于受经济、政治、社会、文化的影响，特别是经济的影响，其原始自然生态和文化生态较发达国家来说保存相对完好，但旅游业的开发带给它们的影响也是最明显的，特别是文化的影响。其原因是它们常常依靠旅游业来发展经济，同时也引发了本土文化的剧烈变化，传统文化资源被盲目开发以致破坏。同时由于旅游的发展也带来了其他的社会问题，如贫富差距的加大，富人变得越来越富，穷人变得越来越穷。旅游业发展形成了一个怪圈：在旅游业开发的早期，游客量相对较少，当地人也欢迎游客的到来，还把旅游者看作经济的"救星"；可是到了旅游全面发展时期，许多当地人由于旅游开发的需要变换了自己的工种，去从事旅游行业的工作，如餐馆里的服务员、出租车司机、导游等，这种劳力的转移打破了传统的家庭结构。如果从土地所有权方面来说，旅游业开发使得他们的土地被置换，农田被夺走，历史或考古艺术及其他财产也由于旅游业的开发而被"盗走"。另外，由于游客的特殊要求，许多传统的餐饮为迎合游客而变得"异化"了。到了旅游发展的后期，还出现了行凶抢劫等社会问题。这些更加导致了游客和当地人之间隔阂的加剧。游客与当地人之间的分化，当地有钱人与穷人之间的分化变得更加严重。游客的特殊要求使得那些没有受过培训的从业人员被一些受过高等培训的从业人员代替，使人与人之间的关系变得越来越紧张。到了旅游发展的最后阶段，由于主客双方的冲突日益激烈，出现了诸多破坏、犯罪等问题。另外，由于旅游业的开发打破了当地人的平静生活，引起了交通混乱。这些问题在第三世界国家和地区出现得较多。归纳而言，旅游人类学的研究意义主要体现在以下几个方面。

（一）揭示旅游中的社会文化变迁

当然，因为人类学家比较关注社会文化变迁，所以也更多地关注旅游业带来的负面影响。旅游业作为现代化的意识形态渗入了目的地人民的生活当中，加速了当地社会的发展、变迁。如何看待社会的发展、变迁，历来是人类学家、社会学家、经济学家争论的问题。有的学者从文化保护的角度探讨旅游带来的文化变迁问题，旅游资源开发中出现的"舞台真实"与商品化问题从 20 世纪 80 年代至今仍在学术界被探讨。"真实"的来源是什么？怎么理解"真实"？如何开发不同产品以满足游客对"真实"的需求？"真实"和"商品化"之间有什么联系？真实问题是否会导致传统文化的变异？商品化是否会破坏文化的本真性？对于这些问题国内外许多学者发表了各自的观点，因为这些问题还涉及旅游者的文化体验、旅游产品的开发、地方文化的再构建、旅游业的可持续性发展等重要问题。

（二）促进传统文化的传承和发展

从发展的角度来看，有些学者认为通过旅游开发可有效地保护文化。例如，通过旅游开发，当地人寻找到了致富的方法，商品意识得以提高。最重要的是每一个民族都在旅游大潮中开始重新塑造自我形象，强化族群认同。这种来自内部的动力和民族自觉性促使当地人主动开发和保护本民族的传统文化，同时在原有文化的根基上创造和构建出新的文化，以适应当代游客的需求。他们积极投入到社区的旅游活动当中，并与政府、旅游工作者、学者等积极配合，进行旅游社区规划。人们这样做能真正地保护和传承自己本民族的文化，这些已被许多事实证明。例如，由于旅游业的发展，云南的许多地方，如丽江和大理已成为国内外知名的旅游目的地，"到云南如不到大理、丽江就等于没有来过云南"似乎已成大家公认的事实。特别是近几年来，云南在大力发展民族文化和旅游文化的过程中，把文化和旅游业结合起来，为旅游业的发展搭建了很好的平台。旅游和文化之间的高度和谐打造出了一个又一个旅游文化精品，使云南的知名度在国内外得到了很大的提高。

"文化是旅游的灵魂"这一说法已得到越来越多人的认可。旅游开发使传统文化得以传承和保护的成功案例，使我们看到了旅游发展美好的前景。这些成功的案例我们也可以在中国的其他地区和世界上许多地区看到，如印度尼西亚的巴厘岛早在20世纪60年代就开发旅游业，当时的政府认为，发展旅游业是对传统文化的投资，其回报又可以获得经济和文化上的不断收益。

（三）探讨旅游和保护的可持续发展

对于开发和保护的问题，如果要争论孰是孰非是毫无意义的。关键的问题在于如何协调二者之间的关系，做到旅游和保护的可持续性发展，所以把旅游业纳入人类学研究的领域，具有十分重要的意义。人类学家非常关注旅游中的涵化问题，是因为他们认为涵化是引起旅游业中诸多问题的关键所在。特别是文化变迁，他们认为自己处在研究的前沿，非常痛恨一切对传统文化的破坏和伪造。但他们也承认，一种文化改变另一种文化历来都是如此。文化是动态的，而非静态的，没有任何区域能阻挡与外来文化的接触，而旅游者带来的文化比其他文化更为常见。在当今这样一个市场经济竞争的世界里，发展旅游业被认为与其他产业一样是一种开发资源的手段，并使国家和地区朝着现代化的方向发展，然而这一切都不可避免地会给东道地的传统文化带来新的变数。这些问题都可以用人类学的理论来研究和解决，正如努涅斯在《用人类学的观点研究旅游业》一文中指出的那样："不要把旅游业咒骂为一种不应该的侵略，一种剥削，一种对地方文化的损毁。"他在阐述了旅游业给目的地人民带来的经济利益之后又指出："我们必须完全抵制这样的看法，即认为当地人不能适应这个变化着的世界，或被同化到另一个变化着的世界里。我们不能再把他们视为人类学保护区内的原始宠物。"

在当今这样一个经济一体化的时代，经济全球化是否会带来文化的全球化也成为人们关注的焦点。从文化变迁的观点来看，任何文化都是要变化的，关键是如何在变化的过程中注意保护优秀的、有价值的文化，摒弃不科学的、不利于社会发展的东西，使优秀的传统文化和现代化完好地结合在一起。如何在全球化、经济一体化的今天保持文化多元化的格局，保存好各民族的优秀文化，繁荣和发扬中华民族的传统文化，同时又与时俱进，与现代化完好地结合在一起，这些是非常重要的问题，也是社会和文化发展的趋势。这样的发展趋势是符合人类发展规律的。只有正确认识到这一切，我们才能对很多问题有新的见解，使旅游业开发和传统文化保护之间的关系，使全球经济一体化和地方文化多元化关系的协调等问题较好地解决。

第三节　旅游人类学的理论与方法

一、旅游人类学的理论

（一）旅游研究的三个人类学视角

1. 从涵化与发展的视角看旅游

文化变迁，是文化人类学研究的主要课题之一。涵化是文化变迁的一个主要内容，亦是文化变迁理论中的重要概念。将旅游者生成社会、旅游者、东道主社会之间的互动视为涵化，实际是一种判断，即此三者间的遭遇过程就是多种文化接触、影响、发生变迁的双向互动过程，这说明，旅游不仅对东道主社会产生影响，也对旅游者、旅游者生成社会产生影响。关于旅游者及其生成社会的文化对东道主社区的影响，人类学的内化、适应、示范效应、对抗、复兴等概念都得到应用。旅游现象作为一种文化现象，当属文化人类学的研究范畴，因此许多关于旅游目的地文化变迁的研究，莫不是以人类学完善的涵化理论为研究基础的。

经济学意义上的发展通常是指 GDP 的增加或贫富差距的缩小，而"发展"这一概念在人类学与其他社会科学中使用的范围很广，表示一切指向理想中目标的社会文化变化。"发展研究"起源于第二次世界大战之后，其以发展为研究对象，包括广义的发展研究与狭义的发展研究，前者研究社会变迁的一般规律，阐述全球背景下各国、各地区社会与经济发展的历史与现状；后者以第三世界国家政治、经济、社会和文化发展问题为对象，主要探索这些国家现代化的理论、发展模式、发展战略和方针及具体的政策、做法与经验等。"发展研究"包括三个主要组成部分，即现代化理论、依附理论、世界体系理论，如表 1-2 所示。

表 1-2　"发展研究"的三个理论

理论名称	内容及特点
现代化理论	现代化理论诞生于 20 世纪 50 年代，吸收了涂尔干、韦伯等社会学家关于传统与现代之分的观点，强调在两种类型的社会中，起作用的规范与价值观是不同的。简言之，这种理论认为世界各国都有可能接受资本主义工业化的渗透与全盘传入，也就是说，发达资本主义国家的今天就是不发达国家的明天。由于无视国际经济格局以及不能解释某些具体事实，这种片面的发展理论招致一片骂声，也导致"依附理论"的产生

理论名称	内容及特点
依附理论	依附理论由弗兰克等人创立。他们认为，在现行世界体系中，强国对弱国的贸易与投资只能使弱国陷入贫困与依附他国的困境，因为经济剩余都回流到强国去了。弗兰克提出"依附链条"理论，链条的一端是高度发达地区，依次是渐贫渐弱的地区，直至另一端的最贫困城镇与乡村，而弱国的经济剩余就沿着这链条，流回到强国。这一流派认为对外来资本的信赖将导致不独立、经济漏损、结构不平衡、民众怨恨、经济偏斜等后果。依附理论同样遭到实证研究的反驳，研究者开始不妄谈"依附"，而改谈"低度发展理论"，因为在外来资本的帮助下，许多国家的确出现了或多或少的发展
世界体系理论	世界体系理论的提出以美国学者沃勒斯坦的《现代世界体系》一书为标志。"世界体系理论"的核心命题是必须把世界体系作为一个整体来研究，无论研究体系中的哪个方面，如民族、国家、地区、族群等，都必须置于整个体系中来考察；现代世界体系在 16 世纪就在欧洲出现，并以资本主义贸易体系为基础，超越国家界限，形成"资本主义世界经济"。"世界体系理论"并非完美无缺，它忽略单个社会的独特历史发展过程，并且过分夸大世界体系的力量，抹杀了边陲社会独立发展的历史与可能

应该说，以上"发展研究"的三个理论虽然并未有足够的解释力，但人类学学者却将旅游视为一种发展现象或发展手段，在此视角下研究旅游这一复杂现象。这三个理论的内容，人类学学者在旅游研究中都有涉及，如现代性、全球化导致的标准"国际（旅游）空间"在偏远山区的出现，旅游的收入渗漏到外来利益集团，由当地人与开发商、旅游者之间的权力、地位悬殊造成的文化间统治—从属关系等。当然，亦不乏发展旅游而使经济发展、文化复兴的案例，旅游人类学学者对旅游影响的看法，也从全面否定走向客观看待。正是在旅游过程中的文化接受、文化适应与文化复兴等方面，涵化与发展的概念得以衔接。

2. 从个人经历转换的视角看旅游

"个人经历转换"这一视角，关键词是"转换"，转换意味着与原来、过去相比，存在着不同程度的不一样。当人们刻意想与原来或过去不一样时，他们往往借助某类仪式来完成这种转换。范吉内普就从世界各民族的仪式中归纳出一类特殊仪式，这类仪式帮助人们完成人生旅途上各个重要关口的"转换"，无论是出生、成年、成婚、生儿育女、死亡，还是晋升、离职、离婚等，范吉内普将此类型仪式命名为"通过礼仪"。"通过礼仪"的思想，对往后的人类学、宗教学有深远的影响。受仪式理论启发，以纳尔逊·格雷本为代表的人类学学者将旅游视为一种特殊的世俗仪式，进而寻找旅游与仪式的相似处，以使仪式理论能够适用于旅游研究。贾法瑞的"跳板"理论与格雷本的"世俗—神圣—世俗"的提法，都是对旅游现象的象征性研究，从某种意义上说，这类分析在接近旅游本质与旅游动机方面不无裨益，但它却更适用于旅游体验的研究。

将旅游视为仪式的视角，并不能解释旅游体验的多样性。是否人人都有转换身份的需要，或者说是否所有去旅游的人都是为转换身份，这一点，很难得到确认。旅游是否具有仪式的功能，是否会成为现代人的宗教替代品，亦是见仁见智的问题。从另一方面看，将旅游视为一种过渡仪式的视角，在一定程度上制约了对旅游体验的全面研究。挖掘旅游体验的"深层语法结构"固然是掌握体验本质的一种方法，而对林林总总的体验类型的忽略，是避重就轻的做法。格尔茨说："我以为所谓文化就是这样一些由人自己编织的意义之网。因此，对文化的分析不是一种寻找规律的实验科学，而是一种探求意义的解释科学。"因此，人类学的民族志应该追求一种"具有厚度的记述"，即"深度描写"。所谓"深度描写"，就在于要揭示行动与文化之间的关系，由此来解释行动的意义。这一理念在旅游体验的研究中，亦不乏学者运用。旅游体验，既需要心理学的剖析，也需要通过对体验者行为之流的观察与解释，来揭开这体验背后的文化与历史渊源，而且"一种好的解释总会把我们带入它所解释的事物的本质深处"。对于这一解释视角在旅游体验研究上的运用，尚需更多学者的深入研究。当然，研究方法与找寻规律亦非常重要，毕竟观察一切旅游者是不可能的，或许正如梭罗所言，为数清桑给巴尔的猫而走遍世界是不值得的。

3. 从上层建筑的视角看旅游

"旅游是一种上层建筑"，来自马克思主义唯物论"存在决定意识"的思想。文化唯物主义论者马尔文·哈里斯与戈德利尔用一种更宽泛的唯物观点来看待社会，他们的共同观点就是，像人口、技术、经济、环境等物质基础，最终决定了人类的其他活动。由此可推断，旅游亦是由这些基础结构决定而出现的。把旅游看作一种上层建筑的观点是由新进化论者马歇尔·萨林斯率先提出的，他认为休闲是"与经济动态适应的上层建筑对应物"。由此，休闲研究者提出两种观点，即"满溢效应"与"弥补效应"。前者认为现代生活的表面现象满溢到了旅游活动中，后者认为旅游者在寻找生活中缺失的东西。两种观点都可以解释旅游的产生，并且都将旅游产生的原因归诸旅游者生成社会，因此"上层建筑"的视角针对的是旅游客源地社会，要解决的问题是旅游现象的本质。麦坎内尔对旅游客源地的分析可谓这方面研究的先驱。

不过，文化唯物论者过于强调基础结构的决定作用，忽视上层建筑对基础结构的反作用。因此，虽然旅游可能对社会的其他活动施加一定影响，但在研究中，它只是被当作一个因变量。研究者认为，旅游者不仅受自身社会"推力"因素的影响，也受旅游目的地"拉力"因素的影响。即使可将旅游视为一种上层建筑，它也是不同于艺术、科学与宗教的特殊"上层建筑"，因为旅游是一种现代人行为的社会外溢出，其反作用更多地施加于自身社会之外。人们司空见惯的旅游模式，如欧美的单枪匹马、日本人著名的团队旅游、后现代青年的另类旅游等，都是自身文化背景下的产物在另一种文化中的展演。不过，旅游者生成社会的基础结构决定的不仅是旅游模式，其他方面，如旅游需要、旅游行为、旅游体验等，都或多或少地被它决定着。人类学学者对旅游客源地的研究，"上层建筑"的视角能做些什么，尚待到实践中去探索与求证。

（二）旅游人类学的多学科视角

人类学学者的旅游研究并不十分关注学科界限，这一点可从卷帙浩繁的旅游民族志或专论中看出。人类学学者与社会学学者都倾向于在对方的资源里挖掘自己的所需，因此在旅游人类学的研究中，社会学理论随处可见，以下对其中几个常见理论做简要介绍。

1. 交换理论

"社会交换"概念有许多学域来源，如人类学、经济学与社会学。人类学家马林诺夫斯基、列维·施特劳斯与莫斯的交换概念都不大适用于旅游中主、客间的互动研究，倒是经济学与社会学的相关交换理论可以借用。埃克的"一般交换"理论，如在旅游者与当地人的互动中，文化的示范与交流并非一对一的关系，这种影响效应会扩散到下一拨旅游者或旅游社区的其他成员身上。其他譬如 Skinner 的"行为心理学"、盖奥里格·齐美尔的"冲突社会学"、霍曼斯建立在公平原则上的"六命题"，都可为旅游者、旅游中介者与当地人之间的各种互动提供理论资源。

2. "陌生人"理论

"陌生人"与人类学者研究的"他者"正好对应起来，前者是旅游者，后者是东道主。德国社会学家与哲学家盖奥里格·齐美尔的"陌生人"概念早为社会学者所熟悉，齐美尔认为"陌生意味着远方的人是在附近的"。旅游者，似乎非常贴近于齐美尔的理想型"陌生人现实中近在眼前，文化上远在天边"。结果，主、客间的互动成为熟悉与疏远的奇怪混合物，于是对待彼此既像同类，又如远客。当然，由于旅游频率与旅游人数的不同，这种互动的性质亦会相应不同。"陌生人"的出现勾勒出一条明显的族群界线，强化着当地人的族群认同，这亦是值得研究的问题。

3.“前台”与“后台”理论

美国社会学家欧文·戈夫曼的兴趣在于研究日常生活中人们面对面的具体互动细节，展示那些隐含着的、不公开的互动规律。他在《日常生活中的自我呈现》一书中，主要探讨一个问题：人们在互动过程中是如何在他人心目中创造出一个印象的？戈夫曼对这个问题的精彩论证对哲学、人类学、心理学、传播学、语言学、管理学、文学等学科都有一定影响。首先，戈夫曼将戏剧表演的“舞台设置”定义为“前台”，进而将之隐喻为“个人前台”，后者的组成部分有官职、地位标记、服饰、性别、年龄、身材与外貌、仪表、言谈、表情、姿态等，这是个人呈现给其周围环境的“前台”，是潜意识下的刻意“表演”，亦是他期望让别人看到的一面。如戏剧一样，“前台”具有理想化、神秘化甚至误传的特性。“后台”是表演者能够确认没有观众能闯入的地方，在此他们不需要表演，相对于“前台”的表演，“后台”就是真实的呈现。对于个人而言，其在行为上无意中流露的真实，就是“后台”。当然，整个戏剧的呈现需要场景、剧班人员、表演、沟通等环节，这些在个人生活中亦可找到对应的隐喻。

麦坎内尔在《旅游者：休闲阶层新论》中专辟一章，论述“舞台真实”，他认为寻找“真实性”的旅游者，往往看到的是“前台真实（即舞台真实）”，这是东道主刻意提供给旅游者的，或者说是他们期望旅游者看到这精心布置的“前台”后，能产生他们期待的印象，这样做的目的大概是保护传统文化或是由于真实的文化已不堪搬上舞台。总之，“舞台真实”因为有别于“后台”而被研究者们认为不真实。而所谓的“后台真实”又是东道主处心积虑的安排与设计，它让旅游者以为进入了“后台”，实质上却是装扮成“后台”的“前台”，但此举满足了旅游者对“后台”天生的好奇。当然，“前台”与“后台”的设置，需要有表演者、场景、不可或缺的细节，以让旅游者觉得真实。在“前台”与“后台”之间，旅游者、东道主、中介是必不可少的观看者、表演者与旁观者，他们共同搭建了这两个舞台，研究者可以通过这两个舞台考察三者间的互动，进而揭示旅游对传统文化、民族文化的影响。

二、旅游人类学的方法论

一般而言，方法论大致包含两个互为关系的部分：一是有关方法论的理论问题；二是具体的研究方法。

（一）旅游人类学方法论的理论问题

关于方法论的理论问题，从大的方面说，人类学研究最关心的是社会群体的文化表现和社会行为。

人类学家必然会在这样的学理背景下面对社会和社会群体的各种活动。既然旅游已经成为当代社会一种具有广泛群众基础和经济基础的社会活动，对整个社会文化变迁起到越来越明显作用，它必然对传统的社会结构和功能产生巨大的影响和作用。人类学毕竟不是研究单一件"过去"的社会，也不是专门研究"僵死的或化石般"的社会组织，与其说传统的人类学侧重于研究那些相对于工业社会"封闭的""落后的""小规模的""弱势群体的"社会、社群和社区，还不如将它们视为某一种具有文化发生学意义的案例和样本。重要的是，它们本身存在着从发生到发展的历史过程。今天，既然旅游已经在这个历史进程中打上了深深的烙印，那些弱小的民族、族群也在"世界一体化"中不仅成为对广大游客开放的一部分，而且他们也必然以自己的方式去应对纷至沓来的游客以及外来文化的影响，甚至他们中的一部分人也有机会成为游客。比如，云南纳西族文化的当代变迁，绝对无法与当代中国的旅游活动相分离，无法与联合国教科文组织的"自然与文化遗产"的评估、荣誉的授予以及其他外界因素的作用与促进分开，也无法与中国政府，特别是旅游部门的政策、法令和法规相分开。任何人都会相信，如果没有近十几年的旅游发展，纳西人、纳西文化、纳西社会结构与社会关系绝对与现在情形有着非常巨大的差异。既然这一切都为人类学研究所关注，那么旅游人类学在方法论上便有了充分的理论依据。

（二）旅游人类学方法论的具体研究方法

旅游人类学有着多种多样的方法上的具体表述和使用，这需要根据研究者的具体项目来确定。比如研究者的主要目标是游客，那么，他就需要采用更多的社会人类学中的量化指标，通过比较的方法达到研究目标。很明显，对于具体游客或某一个旅行团在旅游活动中的有限时间而言，研究者即使完整使用"参与观察"的方法，得到的信息也很有限，得到的认识也很肤浅。因此，借助社会学研究中的统计手段和量化数据就是一种必要的补充。如果研究者的研究目标是东道主社会，即了解旅游对东道主社会的作用和影响。那么，他可以采用传统人类学的田野方法。在研究游客的行为、心理时，采用访谈、观察和量化等多学科的研究方法便较为有效。不过，作为人类学研究方法的常识和常项，以下方法需要加以强调：既然人类学的"基本功"与民族志研究分不开，那么传统的人类学田野调查的"参与观察"方法自然不可或缺。人类学家通过对对象长时间的观察，对某一个具体社群的物质形态，包括自然环境、生产和生活方式、生产工具、民居、器物、服饰等都要有一个完整的了解和认识，继而通过这些自然与物质的存在和变化去描述和解释某一民族、族群、社区的文化形貌。在此基础上去寻找特定人群的精神活动，包括认知、信仰、精神、心理等活动。大致的关系如图1-2所示。

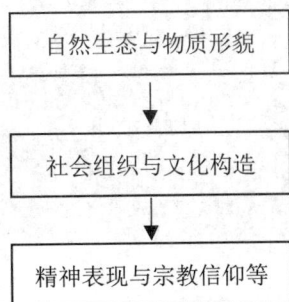

```
┌─────────────────────┐
│   自然生态与物质形貌    │
└─────────────────────┘
           │
           ▼
┌─────────────────────┐
│   社会组织与文化构造    │
└─────────────────────┘
           │
           ▼
┌─────────────────────┐
│  精神表现与宗教信仰等   │
└─────────────────────┘
```

图 1-2　人类学研究过程

多数人类学家认为，社会文化是一个特定的系统，是一个具有族群特征和地缘特征的知识体系。当一种外来力量进入并影响这一社会体系和结构的时候，我们就会很清楚地看到哪些因素发生了裂变。如果我们把当代的旅游行为视为"世界经济一体化"和"全球化"的一种必然产物，当它不可阻挡、不可避免地进入社会生活方方面面的时候，我们就可以很清楚地看到因为旅游活动的出现给某一个民族、族群、社区、村落所带来的变化。比如，为了适应"民族旅游"的发展，少数民族地区加快了铁路、公路的建设，而这些现代化的交通进入山寨、村庄，大量的商品随之也进入山寨。交通、商品、游客随着旅游到来，对传统民族文化无疑起到了巨大的"触动"作用。人类学家通过传统的田野调查方法不仅可以把握传统文化的轮廓和脉络，而且可以亲眼观察、亲身体验因旅游的社会化对传统社会引起的震荡。所以，我们首先要强调的还是传统人类学民族志的田野调查方法。

第二章　乡村旅游发展概况

第一节　乡村旅游的兴起

一、乡村旅游兴起的历史背景

后工业时代的旅游不仅是一种时间的打发，更是作为生活的必需品静静地存在着。后工业社会的特点不仅是经济发展速度加快，由其经济基础带动的上层建筑变迁也同样推动了乡村旅游的发展。乡村旅游作为一种消费活动全面融入现代生活，与后工业时代一起来临。因此，后现代消费社会的兴起是乡村旅游兴起的历史背景。

（一）后工业消费社会产生的基础

后工业消费社会产生的基础包括社会基础、生产力与科学技术基础和物质基础三部分，如表 2-1 所示。

表 2-1　后工业消费社会产生的基础

构　成	内　容
社会基础	从生产到消费的社会转型是后现代消费主义产生的基础。根据王宁的研究，消费就是"在现代经济与社会条件下，人们为了满足其需求和需要，对终极产品、设施或劳务的选择、购买、维护、修理与使用的过程。该过程被赋予一种意义，并导致一定的满足、挫折或失望的体验"。"消费"一词在英语最初的使用中，意指"毁坏、用尽、浪费"，消费中的消极内涵一直存在。正如凡勃伦在其《有闲阶级论》一书中，对美国暴发户式的"炫耀性消费"予以批判，直到 20 世纪中叶，消费才由"政治经济术语转化为一般大众用法。"这样的词语更替，折射出的是社会的历史演变，20 世纪中叶正是西方从生产到消费的重要转型历史时期
生产力与科学技术基础	在生产力极其低下的农耕社会与生产力初步发展的工业社会，生产被视为社会再生产的起点、动力与终点，社会再生产的目的无非就是积累更多的财富以及进一步扩大生产规模。随着社会生产力的进步与发展，通过对社会再生产环节观察后发现，消费而非生产才是推动整个经济发展的原动力，消费才应该是社会再生产环节的起点与终点，因为只有消费发达，才能从根本上扩大需求，从而促进生产规模的扩大，推动国民经济的发展
物质基础	后工业社会中，消费对生产的拉动作用成为刺激后现代消费产生的重要原因。消费对经济的拉动体现在两个方面：一方面，一国的总需求由消费需求、投资需求与出口需求构成，根据国际经验，消费对 GDP 的贡献率要达到 50%以上，才能够维持长期的经济增长，这说明了消费对拉动经济的重大贡献；另一方面，消费，特别是教育消费与医疗消费对人力资源资本的创造，为经济的增长提供了不可缺少的生产要素

（二）后现代消费主义

后现代消费主义社会中乡村旅游兴起的条件主要包括四个方面：一是物质基础，二是科学技术，三是思想意识，四是制度保障，如表 2-2 所示。

表 2-2　后现代消费主义社会中乡村旅游兴起的条件

条　件	内　容
物质基础	由生产力发展推动的物质基础进步是乡村旅游兴起的根本条件。从经济学角度而言，到乡村地区旅游是放弃一定的时间与金钱以换取身心的休息、放松与精神消遣的行为。正是生产力的发展与科学技术的进步，让人类从劳动中得到进一步解脱，闲暇时间随之增多；并且货币收入的增加促使人类追求物质以外的更高要求的生活质量，用旅游代替货币正是经济进步过程中的必然趋势

条　件	内　容
科学技术	科学技术的发展，特别是科技革命，推动了交通运输的进步，新的交通工具不但缩短了从城市到乡村的距离，更减少了旅途花费的时间，拓宽了旅游者的足迹，创造了偏远乡村的可进入性
思想意识	乡村旅游产生的思想意识条件，是物质基础条件的衍生。生活在工业社会的游客，深受噪音、环境污染等的困扰，回归自然成为其生活的向往。乡村有着优美的自然风光与浓厚的人文风情，成为游客释放自我、回归自我的最佳选择
制度保障	国家的高福利制度，尤其是带薪制度，为乡村旅游的发展提供了较为充分的时间与物质条件。因此，从后工业消费社会的兴起与乡村旅游产生条件的分析中，可以看出，生产力发展与科技进步所带动的物质基础改善与思想观念变迁是二者产生的共同背景。后现代消费社会的兴起无疑是乡村旅游兴起的历史背景

二、乡村旅游兴起的经济背景

乡村旅游在各国的起源不同。在中国，乡村旅游自发展以来就被委以拉动乡村地区经济增长的重任，乡村旅游扶贫的研究犹如雨后春笋在学术界开展。因此，乡村旅游扶贫的经济功能无疑是其发展的原始动力。

（一）贫穷的乡村地区需要发展新的经济增长方式

中国有着贫穷而广袤的乡村地区。近些年来，农业、农村和农民（简称"三农"）问题正在成为影响中国政局稳定和困扰中国经济进一步发展的重点、难点问题。国家统计局、国务院扶贫办网站最新公布的数据显示，截至 2016 年底，全国农村贫困人口存量为 4 335 万人。如何解决这部分人口的脱贫致富问题，直接关系到"三农"问题能否彻底解决和我国全面建设小康社会目标能否实现，不仅是经济问题，更是一个社会问题。

我国乡村扶贫发展战略一共经历了五个阶段。从 1949 年至 1978 年的自救式扶贫，到 1979 年至 1985 年的救济式扶贫，1986 年至 2007 年的开发扶贫，2008 年至 2012 年的双轨并行阶段（开发式扶贫与救助式扶贫并存），这些扶贫的内容均局限在农业生产活动中。我国农村经济的发展已经证实，农业生产活动领域的农民增收空间已经非常狭窄，通过发展传统农林牧业减缓或消除贫困的效果已不再明显。2013 年 11 月 3 日，习近平到湖南花垣县十八洞苗寨调研，首次提出扶贫要"实事求是、因地制宜、分类指导、精准扶贫"。从此，精准扶贫成为国家扶贫方略，农村扶贫进入了新阶段。目前，这一阶段仍在推进中。乡村旅游扶贫是精准扶贫一种非常有效的方式，它和一般的输入式的扶贫方式不同，是一种"授人以渔"的扶贫方式，是精准扶贫一个长期有效的方法。经济发展水平低的贫困地区产业基础薄弱，迫切需要寻求某种产业发展的推力。乡村旅游的发展会形成人流、物流、信息流和资金流，由城市自发而持续地向农村传输，发挥旅游乘数效应，达到发展经济的目的，成为贫困地区发展的推力。

（二）旅游是乡村地区经济发展的增长点

1. 旅游经济带动功能的理论基础

根据增长极理论，旅游业具有综合性、关联性及乘数效应特征，贫困乡村地区优先开发资源丰富、交通便利的地区旅游业，能带动周边地区相关产业的开发，并最终形成具有一定规模和水平的旅游区（圈），从而对地区经济实现辐射。

根据旅游乘数理论，乡村旅游发展使外来资金"注入"乡村旅游地经济之中，这种注入资金在乡村经济系统内渐次渗透，依次发挥直接效应、间接效应和诱导效应，刺激地区经济活动的扩张和整体经济水平的提高。

2. 旅游经济具有经济带动功能

乡村旅游发展有利于贫困地区脱贫：贫困地区自然条件恶劣，经济和社会发展缓慢，经济发展水平较低。但是这些地区也有自己的优势，即旅游资源丰富，发展旅游业的自然环境条件较好，非常适合发展旅游。

一些贫困乡村地区蕴涵着得天独厚的旅游资源，旅游业是贫困地区最有博弈优势的产业之一。相对于工农业投资数额多、市场风险大来说，旅游投入具有较大的比较优势和投入产出比，具有很好的经济回报。

（三）产业结构的转型

农村产业结构总体上由三个层次组成：第一层次是指产业序列结构，即由通常所说的农村的三次产业（第一产业是指农、林、牧、渔各业，其中农业包括种植业和其他农业；第二产业是指农村制造业、加工业、建筑业等；第三产业是指商业、服务业、交通运输业等）构成。第二层次是指产业基础结构，即广义的农村结构，包括农、林、牧、渔各业。第三层次是指产业主体结构，即狭义的农业结构，包括粮食作物、经济作物和其他作物等。

1. 农村产业结构战略转型是乡村旅游发展的契机

党的十六届五中全会提出了"建设社会主义新农村"的构想，对我国社会主义新农村建设目标、任务进行了安排部署，提出了新农村建设的"二十字方针"。2007年，党中央、国务院再次明确提出积极发展现代农业，扎实推进社会主义新农村建设。新农村建设既是贯彻科学发展观的精神，也是构建和谐社会的必然要求。当前农村经济发展面临着一些问题，农村产业结构不合理是重要原因。加速发展农村经济，必须进一步调整和优化农村产业结构，推进现代农业建设，强化社会主义新农村建设的产业支撑。因此，我国正面临着农村产业结构调整的历史时期。农村产业结构的战略调整为乡村旅游发展提供了良好的契机，乡村旅游的发展，特别是乡村旅游消费的变迁，也符合农村产业结构调整的战略目标。

2. 乡村旅游的发展符合农村产业结构调整的战略目标

（1）乡村旅游消费生产着农业生产

乡村旅游消费与农村产业结构变化的关系，正如消费对生产的作用。马克思在其经典著作《政治经济学批判》导言中对生产与消费的辩证统一关系做了精辟的论述，指出"没有生产，就没有消费；但是，没有消费，也就没有生产，因为如果没有消费，生产就没有目的。"即"消费生产着生产"。

消费对生产的作用，主要体现在三方面：第一，消费使产品得以"最后完成"与实现。因为产品只有在消费中才能成为现实使用的产品。第二，消费创造出新的生产需要。消费的需要向生产提出了要求，使生产有了目标和动力；或者继续生产原有产品，或者创造新产品；否则，没有消费的需要，就没有生产。第三，消费还为生产提供了主体，使得再生产所需要的劳动力通过吃、穿、用、住等消费行为再生产出来。

乡村旅游消费刺激了乡村旅游产品的开发，而乡村旅游产品的开发又是通过对乡村资源的利用与农村生产完成的，因此乡村旅游消费进一步生产着农村生产。以乡村旅游减少农产品销售的中间环节，从而推动农产品生产为例，在传统农业中，农产品要经过多个流通环节才能到达消费者手中，中间环节越多，农村产品流通越慢，农业产品价格越高，极不利于农业生产发展。乡村旅游涉及吃、住、行、游、购、娱等要素，各类农业产品直接面对消费者，减少中间流通环节，降低经营成本，为农业产品打开市场，为农业生产提供动力。

（2）旅游消费刺激着农业产业结构调整

消费结构是消费者为了使自己的既定收入效用最大，而依据价格对各种消费品和劳务消费数量进行调整的行为结果。马克思的社会再生产理论蕴含着消费（结构）对生产（结构）不容忽视的作用的思想；恩格尔定律为人们考察经济增长或经济发展中的结构转换问题提供了新的思路，即伴随着经济增长或经济发展、收入水平的提高引致消费结构的变化，而这成为产业结构转换的一个重要动因。

首先，乡村旅游消费增加，为农村产业结构调整提供资金支持。农业和农村产业结构调整，要以资金和资本为物质基础，长期落后的农村经济使广大农村地区农业资本积累少，缺少产业结构调整资金。与以往给资金、给项目为主的"输血式"乡村发展相比较，乡村旅游消费带来的资金是"造血式"的。以乡村自然与人文环境为旅游吸引物，提供的旅游产品源于传统、原生的乡村生活和环境，土地利用方式以农业、林业和自然占地为主，以其强大的辐射效应、丰厚的经济效益、良好的生态环境效益和社会效益，具有明显的比较效益优势。因此，乡村旅游消费能加速农村资金流转，能在短期内有效缓解农村资金供给不足，为农村产业结构调整提供资金支持。

其次，乡村旅游消费能够在一定程度上避免农村产业结构的盲目转型。在现代社会，农业经济已不再是自给自足的经济，农产品需要走向市场，才能增加农民的收入。农业和农村产业结构调整，要以消费者的需求状况及未来变化趋势为基本依据。消费者的消费偏好和对产品性能、质量、档次等方面的要求，各种产品的市场供求状况等，都和产业结构的调整密切相关。乡村旅游本身就是消费的形式，乡村旅游消费的增加必定刺激农村第三产业的发展，引发三大产业结构比例的变化。乡村旅游还是很好的交流平台，在封闭的乡村与城市之间引起信息在城乡之间的流动，从而了解旅游者的消费偏好、消费倾向、消费心理和消费行为等，对消费和市场需求的变化趋势进行准确预测，把握不断变化的市场，把农业和农村产业结构的调整纳入市场化轨道，避免农村产业结构调整的盲目性。

3. 乡村旅游发展有利于农村产业结构的合理分布

我国农村目前产业结构分布不合理，其中第一产业比重过大，第二、三产业比重小、发展缓慢。旅游属第三产业，乡村旅游发展就是农村第三产业的发展，并且，旅游业又是一个综合性产业，吃、住、行、游、购、娱六大要素必须在三大产业的协调发展中得到满足，因此现代旅游业向传统农业的延伸无疑会打破传统种养产业的思维定式，带动服务业（交通运输、商饮服务、文化娱乐）和制造业（地方工艺品制作等行业）发展，由农业为主的产业结构转向农业和非农业共同发展的结构，实现三大产业发展的相互促进，从而改变乡村第二、第三产业落后的局面。

三、乡村旅游兴起的社会背景

乡村社会的转型是乡村旅游兴起的社会背景。"社会转型"这一概念最初出现在西方学术界，用以解释20世纪最后20年苏联、东欧和中国社会的巨大变化。而世界城市化的空间过程研究表明，新城市化、城郊化、逆城市化和再城市化四个连续的变质阶段构成了其生命周期。在这个生命周期中，处在城郊的社区凭借毗邻大城市的人气、通勤的便捷性和丰富地方化的文化资源等，大力发展乡村旅游。发展起来的乡村旅游不仅成为人员、资金、信息流的节点，而且还是城郊社会转型的巨大引擎和推手。正因为如此，这一命题从 20 世纪 90 年代以来就引起了中外学者的关注。

（一）城郊乡村特征及城郊乡村社会转型面临的挑战

城郊乡村特征主要体现在地理空间、经济空间、社会空间以及文化空间四个方面，如图 2-1 所示。

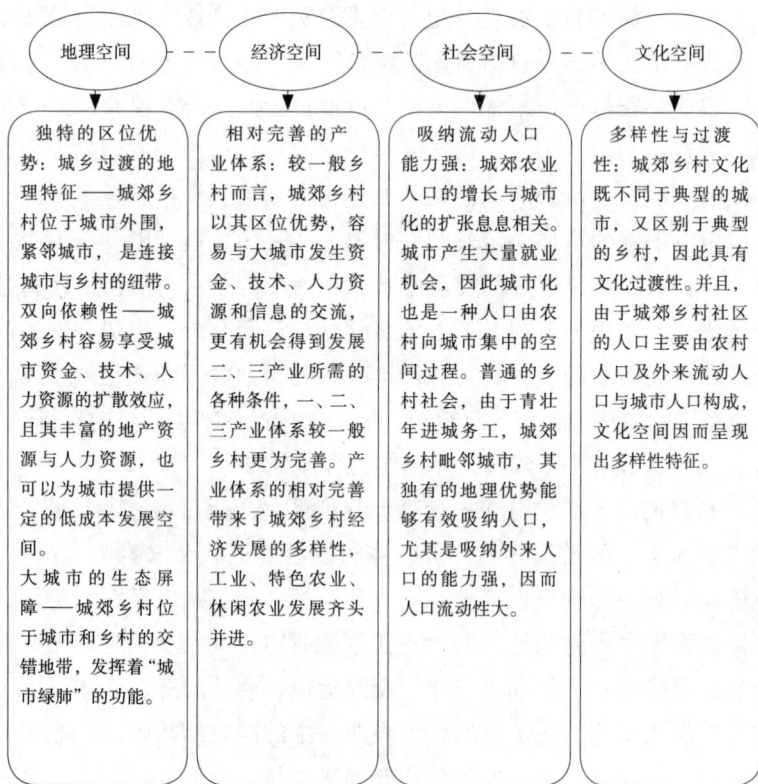

地理空间	经济空间	社会空间	文化空间
独特的区位优势：城乡过渡的地理特征——城郊乡村位于城市外围，紧邻城市，是连接城市与乡村的纽带。双向依赖性——城郊乡村容易享受城市资金、技术、人力资源的扩散效应，且其丰富的地产资源与人力资源，也可以为城市提供一定的低成本发展空间。大城市的生态屏障——城郊乡村位于城市和乡村的交错地带，发挥着"城市绿肺"的功能。	相对完善的产业体系：较一般乡村而言，城郊乡村以其区位优势，容易与大城市发生资金、技术、人力资源和信息的交流，更有机会得到发展二、三产业所需的各种条件，一、二、三产业体系较一般乡村更为完善。产业体系的相对完善带来了城郊乡村经济发展的多样性，工业、特色农业、休闲农业发展齐头并进。	吸纳流动人口能力强：城郊农业人口的增长与城市化的扩张息息相关。城市产生大量就业机会，因此城市化也是一种人口由农村向城市集中的空间过程。普通的乡村社会，由于青壮年进城务工，城郊乡村毗邻城市，其独有的地理优势能够有效吸纳人口，尤其是吸纳外来人口的能力强，因而人口流动性大。	多样性与过渡性：城郊乡村文化既不同于典型的城市，又区别于典型的乡村，因此具有文化过渡性。并且，由于城郊乡村社区的人口主要由农村人口及外来流动人口与城市人口构成，文化空间因而呈现出多样性特征。

图 2-1　城郊乡村特征

正是由于遭受城市化与现代化的巨大冲击，在全球化、城市化与现代化进程中，城郊乡村社会转型并非一帆风顺，较普通乡村社会转型而言，城郊乡村社会转型还面临着城郊发展失衡的巨大挑战。

第一，在城郊乡村产业结构转型中，城郊乡村社会第一产业衰弱，并以地理优势承接城市的工业产业的转移，第三产业发展不足，出现一、二、三产业发展不均衡，第三产业与第一、二产业的整合性差的问题。

第二，在城郊乡村社会职业转型中，城郊乡村居民职业转型的主要形式仍然是从"农民"到"农民工"，城郊乡村社会职业转型长期存在劳动力转移与城市化和工业化的整合性较弱的问题。

第三，在城郊乡村社会身份转型中，"农民工"仅仅是对"生在农村、长在农村、工作在城市"群体的职业称呼，从"农民"到"农民工"的职业转型，并不等同于"农民"向"城市居民"的身份转型。

第四，在城郊乡村文化转型中，现代文化大多逐渐进入城郊乡村，城郊乡村社会遭遇文化断裂，处于与现代文化的整合、文化重构的艰难过程中，面临"失范"的困境。

城郊乡村社会转型面临的挑战源于长久以来城乡分割的二元经济社会体制带来的结构性矛盾，因此城郊乡村社会将长期处于一个剧烈变化的格局之中，应当引起高度关注。

（二）发展乡村旅游对促进城郊乡村社会转型的作用

乡村旅游是以乡村自然风光与乡村文化等各类资源为旅游吸引物，为游客提供观光、休闲、度假、娱乐等多项需求的旅游经营活动。发展乡村旅游，能极大地促进乡村的社会转型，即在实现农村经济增长方式的转变和社会结构调整、突破城乡二元结构的同时，实现农村社会组织的发展和社会和谐，实现公平正义。

（1）地理空间上，发展乡村旅游能打破城乡二元结构，优化城乡整体地域网络空间结构，逐步走向城乡一体化。城郊乡村旅游规划在一定程度上打破就城论城、就乡论乡的城乡分割型的规划建设做法，从城郊乡村的旅游功能、城乡空间布局出发，在更大的区域范围内把城郊乡村居民点、乡村工业布局、乡村基础设施网络与旅游基础设施建设、城乡规划相结合，作为整体进行统一规划和建设，从地理空间上打破城乡二元结构。城郊乡村旅游作为以人文风光与自然风情资源为城乡居民提供休闲与旅游服务的开放性经济功能体，凭借其在开发中的区位选择和空间分布的特殊性，突显城郊在城乡整体地域网络空间中资本、技术、土地、信息、劳动力等资源要素的聚集与扩散节点的地位，因此发展乡村旅游，能从经济空间上优化城乡整体地域网络空间结构。

（2）经济空间上，发展乡村旅游能促进城郊乡村的产业结构调整与经济发展方式转变。乡村旅游是第三产业，发展城郊乡村旅游就是发展第三产业，从而优化城郊乡村第一、二、三产业结构。城郊乡村旅游整合了乡村资源，不仅进一步发挥原先在第一产业中已利用资源的作用，也将农业与工业生产利用资源之外的闲置资源融入旅游，提高已利用资源利用率，使传统农业增添了附加值，让资源在旅游中产生更大的社会经济生态效益，有效促进了城郊乡村的产业结构调整。从单纯的农业经济到工业经济、旅游经济，产业结构调整必然带来经济发展方式的转变，城郊乡村旅游在经济发展中实现了"大农业"和"大旅游"的有效结合，加快了城乡经济融合和三次产业的联动发展，不仅扩大了城镇居民在城郊乡村地区的消费，还加快了城市信息、资金和技术等资源向城郊乡村的流动。

（3）社会空间上，发展乡村旅游能通过人口流动、产业聚集等吸纳大量的剩余劳动力，促进城郊乡村居民的职业转型。现实证明，在旅游发展好的城郊乡村，居民大多跳出"农民工"的单一职业选择，通过旅游参与具有了多元化的经营方式与产业方向。并且，作为第三产业的城郊乡村旅游，具有产业联动性强，吸引劳动力数量大、层次多的特征。城郊乡村旅游因此无形中形成了一种人员流动的拉力效应，不仅吸纳了城郊旅游地大量剩余劳动力，还以其辐射效应，通过人口流动产业聚集吸纳大量城市流动人口。

（4）文化空间上，发展乡村旅游能促进城郊乡村文化转型。城郊乡村文化转型需要解决乡村文化断裂问题，这就需要重建文化认同的途径。城郊乡村旅游产品和城市游客消费偏好的独特性，要求城郊乡村必须保持与城市地区差异明显的文化和景观氛围，因此以旅游为支撑产业的城郊乡村往往会自觉或愿意保护本地区的环境、文化和景观遗产，乡村旅游从而成为其重建文化认同的有效途径。

（5）发展城郊乡村旅游，最终有效地促进城乡融合。旅游资源的资本化促进了技术与生产要素的城乡融合，资本化的乡村旅游资源，吸引了大量的城市投资，城市资源与生产要素以各种形式参与城郊乡村旅游发展，实现了技术与生产要素的城乡融合。发展城郊乡村旅游，推动了城乡规划的融合。

四、乡村旅游兴起的文化背景

乡村文化的吸引力是乡村旅游兴起的文化背景。所谓乡村文化，就是人类与乡村自然相互作用过程中创造出来的所有事物和现象的总和。乡村文化的各构成要素是在长期的历史发展过程中积累和沉淀下来的，在乡村旅游开发中，很多要素可以转化为乡村旅游产品。

（一）乡村文化是旅游吸引力的来源

城乡之间在自然资源与文化资源方面的差异性是吸引旅游者，尤其是城市游客的根本原因。因为差异性的存在，游客在对乡村文化的感受和体验中可得到乡村旅游需求的极大满足。

1. 享受自然的满足

长期在城市生活的游客，面对拥挤喧闹的环境与紧张的生活节奏，产生了返璞归真的渴望。在乡村，天人合一式的环境，健康、朴素、简单的生活，优美的自然风光，淳朴的乡村文化，有着城市无法比拟的神韵和意境，这也是乡村与现代化城市环境、生活的差异，对自然的回归成就了乡村的旅游吸引力。

2. 求知的满足

乡村独特的田园风光、民居建筑文化、农耕文化、饮食文化等，对于缺乏对自然乡村了解的长期生活在城市的青少年来说，充满了知识性与趣味性，乡村旅游满足了其扩大视野、陶冶情操的求知需求。

3. 回归家园的满足

乡村是人类最初的聚居地，乡村旅游有意无意地维持着城市游客对最初家园的依赖，乡村对旅游者产生巨大的回归吸引力实际上是人们对地域、亲缘、血缘关系的维系或重续，是现代人心灵的回归。

乡村文化的吸引力图解如图 2-2 所示。

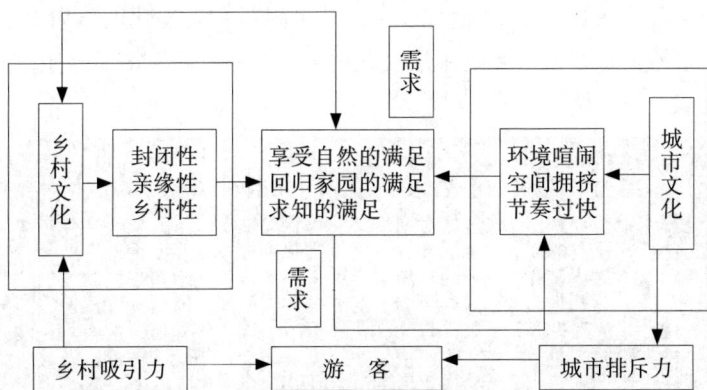

图 2-2　乡村文化的吸引力图解

（二）乡村文化向旅游文化的转化

乡村文化的吸引力并不等同于所有的乡村文化都能够开发成为旅游产品，只有乡村文化中能够激发旅游者旅游动机，为旅游业所利用并能产生经济、社会和生态效益的客体，才能被开发为旅游产品，最终吸引游客。也就是说，乡村文化要吸引游客，有一个前提，就是乡村文化要向旅游文化转化。

1. 旅游文化的概念与构成要素

1977 年，美国学者罗伯特·麦金托什和夏希肯特·格波特在其《旅游学——要素·实践·基本理论》一书中关于"旅游文化"的定义：在吸引和接待游客与来访者的过程中，游客、旅游设施、东道国政府和接待团体的相互影响所产生的现象与关系的总和。该书从文化的内涵与构成要素入手，认为所谓乡村旅游文化是经过旅游开发的乡村文化，以旅游主体、旅游客体、旅游介体之间的相互关系为基础的，在旅游活动过程中业已形成的观念形态及其外在表现的总和。旅游文化既是物质的，也是精神的。

旅游文化由三大要素构成。第一，旅游文化中的主体，即游客与旅游地的从业人员以及被卷入旅游活动、与旅游者有直接或者间接接触的旅游业从业人员。第二，旅游文化客体，旅游客体即旅游产品，以行、吃、住、游、购、娱为依托，物质文化是旅游文化中最重要的旅游客体。第三，旅游文化的媒介，即旅游业和贯穿在其中的旅游活动。

2. 乡村旅游发展对乡村文化的旅游开发

在乡村旅游发展过程中，只有对乡村文化实现旅游开发，才能从根本上解决乡村文化如何转化为旅游文化的问题。乡村旅游对乡村文化的旅游开发，包括对乡村表层文化的旅游开发、乡村中层文化的旅游开发、乡村核心文化的旅游开发，如图 2-3 所示。

乡村表层文化的旅游开发	乡村中层文化的旅游开发	乡村核心文化的旅游开发
包括对建筑、景观等有形的乡村文化的开发，即通过旅游基础设施的建设开发将其开发为旅游景观。对表层乡村文化的开发是有形的乡村文化向旅游文化的转化过程	包括对制度文化与行为文化的开发。制度文化构成了活动参与者应遵守的规则以及职业道德等约束机制。行为文化在旅游中以文化风俗、乡村制作、乡村文化活动、农业生产、乡村饮食等特色旅游服务方式得到体现	乡村核心文化较少被直接开发为旅游的精神文化，但是在旅游发展过程中能够体现深层的乡村文化，其形成的对本土文化的观念、态度以及接受外来文化的心态等都属于此类

图 2-3　乡村文化的旅游开发

通过上述途径的开发，乡村文化最终被转化为旅游文化，为游客所欣赏、消费。

第二节　我国乡村旅游的发展现状

一、我国乡村旅游的发展历程

梳理我国乡村旅游的发展道路，可以划分为如下几个阶段，如表 2-3 所示：第一阶段为初创阶段（20 世纪 80 年代—1994 年）：这个阶段以"农家乐"经营为主，表现出对自然风景资源、农业生产的收获活动和乡俗节庆活动的极大依托性，农业观光旅游是乡村旅游在初级发展阶段的主要形式。第二阶段为全面发展阶段（1995—2003 年）：这个阶段随着国家通过增加法定节假日以促进国内消费政策的实施，以及东部沿海地区城市居民收入的进一步提高，我国国内旅游方式发生了新的变化，休闲度假旅游逐步兴起。第三阶段为纵深发展阶段（2004—2011 年），随着人们生活水平的提高和国家"三农"政策的结合，乡村旅游走向纵深阶段，产业格局全面形成。第四个阶段为提升转型阶段（2012 年至今），在农业供给侧改革的背景下，乡村旅游暴露出的问题严重影响了其可持续发展，其业态融合、内涵挖掘、模式创新、产品提升等问题迫在眉睫。

表 2-3　我国乡村旅游发展历程

阶　段	时　间	标志事件	特　点
初创阶段	20 世纪 80 年代—1994 年	1982 年贵州省开发了黄果树附近的石头寨民族风情旅游；1984 年开业的珠海白藤湖农民度假村；1986 年成都"徐家大院"标志着农家乐的诞生；1989 年"中国农民旅游协会"正式改名"中国乡村旅游协会"	以"农家乐"经营为主，由于这一阶段我国处在观光旅游阶段，乡村旅游发展明显表现出自发性和"副业"的特性
全面发展阶段	1995—2003 年	假日经济的蓬勃兴起；1995 年双休制；1999 年的黄金周；1998 年推出的"华夏城乡游"中国旅游主题年；2002 年颁布实施《全国工农业旅游示范点检查标准（试行）》，启动了创建全国农业旅游示范点工作	乡村旅游蓬勃发展，市场需求旺盛，很多地方的农民积极涉足旅游，企业开始大规模进入这一领域，乡村旅游产业格局形成

阶　段	时　间	标志事件	特　点
纵深发展阶段	2004—2011年	2004年，"中央1号"文件将"三农"问题提到了国家发展战略重点的高度；推出"2006中国乡村游"主题年，宣传口号为"新农村、新旅游、新体验、新风尚"；2006年国家旅游局（现文化和旅游部）发布《关于促进农村旅游发展的指导意见》,2007年国家旅游局（现文化和旅游部）和农业部（现农业农村部）发布《关于大力推进全国乡村旅游发展的通知》,提出充分进一步推动乡村旅游的发展	充分利用"三农"资源，实施"百千万工程"，在全国建设乡村旅游示范点
提升转型阶段	2012年至今	2012年党的十八大以来，美丽乡村建设的浪潮在祖国大地此起彼伏，态势热烈；2013年提出的"精准扶贫"，乡村旅游成为精准扶贫的最佳抓手；2017年十九大提出的"乡村振兴"战略，更是迎来了乡村旅游提升转型发展的春天	乡村旅游产业地位空前提高，产业形态、管理机制、发展模式、市场份额及其在旅游业内部的地位等方面都出现了深刻的变化

二、我国乡村旅游发展现状

（一）乡村旅游收入稳步增长

近些年，中国乡村旅游发展迅速，乡村旅游的消费群体不断扩大，已成为国内旅游的一大亮点。根据国家旅游统计数据显示，2012—2016年，中国乡村旅游游客接待人次和营业收入年均增速分别为32.0%、26.2%。其中，2015年全国休闲农业和乡村旅游接待游客超过22亿人次，营业收入超过4 400亿元，占国内游收入的12.83%；2016年乡村旅游收入超过5 700亿元，占比升至14.42%。[①] 乡村旅游正以高于国内旅游的发展速度高速增长，且在国内旅游市场份额中的占比不断提升，如图2-4、图2-5所示。

---

① 叶玉洁．旅游对目的地居民社会文化的影响 [J]．合作经济与科技，2008(21):16-18.

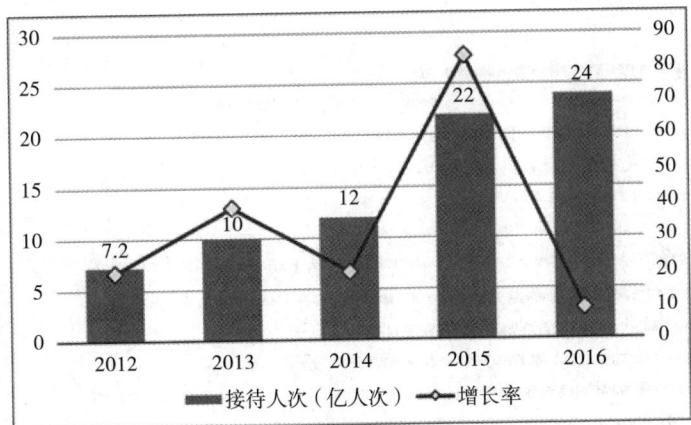

图 2-4　2012—2016 年中国休闲农业与乡村旅游接待人数图

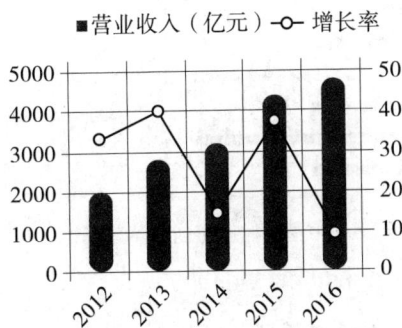

图 2-5　2012—2016 年中国休闲农业与乡村旅游营业收入图

（二）乡村旅游投资建设规模不断递增

强劲的乡村旅游消费市场撬动了乡村旅游投资热潮，2016 年乡村旅游投资 3 856 亿元，同比增长 47.6%。除此之外，智力投资正在逐步向乡村涌动。在乡村旅游发展过程中，国务院办公厅在《关于进一步促进旅游投资和消费的若干意见》中提出要"开展百万乡村旅游创客行动"，促使专业人才、农民、创业团队、艺术家等投身乡村旅游，推动创意资本向乡村流动。2015 年、2016 年、2017 年国家旅游局（现文化和旅游部）先后公布了永泰嵩口古镇、泉州市晋江市安海文化旅游创客基地、三明市泰宁县李家创客坊等三批中国乡村旅游创客示范基地，具体分布如图 2-6 所示。①

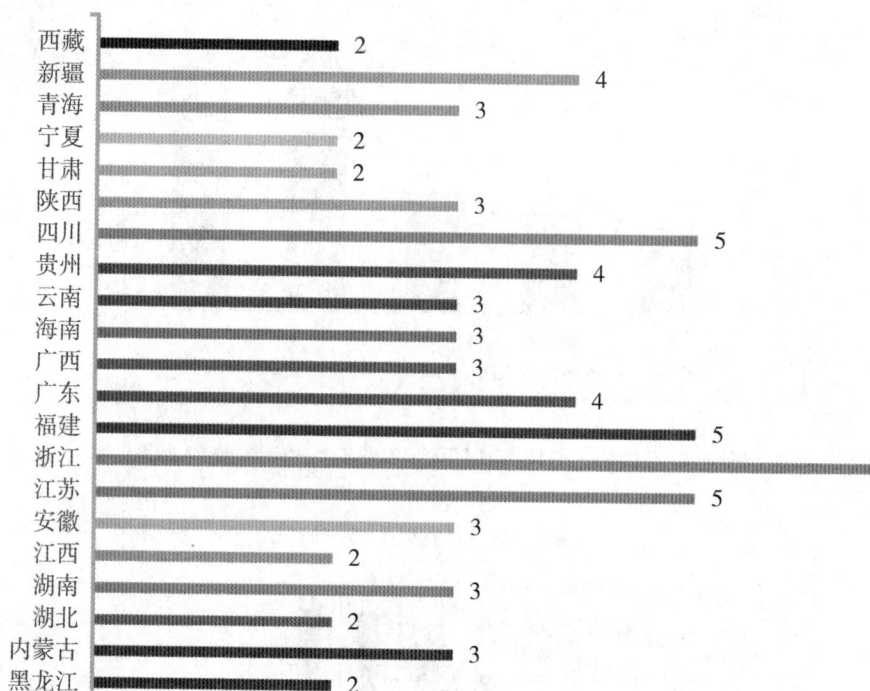

西藏	2
新疆	4
青海	3
宁夏	2
甘肃	2
陕西	3
四川	5
贵州	4
云南	3
海南	3
广西	3
广东	4
福建	5
浙江	5
江苏	5
安徽	3
江西	2
湖南	3
湖北	2
内蒙古	3
黑龙江	2

图 2-6　中国乡村旅游创客示范基地分布图

（三）乡村旅游开发形式多样

随着乡村旅游从业者及相关参与主体的不断实践，我国乡村旅游的形式也逐步呈现出多样化特征，以农家乐、生态园、民俗文化等为代表的乡村旅游取得了蓬勃发展，如图 2-7 所示。

---

① 叶玉洁.旅游对目的地居民社会文化的影响 [J].合作经济与科技，2008(21):16-18.

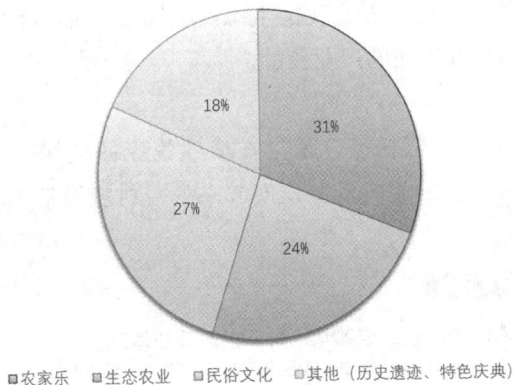

□农家乐 □生态农业 □民俗文化 □其他（历史遗迹、特色庆典）

图 2-7 我国乡村旅游的基本形式及占比

1. 农家乐

农家乐由于进入门槛较低，农民参与性较强等原因在乡村旅游开发中占比最高，依据 2015 年国家旅游局（现文化和旅游部）统计数据，农家乐占所有旅游形式中的比例约有 31%。[①] 具体而言，农家乐旅游主要以品尝农家美食、观赏农家风光并体验农家生活为主体，是一种投资成本低、经营模式简单的旅游形式。从区位分布上看，农家乐旅游主要布局在城市周围，是城郊旅游的重要组成部分。特别是近年来，各地相继出台了规范农家乐经营管理及食品安全的办法、标准，有效地提高了农家乐旅游的层次，促进了其产业化形成。

2. 民俗文化

民俗文化旅游建立在深厚的文化积淀及特定乡村文化基础之上，是一种开发要求较高但带动效应最为明显的乡村旅游开发形式。以民俗小镇、民俗文化村等为典型代表的民俗文化旅游表现出良好的发展态势。例如，陕西袁家村民俗旅游、广西壮族文化旅游、云南落水村文化旅游等已在全省乃至全国范围内形成了较为广泛的影响力。

3. 生态产业园

生态产业园依托于绿色农业，主要经营以农产品采摘、休闲、餐饮为主体的旅游服务项目。生态产业园与农业生产紧密融合在一起，不仅有效促进了乡村旅游产业升级，更是带动了农业转型，是具有广阔前瞻性和市场空间的乡村旅游开发项目。但是，生态产业园开发对土地、经营人才及客户来源也有着较高的要求，这就意味着农民个体的参与性被极大的限制，需引入企业组织或其他社会组织作

[①] 郝彩宁.基于民俗文化视角的乡村旅游文化研究 [J].旅游纵览（下半月），2015(08):12.

为其开发经营的主体。目前来看，我国生态产业园主要集中在都市周边或农业生产相对发达的地区，有着鲜明的产业依赖。

4.其他类型

其他类型主要是景区依托型，是指在成熟景区的边缘，以景区为核心，依托景区的客源和乡村特有的旅游资源发展起来的乡村旅游活动，其主要特征如图2-8所示。

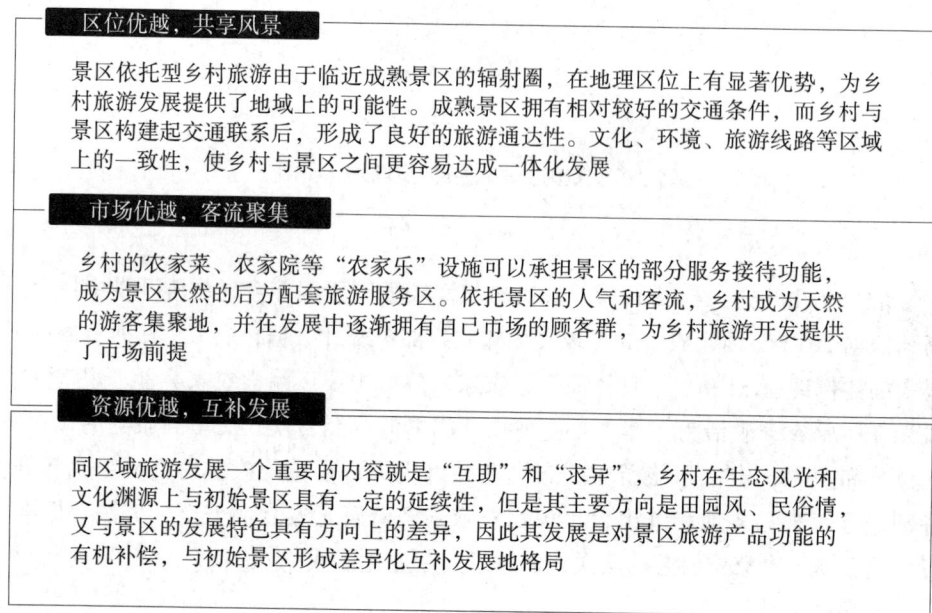

区位优越，共享风景

景区依托型乡村旅游由于临近成熟景区的辐射圈，在地理区位上有显著优势，为乡村旅游发展提供了地域上的可能性。成熟景区拥有相对较好的交通条件，而乡村与景区构建起交通联系后，形成了良好的旅游通达性。文化、环境、旅游线路等区域上的一致性，使乡村与景区之间更容易达成一体化发展

市场优越，客流聚集

乡村的农家菜、农家院等"农家乐"设施可以承担景区的部分服务接待功能，成为景区天然的后方配套旅游服务区。依托景区的人气和客流，乡村成为天然的游客集聚地，并在发展中逐渐拥有自己市场的顾客群，为乡村旅游开发提供了市场前提

资源优越，互补发展

同区域旅游发展一个重要的内容就是"互助"和"求异"，乡村在生态风光和文化渊源上与初始景区具有一定的延续性，但是其主要方向是田园风、民俗情，又与景区的发展特色具有方向上的差异，因此其发展是对景区旅游产品功能的有机补偿，与初始景区形成差异化互补发展地格局

图2-8　景区依托型乡村旅游的主要特征

（四）新型乡村旅游业态层出不穷

乡村旅游新业态，是在创新创业的大环境以及政策推动之下，根据时代变迁和消费趋势变化，依托乡村旅游资源环境，在市场力、政策力、创新力等共同作用下创造出来的能够满足当代旅游者心理、情感、审美享受的新型乡村旅游产品和服务形态。乡村旅游已超越农家乐形式，向观光、休闲、度假复合型转变；个性化休闲时代到来，乡村旅游产品进入创意化、精致化发展新阶段，具体如下。

1.国家农业公园

国家农业公园，是农业—乡村旅游的高端形态，是中国乡村休闲和农业观光的升级版。它可以是一个县、市或者多个园区相结合的区域，也可以是单独的一个大型园区，应该具备农业资源代表性突出的特点，通常包括传统农耕文化展示

区、现代农业生产区、民风民俗体验区三大基本组成区域。它是集农业生产、农业旅游、农产品消费为一体，以解决三农问题为目标的现代新型农业旅游区。

例如，山东省苍山兰陵国家农业公园是中国首个国家农业公园，总面积4.13万公顷，其中核心区1 333.33公顷，示范区6 666.67公顷，辐射区3.33公顷。兰陵国家农业公园是国家AAAA级旅游景区，被评为2014年全国十佳休闲农庄。整个项目分为多个功能区：农耕文化区、科技成果展示区、现代农业示范区、花卉苗木展示区、现代种苗培育推广、农耕采摘体验区、水产养殖示范区、微滴灌溉示范区、民风民俗体验、休闲养生度假区、商贸服务区等。[①]

2. 休闲农场 / 休闲牧场

休闲农场是指依托生态田园般的自然乡村环境，有一定的边界范围，以当地特色大农业资源为基础，向城市居民提供安全健康的农产品和满足都市人群对品质乡村生活方式的参与体验式消费需求，集生态农业、乡村旅游、养生度假、休闲体验、科普教育等功能为一体，实现经济价值、社会价值和生态价值的现代农业创新经营体制和新型农业旅游产业综合体。例如，台湾休闲农场在国际上颇具知名度，代表性的包括香格里拉休闲农场、垦丁牧场、飞牛牧场、初鹿牧场、天马牧场等。在运作模式上，除了传统的滑沙、滑草、骑马、放牧等活动及贩售的牛奶、牛肉制品，在牧场内容布置上更类似一处别致的动物园或植物园，一般会精心配有大量极具观赏价值及当地特色的物种供游客观赏，如天马牧场的羊驼、飞牛牧场的蝴蝶等，为牧场增添了特殊的韵味。

3. 乡村营地 / 运动公园 / 乡村公园

乡村营地当前正与国际积极接轨，迎接需求旺盛的自驾游客群。野营地旅游是国际非常流行的一种旅行方式。例如，成都都江堰因地哥自驾游营地（中法合作），是一座高标准、高规格、生态环保具有国际标准的示范营地。另外，北京丰台区"桃花深处"汽车营地，拥有房车区、帐篷区、木屋区、野餐区、休闲健身区五大功能分区，引入国际房车露营协会五星标准。

4. 乡村庄园 / 酒店 / 会所

乡村庄园和乡村酒店在国外兴起较早。英国典型的乡村庄园，以田园诗般的城堡和村落著称。法国的香草庄园主要分布在地中海沿岸，因芳香浪漫而闻名世界。乡村庄园是以养生度假生活为突出特点的高端旅游业态，未来度假庄园可以成为引领乡村旅游升级发展的重要产品。乡村庄园将是代表中国农村今后发展的重要方向。庄园人生，是都市居民的追求。例如，张裕爱斐堡酒庄，位于北京市

① 郑文俊.基于旅游视角的乡村景观吸引力研究[D].华中农业大学，2009.

密云区巨各庄镇，是由烟台张裕集团融合美国、意大利、葡萄牙等多国资本，参照 OIV 对全球顶级酒庄设定的标准体系，在全球首创了爱斐堡"四位一体"的经营模式：即在原有葡萄种植及葡萄酒酿造基础上，爱斐堡还配备了葡萄酒主题旅游、专业品鉴培训、休闲度假三大创新功能，开启了中国酒庄新时代。风格依山而建，自然风景秀丽，空气清新怡人，地理位置得天独厚，是集住宿、餐饮、会议、娱乐、休闲、旅游度假为一体的法式风情小镇。

5. 乡村博物馆/艺术村

乡村博物馆是选定古民居、古村落、古街巷，进行保留、保护和维修利用，建成综合性、活态化的乡村博物馆。乡村博物馆应做好保护和活化乡村历史文化，包括风情文化、建筑园林文化、姓氏文化、名人文化、饮食文化、茶酒文化、婚庆寿庆文化、耕读文化、节庆文化、民俗文化、宗教文化、作坊文化、中医文化等。

艺术村为艺术家创作研究提供时间、空间支持，让艺术家进入一个充满鼓励和友谊的环境。例如，贵州梭嘎苗族生态博物馆，是亚洲第一座民族文化生态博物馆，由中国和挪威合作建设，面积 120 平方千米，12 个自然村寨，总人口5 000 余人。① 此外，还有山西许村国际艺术公社、浙江松阳沿坑岭头画家村、纽约格林尼治村、法国圣保罗艺术村等。

6. 市民农园

市民农园，又称社区支持农园，是指由农民提供耕地，农民帮助种植管理，由城市市民出资认购并参与耕作，其收获的产品为市民所有，其间体验享受农业劳动过程乐趣的一种生产经营形式和乡村旅游形式。周末农夫，是指居住在城市的白领来到农村租用农民的耕地，在田地里面种植自己喜欢的蔬菜，这些蔬菜平时主要由农夫照顾，社区居民可以根据自己的时间安排去自己的田里浇水、施肥、收获成果。例如，北京小毛驴市民农园，占地 15.33 公顷，在北京西郊凤凰岭山脚下。

7. 高科技农园/教育农园

高科技农园立足农业优势产业，探索现代农业发展新路径，突出科技引领和示范带动，引进科技化和智能化项目，发展高科技农业。英国伊甸园是高科技农园的代表。教育农园指经营者利用农业与农村资源，作为校外大自然教室，提供人们接近自然生态，参与农耕过程，体验农村生活，让人们实质地接触与了解农业生产、农村文化与生活，并经供求双方的互动互补，带动产业与教育发展的农

---

① 任瑞珏.贵阳市新堡乡布依族的文化变迁研究 [D].贵州民族大学，2016.

业经营形态。例如，上海崇明三岛现代农业园，园区定位为都市型生态农业，发展目标是高效生态农业，已形成以种植业为基础的低碳农业示范区、以设施农业为基调的生态观光旅游、以崇明优质农产品深加工为主的三大主导产业。

8. 乡村民宿

利用自用的住宅空闲房间，结合当地自然生态和人文环境，提供给游客住宿。不同于传统的饭店旅馆，可以没有豪华设施，但要让人体验当地的风情和民宿主人的热情。民宿发源于英国，后在中国台湾、日本发展迅速。现台湾民宿向精致化、豪华化、高价化、高服务化演进。民宿以特色和服务闻名，在设计上强调舒适、精致、创意、文化艺术，风格多样。

民宿的类型，主要有农园民宿、传统建筑民宿、景观民宿、海景民宿、艺术文化民宿、运动民宿、乡村别墅、木屋别墅。

9. 洋家乐

洋家乐意指外国人办的农家乐。洋家乐崇尚回归自然、返璞归真，并坚持低碳环保理念。这些高端洋气的农家乐，受到了大量外国友人和都市白领的青睐，如莫干山裸心谷。裸心谷位于浙江省莫干山，项目占地26.67公顷，建筑用地1.33公顷，坐落于私人山谷之中，四周环绕着大型水库、翠竹、茶林以及小村庄。共设有121间客房，分布于独栋树顶别墅及夯土小屋之中。裸心谷已成为获得LEED白金级可持续发展证书的度假村。在裸心谷，有各种亲近自然的活动——徒步、山地自行车、骑马、射箭、露天泳池、露天剧场等，而城市中司空见惯的娱乐活动一概不要。[①]

10. 田园综合体

田园综合体是集现代农业、休闲旅游、田园社区为一体的特色小镇和乡村综合发展模式，是在城乡一体格局下，顺应农村供给侧结构改革、新型产业发展，结合农村产权制度改革，实现中国乡村现代化、新型城镇化、社会经济全面发展的一种可持续性模式，是当前乡村发展代表创新突破的思维模式。以无锡阳山田园东方的田园综合体为例，项目以"美丽乡村"的大环境营造为背景，以"田园生活"为目标核心，将田园东方与阳山的发展融为一体，贯穿生态与环保的理念。项目包含现代农业、休闲文旅、田园社区三大板块，主要规划有乡村旅游主力项目集群、田园主题乐园、健康养生建筑群、农业产业项目集群、田园社区项目集群等，打造为以生态高效农业、农林乐园、园艺中心为主体，体现花园式农场运营理念的农林、旅游、度假、文化、居住综合性园区，也是国内首个田园综合体项目。

---

① 刘娟，钟伟.乡村旅游地形象塑造研究[J].合作经济与科技，2010(09):8-9.

第三节 中国乡村旅游的常见发展模式

快速发展的城市化和我国建设社会主义新农村的政策导向为乡村旅游发展提供了难得的历史机遇，使得乡村旅游成为各地普及程度最高的一种旅游形式。而我国农村幅员辽阔，各地农业资源、农村环境、市场化程度差别巨大，因而乡村旅游在各个地区发展模式也是各有差异。许多学者从不同的视角提出了乡村旅游的发展模式，江林茜等从区域资源特色与发展战略视角把中国乡村旅游划分为农家园林型、观光果园型、景区旅社型、花园客栈型、养殖科普型、民居型、农事体验型等发展模式；王云才从旅游产品项目角度把乡村旅游分为主题公园与农庄发展、传承地方性遗产之乡村主题博物馆、乡村民俗体验与主题文化村落发展模式、乡村旅游基地化之乡村俱乐部，现代商务度假与企业庄园模式，农业产业化与产业庄园发展，区域景观整体与乡村意境梦幻体验等模式；张树民等从旅游系统理论的角度，将乡村旅游划分为需求拉动型模式、供给推动型模式、中介影响型模式、支持作用型模式以及混合驱动型模式。基于此，笔者主要从乡村旅游开发及经营管理视角进行分析，具体存在如下常见模式，如表2-4所示。

表2-4 乡村旅游发展模式对比

发展模式	特点	强势利益主体	案例
政府主导型模式	乡村旅游发展早期，政府规划指导，注重经济效应	政府	云贵等地早期的乡村旅游
个体农户经营模式	农户自主经营，以农家乐为主要经营形式，规模小、功能单一、产品初级	早期经营农户	早期成都周边的农家乐
农户+农户模式	农户带动农户，以"农业示范园"形式为主，投入少、见效快，但管理低效	大农户	湖南汉寿县鹿溪农家
公司+农户模式	外来旅游公司投资介入，当地农户劳务为主，旅游开发管理进一步规范，但后期容易产生利益冲突	旅游公司	云南西双版纳傣族园

发展模式	特　点	强势利益主体	案　例
公司＋社区＋农户模式	旅游公司投资运营、社区参与决策、农户全面参与，权责明确，但后期容易滋生利益纠纷	旅游公司、社区	山东省荣成的河口村
政府＋公司＋农民旅游协会＋旅行社模式	充分发挥了旅游产业链各个环节的优势，但后期很难实现各方利益均衡	政府、公司、协会、旅行社	贵州省平坝区天龙镇
股份制模式	将资本、土地、旅游资源、劳务技术等转化成股份，收益按股分红，市场化运作	大股东	成都三圣乡

一、政府主导型模式

"政府主导发展驱动模式"是一种在政府规划指导下，采取各种措施，对乡村旅游开发给予积极引导和支持，有意识地发展乡村旅游，以带动农村经济发展的模式。它具有较强的针对性与可操作性，尤其是在农村经济发展落后地区开发乡村旅游的初始阶段其驱动功效十分突出。大量实践表明，政府主导型模式适用于乡村旅游开发早期阶段或经济落后的贫困地区，如安徽、云南等省实施政府主导发展驱动模式取得了显著的效果。因为政府主导的优势十分明显，可构建相对公正的利益分配机制，实现政府、开发商、农民的利益均衡。

二、个体农户经营模式

个体农民经营模式是最简单和初级的一种模式，它主要以农民为经营主体，农民自主经营，通过对自己经营的农牧果场进行改造和旅游项目建设，使之成为一个完整意义的旅游景区（点），能完成旅游接待和服务工作，通常呈现规模小、功能单一、产品初级等特点。通过个体农庄的发展，吸纳附近闲散劳动力，通过手工艺、表演、服务、生产等形式加入服务业中，形成以点带面的发展模式。目前，在全国各地迅速发展的"农家乐"就是这一经营模式的典型代表，特别是20世纪90年代初，起源于成都周边的"农家乐"尤为典型。它以农户家庭经营为主，游客娱乐的主要方式为赏花采果、麻将棋牌、喝茶聊天等，由于其花费低廉（一般20—30元/天），而且离城市近，交通方便，是成都市民大众化的休闲方式之一。经过20多年的发展，成都市"农家乐"旅游无论在发展水平、规模、经济总量增长等方面都居于全国领先地位。

三、农户 + 农户模式

农户 + 农户模式是由农户带动农户，农户之间自由组合，共同参与乡村旅游的开发经营。这也是一种初级的早期模式，只是通过农户间的合作，可以达到资源共享的目的。在远离市场的乡村，农民对企业介入乡村旅游开发有一定的顾虑，大多农户不愿把资金或土地交给公司来经营，他们更信任那些"示范户"。在这些山村里，通常是"开拓户"首先开发乡村旅游并获得了成功，在他们的示范带动下，农户们纷纷加入旅游接待的行列，并从示范户那里学习经验和技术，在短暂的磨合后，就形成了"农户 + 农户"的乡村旅游开发模式。这种模式通常投入较少，接待量有限，但乡村文化保留最真实，游客花费少还能体验最真的本地习俗和文化，是最受欢迎的乡村旅游形式。但受管理水平和资金投入的影响，通常旅游的带动效应有限。在湖南汉寿县的"鹿溪农家"，从2001年7月起开发乡村旅游，最初只有两户村民参与，在不到一年的旅游接待中，"开拓户"获纯利8 000元，产生了巨大的示范效应，到2003年全村30多户中有14户条件较好的农户参与旅游接待服务，还有不少农户为旅游提供特种家禽、绿色蔬菜、山里野菜、生态河鱼等农产品和参与民俗表演，逐渐形成了"家禽养殖户""绿色蔬菜户""水产养殖户""民俗表演队"等专业户和旅游服务组织，吸纳了大量富余劳动力，形成了"一户一特色"的规模化产业，通过乡村旅游的开发，顺利调整了农村产业结构，实现了农村经济的良性发展。[①]

四、公司 + 农户模式

"公司 + 农户"的发展模式是通过旅游公司的介入和带动，吸纳社区农民参与乡村旅游的经营与管理，它充分利用社区农户闲置的资产和富余的劳动力，通过开发各类丰富的农事活动，向游客展示真实的乡村文化。同时，通过引进旅游公司的管理，对农户的接待服务进行规范，提高服务水平，避免不良竞争损害游客利益，从而促进乡村旅游的健康发展。这种模式的形成通常是以公司买断农户的土地经营权，通过分红的形式让农户受益。它是在发展乡村经济的实践中，由高科技种养业推出的经营模式，因其充分地考虑了农户利益，在社区全方位的参与中带动了乡村经济的发展。这一模式的不足主要表现在由于经济地位的悬殊，农

---

① 伍海琳.体验式乡村旅游产品设计研究——以湖南长沙县团结乡为例[J].邵阳学院学报（社会科学版），2011，10(01):40-44.

户在与公司进行谈判时处于不利地位，且随着乡村旅游的壮大，利益分配格局的不均衡容易激化两者的矛盾。例如，西双版纳傣族园就是"公司＋农户"模式的典型代表。傣族园景区根据自身实际情况，确定了"公司＋农户"的经营模式，社区农户提供资源，公司以资金形式投入开发。自1999年傣族园有限公司组建以后，将5个村寨及村民纳入整体规划，确立了"服务配套设施嵌入式、旅游经济业态植入式、公司＋农户融合式"的发展模式，景区通过资金、资源、技术和管理的投入，对设施建设、品牌营销、标准制定等进行全方位运作；农户以其人文环境、资产经营、劳动力投入等，主动参与旅游活动，二者互利互惠、共同发展，实现了强企富民，共奔小康。据统计，傣族园内正式挂牌的"傣家乐"已超百户，2015年景区内村民年人均收入约25 000元，比全市农村居民人均可支配收入高出13 591元，是建园前年人均收入的8.3倍；通过手工艺品、特色农产品经销，年人均收入可达3 000元左右；景区村民员工通过参与泼水表演、歌舞表演等活动，年人均收入可达33 000元左右。[①]

五、公司＋社区＋农户模式

由"公司＋农户"模式的升级版衍生出来的新型模式即"公司＋社区＋农户"的模式，这里的社区是指作为社区代表的乡村旅游协会，由全部乡村旅游经营业户参加，一户一名代表，其职权相当于旅游公司董事会，决定村内一切有关乡村旅游开发的重大事件、任命并考核监督旅游公司管理人员、审查财务状况等。"公司"指的是村办企业，而不是外来企业，它要接受协会委托，具体负责本村乡村旅游的经营业务，包括基础设施建设、对外营销、接待并分配游客、监督服务质量、定期与经营业户结算等。业户作为具体的服务单元，接受公司的安排接待游客，并定期与公司结算。这种模式的好处在于社区、公司、农户三者职责明确，利益分配均衡。社区或者说乡村旅游协会给予乡村旅游开发以引导和支持，公司主要负责选择项目，设计旅游产品，农户是具体的生产者，负责生产高质量的旅游产品，提供优质的旅游服务。三者职责明确，相互配合，在利益分配上能够充分保障经营业户的收益。虽然这种发展模式有所改进，但是在发展中也暴露出一些问题：一是资金问题，游客增多，接待的规模需要扩大，档次也需要提升，所以在后续发展中，极可能会出现村办企业因资金不足而无法扩大规模或更新换代的情况；二是公司和农户在进行利润分配时会出现争执等问题。山东省荣成的河

---

① 伍海琳.体验式乡村旅游产品设计研究——以湖南长沙县团结乡为例[J].邵阳学院学报（社会科学版），2011，10(01):40-44.

口村就属于这种例子。

六、政府＋公司＋农民旅游协会＋旅行社模式

政府＋公司＋农民旅游协会＋旅行社模式的特点是发挥旅游产业链中各环节的优势，通过合理分享利益，避免了乡村旅游开发过度商业化，保护了本土文化，增强了当地居民的自豪感，从而为旅游可持续发展奠定了基础。具体的做法是政府负责乡村旅游的规划和基础设施建设，优化发展环境；乡村旅游公司负责经营管理和商业运作；农民旅游协会负责组织村民参与地方戏的表演、导游、工艺品的制作、提供住宿餐饮等，并负责维护和修缮各自的传统民居，协调公司与农民的利益；旅行社负责开拓市场，组织客源。在经济相对落后、市场发育不很完善的地区，由政府组织，全盘把握，公司和协会分工协作，农民广泛参与的这一经营管理模式，更有利于乡村旅游的发展。这种看似理想的经营模式，在具体操作中很难，对各方面的利益要合理把握。以贵州省平坝县天龙镇为代表，天龙镇从2001年9月开发乡村旅游，到2002年参与旅游开发的农户人均收入提高了50％，同时推进了农村产业结构的调整，在参与旅游的农户中有42％的劳动力从事服务业，并为农村弱势群体（妇女、老人）提供了旅游从业机会，最大限度地保存了当地文化的真实性。

七、股份制模式

为了合理地开发旅游资源，保护乡村旅游的生态环境，可以根据资源的产权将乡村旅游资源界定为国家产权、乡村集体产权、村民小组产权和农户个人产权4种产权主体。在开发乡村旅游时，可采取国家、集体和农户个体合作，把旅游资源、特殊技术、劳动量转化成股本，收益按股分红与按劳分红相结合，进行股份合作制经营，通过土地、技术、劳动等形式参与乡村旅游的开发。企业通过资金的积累完成扩大再生产和乡村生态保护与恢复，以及相应旅游设施的建设与维护。通过公益金的形式投入到乡村的公益事业（如导游培训、旅行社经营和乡村旅游管理），以及维持社区居民参与机制的运行等。同时通过股金分红支付股东的股利分配。这样，国家、集体和个人可在乡村旅游开发中按照自己的股份获得相应的收益，实现社区参与的深层次转变。通过"股份制"的乡村旅游开发，把社区居民的责（任）、权（利）、利（益）有机结合起来，引导居民自觉参与他们赖以生存的生态资源的保护，从而保证乡村旅游的良性发展。以成都三圣乡为例，该村设立了一个由外来投资者、当地村民和集体共同拥有股份的股份制旅游企业，由企业独立进行乡村旅游的开发和经营活动；乡村社区居民进入企业工作，成为

企业的员工；乡村社区集体和村民所拥有的自然和人文风光、土地等资源通过评估折算成企业的股份，还可以通过投入现金和劳动的方式占有企业股份，成为企业的股东。

基于乡村旅游发展的特性，它的发展需要因地制宜、循序渐进、分类指导。不存在一个模式发展到底，也不存在一味地模仿与照搬，需要在实践中不断创新与融合，探索出适合自身发展特点、不同利益主体共生发展的经营模式。

第三章 旅游人类学视阈下的乡村旅游文化审视

第一节 乡村旅游与传统文化变迁

一、文化变迁

文化变迁是人类学上经常使用而且含义广泛的名词,任何文化从其诞生之日起,就开始了变化的历程,没有绝对的停滞。尽管在人类社会中,文化的稳定是总的趋势,但是文化变迁仍然是不可阻挡的文化现象,无论我们是否感知,文化的变迁都在进行,文化的变迁是推动人类文明进步的重要因素。

(一)文化变迁的概念与理论回顾

在文化传承及传播扩散的过程中,会出现文化的融合创新或同化消失,发生或多或少的变迁。《中国大百科全书》将"文化变迁"定义为:文化内容或结构的变化,包括因文化的积累、传播、融合与冲突而引起的新文化的增长和旧文化的改变。文化变迁的发生,会改变原有的文化结构,或者产生一种新的文化结构来取代原来的文化结构,其本质是旧的文化丧失、消亡,或者在原有文化结构的基础上创新,形成新的文化模式,或者因为不同文化的接触、移入,引起原有文化结构变化。

文化变迁理论最先始于19世纪70年代的文化进化理论。达尔文在《物种起源》中用自然选择、遗传等生物术语阐述了物种的进化历程。文化变迁理论至今经历了古典进化论学派、文化传播学派、文化历史学派、功能主义学派、新进化论学派及冲突论与互动论的理论探索过程。

古典进化论的代表者泰勒认为,"人类文化历史是自然历史的一部分,我们的思想、愿望和行动适合那些支配着波动的运动、化学元素的化合及动植物生长的如此确定的规律"。因此，古典进化论认为人类社会和文化是由低级阶段向高级阶段变迁的过程，各地民族的社会发展大致经历或将经历相同的发展顺序。

文化传播学派以德国人类学家拉策尔为代表，兴盛于 19 世纪末 20 世纪初，是以传播的观点来解释人类文化的相似性的人类学理论派别。文化传播学派认为文化变迁的过程就是传播的过程，人类文化的发展历史是文化传播、借用的历史，各民族文化的同一性，更多的是文化传播的结果而非人类心性的同一性使然。

文化历史学派崛起于 20 世纪初，创始人是著名人类学家博厄斯。文化历史学派主张使用单个文化特质的传播来构建文化历史，认为文化的变迁有着各自不同的演变规则，而非仅仅遵循单一的演进过程。

功能主义学派兴起于 20 世纪 20 年代的英国。功能主义者赞同文化是变化的，是通过功能的变化、消失和替代来实现自己的变化，而文化变迁就是在这个动态过程中实现和完成的。

"一个文化的统一体会由于某个极其不同的文化的碰撞而处于严重的动乱之中，甚至也许会被摧毁和取而代之。"功能主义的继承者帕森斯对社会文化变迁理论倾注了大量的心血，他采用行动系统理论解释社会文化变迁的框架，提出四组有关社会变迁的问题：社会均衡、结构变化、结构分化与社会进化，并且认为社会进化就意味着文化在人类社会生活中的力量不断加强与进步。功能主义学者认为文化变迁的动因既来自外部，也来自内部，内部文化的变迁是演化，而外部文化的变迁则是传播的结果，由于人们不断产生新的要求，因此作为满足内部需要的文化会不断变化，这就是马林诺夫斯基所称的"文化迫力"。对此，布朗与马林诺夫斯基有着相似的看法，也将社会变迁分为内部与外部变迁，社会的变迁来自人类不断发展、调适社会以满足自身的社会发展。

20 世纪 30 年代，莱斯利·怀特对博厄斯的历史特殊论公开发难，重新提出进化论的研究方法。由于其理论观点与 19 世纪的古典进化论有所不同，故被称为"新进化论学派"。

新进化论学派在坚持文化是由低级向高级发展的基本进化观点基础上，分化出许多不同的文化进化观点。例如，新进化论学派代表人物怀特认为，文化的进化就是人类利用能量总量的提高或利用能量之技术效率的提高；而另外一位代表人物斯图尔德则提倡对具体的文化做具体的分析，尤其要通过考察不同的文化与各自的环境因素之间的互相适应关系，来论证该文化的发展变迁问题。

冲突论与互动论是与新进化论同时代的文化变迁研究派别。冲突论认为文化的内部与外部冲突是社会文化变迁的主要动力；互动论则认为正是人与人的互动改变着社会，推动了社会文化的变迁。

综观六大学派对文化变迁的研究历程可以看到，人类学家只是在文化变迁模式、动因、类型等问题上持有分歧，而在"文化是变迁的"这一问题上是达成了共识的，并且承认文化的变迁是他们研究的前提与出发点。存在分歧的根本原因是由于文化变迁本身是一种极为复杂的社会现象，而每个学派都是从自身的基础理论出发构建文化变迁研究的框架结构。

（二）文化变迁的类型

按照不同维度划分文化变迁包括自愿变迁与强制变迁、有限变迁与无限变迁、自然变迁与有计划变迁、文化突变与文化渐变等类型。借鉴我国旅游人类学学者孙九霞的观点，文化变迁可以划分为如下类型。

1. 文化主动变迁

主动变迁是由于文化之间的交流碰撞，社会内部根据自身的意愿所产生的变化。根据主动变化的方式，文化主动变迁可以划分为如下类型。

（1）创新

霍默·巴尼特认为，创新指任何在实质上不同于固有形式的新思想、新行为或新事物的产生，它是所有文化变迁的基础。根据他的观点，当一个既定社会的个体成员以新的方式对环境变化作出反应时，便发生变迁。而在新的方式被足够数量的人接受、真正成为整个族群的特征后，实际的变迁便会发生。

（2）传播

传播是文化特质由一个社会或群体散布到另一个社会或群体的过程。可见，传播是社会之间的借用。传播或借用是创新的最普遍形式，每一个民族的文化中，都有很大的成分是由传播而来的。林顿认为这一比例可达90%。这也就是说，对大多数文化而言，独立创造的文化只有10%。

（3）文化遗失

文化遗失是在有或没有替代的情况下，放弃一些文明特质。例如，在圣经时代，二轮马车、四轮马车在中东是广泛应用的，在16世纪，从摩洛哥到阿富汗，带轮的车辆却都消失了，它们被骆驼取代了。这并非由于这些地区的居民的返祖现象，而是因为骆驼作为驮畜非常实用。16世纪，这些地区的道路退化了，骆驼长寿，具有极好的耐力和涉外能力，又善于在崎岖无路的地面上行走，这一切便使这个地区用骆驼驮运非常合适，同时节约了劳动力。

2. 文化被动变迁

强迫变迁时常发生在殖民主义和征服的过程中，并非主体的自愿选择，以下便是强迫变迁过程中的三种形式。

（1）涵化

涵化是指"由个别分子所组成的而具有不同文化的群体，发生持续的、广泛的直接接触，导致一方或双方原有文化模式的变迁"。涵化是大规模的文化吸收，它可能在较短的时间内由于外界的压力使一个或两个民族完全重新组合。

（2）种族隔离、孤立与灭绝

在两个群体相互接触时，种族隔离、孤立与灭绝的现象时有发生，尤其是在一个较强大的民族征服另一个弱小的民族时，这种强制变迁更是普遍。美国对"印第安人问题"的解决在很高程度上存在着种族隔离、孤立的因素。

（3）指导变迁

指导变迁是个人或群体主动地、有目的地介入另一民族的技术、社会和思想。历史证明，某一民族如果仅仅怀着共同进步的理想，而将自己的主观意识强加给另一个民族，不仅达不到进步的目的，而且会伤害民族的感情。因此，采取有目的、有计划的指导变迁是必要的。所以，有的政府或社会团体在进行某项社会变迁计划时，就需要人类学家的合作，利用他们的专门知识，使计划合理并得以顺利执行。这种将人类学知识在实践中加以应用的指导变迁，还产生了一门人类学的分支学科——应用人类学。

二、乡村旅游的开发对传统文化的变迁

中国乡村旅游起源于20世纪80年代，经过近40年的发展，已取得了显著成就。旅游对乡村地区社会文化变迁的影响犹如一把双刃剑，在这一点上，学术界已基本达成共识。乡村旅游在助力当地传统文化的传播和交流、传统文化的保护、乡村地区社会环境和生态环境的改善、提高居民社会生活质量的同时，带来了不利影响，如冲击旅游地的社会文化和道德导向、同化民族地区的民俗风情、不正当的商品化使传统文化扭曲、变形等。

（一）乡村旅游对传统文化消极影响的主要表现

在发展乡村旅游的过程中，投资方向上重设施建设与人造景观，缺乏对村野环境的营造；对生态环境和传统文化遗产的恢复与保护意识不强，甚至出现破坏的现象。整体上讲，一些乡村旅游产品的开发缺乏传统文化的乡土气息，与游客对乡野农村风光、生活和氛围的追求与体验相偏离，同时缺乏知识含量与参与性，难以满足游客扩大知识视野与陶冶情操的需求。

1. 乡村旅游对传统文化的冲击

乡村旅游赖以产生和发展的土壤是城乡差别，除了村野环境与城市环境的差

别外，城乡文化与生活方式的差别也是吸引游客的主要动力因素，特别是那些传统特色强烈的地方民俗文化与民族风情，而在当今的乡村旅游地这些吸引力氛围正在淡化消失。

（1）乡村旅游主客交流中的强势文化冲击

在外来文化和现代文化的冲击下，许多地区在乡村旅游的开发中，常常忽视了特有的文化内涵和价值，致使游客在旅游过程中常常感受不到有益的教育与熏陶。

在乡村旅游的主客交流互动关系中，一方面主客在物质消费水平方面差距悬殊；另一方面参加乡村旅游的游客一般来自经济相对发达的中心城市，由发达经济孕育产生的强势文化对于经济欠发达乡村地区的弱势文化具有很强的影响力，并会促使弱势文化向强势文化靠拢。

这种物质与文化两方面共同作用的结果会促使主人在生活方式方面全面效仿客人，并最终将这种方式涵化为自己的生活方式。如此一来，城乡差别便会日趋缩小或最终消失，乡野农村也将因具有浓郁乡土特色的传统地方文化的丧失，而失去对都市游客的吸引力。如何维系乡村传统文化特色与民俗风情的可持续性，是我国乡村旅游可持续发展面临的严峻挑战之一。

（2）乡村旅游文化交流中的不对称采借

从文化的角度来看，旅游活动是不同文化的交往。旅游中的文化在接触后即发生传播，在传播过程中又互相采借对方的文化，但是采借并不是完全对等的，也不是对所有外来文化的全部采借。文化采借大多是相对落后的社会采借发达社会的先进文化元素，而相反的情况十分少见。例如，侗族地区的侗民与城市文化接触后，越来越多的年轻人对侗族传统的音乐失去兴趣，侗族大歌所代表的侗族文化不再是年轻人的必然选择，现在侗族大歌的流行区域不到 1 000 平方千米，流行区域总人口不到 10 万。以"口传心授""言传身教"和"集体展演"作为主要传承方式的侗族大歌，其生命力在于不可断裂的代代相传和人心所向的民间习俗，一旦失去有文化认同感的传人和唱歌互动的民风，将可能在几十年时间里"烟消云散"。在另一方面，对于广大的大众型旅游者而言，他们同当地人的接触时间短，接触的范围也十分有限。而对于当地居民来说，他们同旅游者的接触却是长期的，前来访问的旅游者群体持续不断。所以，旅游者所带来的思想和文化，对目的地社会的影响是一种潜移默化的长期影响，往往极易使旅游文化资源所在地区的本位文化产生变异，与外来的客体文化产生趋同性。若不积极采取措施对传统文化特色加以保护，文化渗透造成的传统文化变异将是无法修复的。

2. 乡村旅游不良的"示范效应"

当旅游者来到乡村地区时，不仅仅带来了购买力，更重要的是带来了不同的行为。众多的旅游者价值观念不同，不可避免地将自己的生活方式带到旅游目的地。旅游者的穿着打扮与当地居民截然不同，行为与在家里也不同，他们具有不同的价值标准、道德观念和生活方式，因而这些东西无形之中也在传播和渗透。旅游者的行为可能会动摇旅游地居民长期存在的基本观念，彻底改变当地的社会习惯，对乡村旅游地社会产生"示范效应"。

"示范效应"常常通过当地居民社会价值观的改变而表现出来。向往旅游者的物质水平和价值观的当地人，在旅游者的影响下对生活的期望值会升高，他们开始对自己的传统生活方式感到不满，从而先是在装束打扮和娱乐方式方面盲目模仿，继而发展到有意识地追求。

在这方面最典型的是乡村旅游地的城镇化问题。目前，很多乡村旅游点都在规划建设小城镇，但在规划设计、建筑形式、设施设备、管理服务等方面都是简单地模仿城市，因而出现了城镇化、过度商业化甚至庸俗化的倾向，这使最受游客青睐的乡村风貌、乡情野趣打了折扣，甚至荡然无存。再如民族村寨的居民效仿外来旅游者，最初从梳妆打扮及娱乐方式的效仿，到饮食和居住装饰的追求，再到生产生活方式的转变，最后到完全抛弃自己的民族理念，淡化民族认同。例如，在云南泸沽湖畔的落水村，主流世界的价值观正通过各种途径渗透到当地社会。长期从事旅游服务的过程中，人们的商业观念越来越重，虽仍保持男不婚女不嫁的走婚制和"母尊舅大"的母系大家庭，却在经济利益的驱使下呈现出分家小型化趋势。走婚的对象也更为多元化，婚姻关系中经济成分相应增加。当地人信仰达巴教和藏传佛教，旅游开发后，当地人热衷于经济活动，对祭祀、宗教、传统仪式的热情有所减少。受外来文化的冲击和经济效益诱惑，不良的"示范效应"正使文化传承面临畸变和消亡的威胁。

3. 乡村旅游导致文化丧失本义

"越是独特的，越是普遍的"。旅游一定程度是对"他文化"的一种欣赏和探求。在大众旅游兴起之前，因旅游需要有限，文化是以原汁原味的形式呈现给旅游者的。传统的民间习俗和庆典活动都是在特定的时间、特定的地点，以特定的内容和方式举行的，旅游者体会的是一种具有神秘色彩的原生文化。

乡村旅游就是向都市游客销售"异"文化。异于都市人文化常态的田园风光和古朴的农耕情调，是都市人梦寐以求的"心灵故乡"。农耕文化与都市文化的对比度越大，田园意味就越浓，对都市人的吸引力就越大。乡村旅游是当地文化与外来文化交汇与冲撞的窗口，旅游活动本身就有"消灭文化差异"的作用。由于乡村旅游地的农民缺乏"跨文化能力"，极易出现两个结果：一是封闭保守，不善于利用现代文明给人类生存带来的方便，使都市游客感到隔膜；二是趋同于都市文化失却本身特点，进而丧失乡村旅游文化魅力。

另外，由于旅游活动的组织化、需求的增加以及时间和地点的限制，旅游者需要一种文化快餐，希望能有机会体验到当地的"异域风情"，于是产生了文化的前台表演。这种前台表演必然导致传统文化活动不再按照传统规定的时间和地点举行，为接待旅游者而随时都会被搬上"舞台"；并且为了迎合旅游者的观看兴趣，活动内容也往往被压缩，表演节奏明显加快。例如，侗族大歌由于失去了其生存的环境，其性质随之发生了变化，从过去的"养心"变成了"谋生"的工具，从"活在民间的有生命的音乐"变成了"舞台上的标本"。同时，由于一切服从于经济的原则，现在变成了以外族人的截然不同的欣赏角度来引导侗族音乐的发展方向，将可能最终导致侗族特有传统的逐渐丧失。

还有，旅游目的地工艺品大量生产，粗制滥造，这些产品实际上已不再表现传统的风格和制作技艺。一旦旅游者把这些旅游工艺品当作能反映当地传统工艺和地方特色的真正艺术品，并将它们带回收藏展示时，便会使旅游地文化的形象和价值受到损害和贬低。例如，拉萨旅游纪念品市场上充斥着许多来自外地的机械化产品，它们打着"民族工艺品"的旗号，而实际是机械化生产，已经不能被称为手工艺品。这些产品质量良莠不齐，各种假货充斥其间。比如，通过浸胶、注胶、染色等手段以劣等绿松石冒充上等绿松石；藏银首饰其实不含一点银的成分，而号称纯银的产品其含银量也不高。据调查，目前拉萨手工艺市场上，很多商品是从义乌和荷花池小商品市场批发来的。

4. 乡村旅游培育的"文化孤岛现象"

旅游的发展必须建立在满足旅游者需要的基础上，旅游目的地的文化要素被不断挖掘出来，经过整理和加工，最后呈现在旅游者面前。这样，旅游者才能看到当地乡村居民表演的舞蹈，才能在民俗文化村中看到地方民族习俗活动等。这便是所谓的旅游所促成的文化复兴现象。实际上，这些活动构成了文化的另一种形态，即旅游文化艺术。

旅游文化艺术与纯粹的旅游文化者的体验文化有着一定的区别和联系。可以说，旅游文化艺术是由旅游目的地居民、旅游者的旅游活动所营造的一种新型文化形态，而本土原始文化仅仅存在于相对封闭的社会或社区生活当中，常常是旅游文化艺术的构成基础。换言之，一旦该社会或社区敞开大门面向外部世界，一旦该社会或社区将接待旅游者、兴办旅游业作为发展的途径，其本土原始文化的演变速度就会加快，并有可能最终逐渐演化成为一种旅游文化艺术，这是一种渊源于本土原始文化而又采借了大量外来文化的新型文化形态。在这种旅游文化艺术中，商业化的文化活动自然成为文化的重要组成部分，甚至成为主体，如某些土著居民出自经济目的而刻意为旅游者提供的舞蹈或仪式性表演，在很多方面已经不具有其原始的意义。因此，这种表演与普通剧团的演出活动已经没有本质的差异，因为仪式本身的某些性质已经与表演剥离。

严格地说，在拥有独特的民族原始文化的地方，因旅游而发展起来的旅游文化艺术，已经不可能重塑本土原始文化的形骸和精神，因为本土原始文化是历史的、社会的，是与环境相依存的。当真实的文化与这种舞台化的文化艺术同时存在时，那种专门呈现给旅游者的文化表演，很可能已经割断了连接本土原始文化与其所依托的社会、历史和环境这个母体间的脐带。因此，它虽然在形式上可以愉悦旅游者，但其内核则注定是僵死的东西，成了真实文化的虚假面具，仅仅具有商业的价值，供人们尤其是旅游者在闲暇中把玩娱乐。

（二）乡村旅游对传统文化产生消极影响的原因

在旅游开发中，参与式乡村旅游由于充分考虑了当地居民的参与，符合从根本上解决农村经济的发展和农民增收的问题这一乡村旅游发展的初衷，肯定会是未来乡村旅游发展的主流形式。但是，在参与式乡村旅游中，"公权"与"私权"混杂，导致乡村旅游资源产权属性复杂。其中，房产及家庭生活是私有产权，而乡村文化、当地整体自然环境及人文环境、乡村旅游品牌都是相关主体共同使用的公共产权，他们中的每个成员都可以使用这些资源为自己服务，但都无权排斥其他成员行使同样权利。这显然符合产生"公地悲剧"的客观条件。

"公地悲剧"是经济学中的专用名词，通常被用来指理性地追求最大化利益的个体在没有相应制度约束下，其短期行为对公共利益造成的损失。在乡村旅游的发展过程中，"公地悲剧"现象主要表现为乡村环境退化、资源过度使用，进而导致乡村传统文化的退化和潜在毁灭等问题，使乡村旅游的核心资源——乡村性被削弱，使乡村旅游的重要竞争资本品牌受损，从而严重影响到乡村旅游的可持续发展。

1. 乡村性被削弱

乡村性是乡村旅游的核心吸引力和独特卖点，乡村性的内涵可以从文化、地理空间和经济角度分析。从文化角度看，涵盖乡村居民整体生活的乡村文化，代表着质朴、保守、勤俭、传统和古老，社会结构多为初级社会关系，同质性高且富有人情味。从地理角度看，乡村性代表着小型的村镇尺度、较低的人口密度、自然的环境和绿色的田野以及清新的空气等所构成的情境。从经济角度看，农业用地仍然是乡村地区最主要的土地利用方式，农作物及农作物生产过程形成地方特有的经济结构，也衍生地方特有的生产文化。

在发展乡村旅游的过程中，商业化从文化上侵入当地人的思想意识，由于缺乏保护当地文化的制度安排，村民尤其是年轻人不会主动传承当地文化，导致当地传统文化逐渐丧失。由于缺少制度的保证，必然发生如下现象："任何时候只要许多个人共同使用一种稀缺资源，便会发生环境的退化"。例如，乡村旅游发展过程中，许多乡村居民家庭开办了农家旅馆或从事相关旅游接待活动，从此开始无节制地使用公用资源，向公共空间排放污水、废弃物与废气等；还有一些人开墙破店、乱搭乱建以扩大经营面积；许多经营用房呈现严重的城市化、现代化趋势，从而导致当地人文资源和自然资源都受到了极大的损害。另外，许多居民家庭从经济收益出发，放弃了农业生产，专心从事旅游接待活动。如此一来，导致乡村旅游地的乡村性被大大削弱。

2. 品牌受损

乡村旅游品牌受损，即是指通过相关主体推广及集体努力创建起来的乡村旅游品牌资产，由于个体追求自身利益时，不注重维护整体品牌形象，致使其在发展过程中不断贬值。

品牌资产由品牌联想、品牌知名度、美誉度和忠诚度等构成。品牌联想是人们记忆中对某个乡村旅游地所能联想到的所有事物，可以帮助旅游者在出游决策时选择所需资讯，如果乡村旅游目的地使游客产生不好的联想，其被选择的机会将大大降低。品牌知名度是一把双刃剑，它与美誉度联系在一起往往能产生乘数效应，当游客的抱怨增多，美誉度下降，而该乡村旅游目的地知名度大，就会大大加剧当地品牌资产的耗损。品牌忠诚度是品牌资产的核心，也是其最重要的决定要素，当回头客减少，重游频率降低时，即表明游客对该目的地忠诚度下降，品牌资产贬值，此时经营主体会发现开展相关经营活动越来越困难。乡村旅游市场进入的门槛较低，容易被替代，因此品牌受损甚至会导致该地区乡村旅游的发展难以为继。

在乡村旅游中，乡村性的削弱容易使游客对目的地整体品牌产生负面联想；部分村民拉客宰客，菜品质量下降等问题容易引起整体品牌美誉度和忠诚度的下降；多数村民在品牌营造和维护过程中存在搭便车心理，即不用承担任何成本也能为自己带来收益，因此在农家菜的创新、卫生设施配备、目的地特质营造方面都缺乏主动性。这些都成为乡村旅游品牌整体形象成长和发展的瓶颈。

三、乡村旅游发展中的传统文化保护

一个带有普遍性的问题是，乡村旅游地发展起来以后，原来的文化隔离机制逐渐被打破，旅游者及其文化的介入使当地社会文化向多元化变迁，乡村特有的传统文化面临生存危机。面对这种特殊的危机，要采用政府主导的多项措施，才能有效地保护乡村传统文化资源，实现乡村旅游的可持续发展。

（一）建立"政府主导"的保护机制

旅游业自身的行业特征和国内外发展旅游的实践表明，旅游业是一个政府主导型的特殊产业类型。传统文化资源开发和保护与可持续乡村旅游发展都是一个长期的复杂过程，需要政策支持、引导和适度的管理，必须制订规则，建立"政府主导"的机制。

1. 政府在推进乡村旅游过程中的作用

在推进乡村旅游过程中，政府主要的作用在于通过旅游资源调查和评估，掌握可用于乡村旅游发展的核心资源，找到本地乡村旅游的特色及核心吸引力；综合评估乡村旅游的目标市场，围绕主要目标市场的需求，结合本地的资源特色，规划、设计和开发乡村旅游的辅助产品，使乡村旅游的内容逐步丰富完善；为有条件的地区制订专门的乡村旅游发展规划，用规划来指导乡村旅游的开发工作；通过培训和宣传，在乡村旅游从业者中普及现代旅游业的基本观念；通过监督管理，促进乡村旅游的安全、健康发展，从整体上提高乡村旅游产品的质量；挖掘、整理和保护当地独特的乡村文化资源，组织开展有当地特色的文化活动，塑造旅游地独特的文化形象；组织地区性的乡村旅游同业公会，促使乡村旅游经营者开展联合营销等互惠互利的经营活动；组建乡村旅游的营销和服务网络，依托各地的政府网和旅游网来运营，通过政府主导营销的方式，解决乡村旅游小规模经营的营销瓶颈问题。

例如，成都龙泉驿区的旅游主要以乡村旅游为特色，乡村旅游被纳入该区旅游局管理的工作范围。他们充分发挥政府职能部门的作用，抓住实施成都市城市向东发展战略机遇，坚持"政府主导、各方支持、发挥优势、大办旅游"的方针，把争创国家级花果山风景名胜区作为乡村旅游发展的未来目标，大大提升了乡村旅游的地位，这充分体现了政府主导的积极作用。

政府当前最需要做的工作是建立健全有效的管理体系。各级政府职能部门要明确责任，制订相关管理办法或条例，对乡村旅游的规划审批、经营管理、安全管理、环境卫生等方面进行规范与监督，引导其逐步走向行业协会自律管理。

2. 传统文化资源保护纳入农村建设整体规划

乡村旅游可持续发展的根本是资源问题，而清理并保护现有的资源是当务之急，特别要将传统文化保护的问题纳入有关地区的整体规划，成为地区经济生活的一部分。例如，广东珠江三角洲"田园公园"在当地政府的引导下，通过规划和品牌的营造，乡村旅游各具特色，各成规模，走向了乡村旅游产业化的健康道路。又如番禺的"绿野乡风化龙农业大观园"、深圳的"田园海上风光"高要的"广新农业生态园"、三水的"荷花世界"等都是具有很高品位创意的旅游类型，是我国城乡经济一体化的发展方向。

政府可以结合新农村建设，加大对村落规划中传统文化资源保护工作的力度，由文物、城建、旅游等部门组成专业队伍，对具有保护价值的古村落、古民居、古树、古墓、古桥、古塔及其他名胜古迹进行全面的调查，列出保护名单，再按其存在的价值分等级进行立法保护，并同时加强配套设施建设，促使其产生旅游经济效益。对不具有旅游开发价值的传统文化资源，有关部门要与乡、镇、村及当事人签订责任状，并给予适当的补贴，以维持现状，把抢救第一、保护为主、合理利用、加强管理的工作落在实处。

在乡村旅游地新农村建设的规划中，必须强化景区资源特色和文化的挖掘与包装。在了解当地文化及民俗民情基础上，充分挖掘乡村传统文化中的精、气、神，尽量保持本土的建筑符号，有效地设计出宜居、功能多样、与乡村传统风格不相冲突、和大自然相谐调的真正"新"农村。例如，成都龙泉驿在其规划中，突出"花海果乡"主题，体现"桃花故乡、明蜀文化、度假胜地"三大特色，培育精品，并且以龙泉山脉生态环境为"绿色屏障"，举办一年一度的国际桃花节，并带动水果的销售，取得极大的成功，吸引了大量外资发展旅游。

3. 建立乡村传统文化保护新机制

乡村旅游开发和传统文化保护如何二者兼得？可以借用西方社会学"前台—后台"的理论，在乡村旅游地建立由政府协调的"前台—帷幕—后台"模式的传统文化保护新机制，从深层次解决旅游开发和传统文化保护的矛盾冲突。

所谓"前台"，是旅游目的地居民展示、表演的舞台空间，游客在这里与当地居民互动，其商业化是不可避免的。为了不让前台的商业浪潮席卷整个旅游地，需要设置一道屏障，那就是"帷幕"。帷幕区是为保护后台起过渡和缓冲作用的。在帷幕区也要发展旅游，但开发规模受到限制，进入的游客较少，商业化程度受到控制。而"后台"是旅游目的地的文化核心区，应保留当地居民传统的生产方式和生活习俗，不为发展旅游业对产业结构做重大调整，一般情况下秘不示人，只有极少数特殊的人才能进入。

前台—帷幕—后台，各区域对传统文化的功能、使命、意义不同，经济发展模式不同，而达到的目标则是一致的，既保护了传统文化，又发展了旅游经济。后台的经济发展，一方面来自少量受到控制的高消费游客，另一方面通过统一的政府管理，通过前台发展旅游业的财政收入来补偿后台因丧失部分发展机遇而付出的代价。

（二）在旅游开发中保护乡村传统文化资源

乡村旅游的发展促进了传统文化资源的开发、旅游目的地环境的美化，但同时导致了传统文化资源的破坏、传统文化环境质量的下降。所以，在乡村旅游的开发过程中，特别要正确处理好开发与保护的关系，坚持开发利用与保护建设互相促进的原则，既要重视生态资源和历史文化资源的开发利用，又要加强资源的合理保护。

1. 旅游开发是保护的必要体现

合理、科学的传统文化资源开发，不论是对历史遗迹进行挖掘、修复、保护，还是对人文资源如民俗进行资料搜集和整理，都可以凸现其资源价值，延长传统文化资源的生命周期。反之，过度保护而没有对资源开发，就不能体现出资源本身所具有的价值，在社会经济发展进程中将会逐渐衰退而消失。

同时，传统文化资源开发促进乡村旅游发展，其带来的旅游收益的一部分可以通过各种形式返回资源地，用于传统文化资源的保护以及资源环境的改善和建设。例如，乡村的民俗文化资源是不可再生的，即使用最现代的技术"修旧如旧"，但其历史文化价值也不如原件，最好的保护就是把它"活化"，使之扎根在当地群众中，培养传人，使其代代相传。要达到这种目的，就必须对这些资源进行有效利用，如旅游开发，使当地人从中得到利益，才会自觉地对其进行保护和传承。

2. 保护是为了更好地发展旅游

乡村旅游的核心吸引力要素是美丽的风景、宁静的环境、清新的空气、淳朴的生活、保存久远的文化传统和人与自然的和谐相处。维护这些要素的原真性是乡村旅游长盛不衰的根本。

为了更好地开发和发展乡村旅游，保护乡村自然和文化资源是必须的，尤其是对传统文化资源的保护。快速发展和变革的中国农村，传统文化正在逐渐消失，抢救和保护民俗文化遗产资源是十分必要的。为了抢救和保护民俗文化遗产，现在很多地方流行的做法是采用各种手段进行采录，然后以多种载体加以保存，如采录文字后编辑书籍存留，通过录音录像存留等。巧妙地将传统的收集、采录方法与现代科技进行较好结合，是我们在抢救和保护民俗文化遗产方面的一个较为可喜的突破。

活化于民众生活中，传承下去，与社会一起不断向前发展，这才是乡村传统文化最好的取向。例如，被授予"中国醒狮之乡"称号的广东遂溪县，各个乡镇都成立醒狮队，参与群众上万人，舞高桩狮的文车狮队还代表我国到巴黎参赛，在世界大赛中勇夺金奖。不少醒狮队已逐渐产业化，除在本地的旅游景点展演外，还应邀到外地参加一些庆典活动，进行有偿服务，收到了很好的效果。

保护好传统文化资源是乡村旅游可持续发展的重要保证。在技术、资金条件不成熟或合理规划之前，切忌对传统文化资源的盲目、无序、掠夺式开发。可持续发展是传统文化资源保护的基本方针，从发展的角度出发，任何组织、任何单位、任何个人对资源的占有和利用都不能采取掠夺的、破坏的方式，不能只顾眼前利用，不顾后人的生存和发展条件，有意或无意地剥夺后人对资源的享用权。

（三）乡村传统文化资源的文化生态保护

文化生态，包括有形的文化资产与无形的文化资源，涵盖着文化与自然环境的关系、文化与民众生活方式之间的关系的方方面面，影响着人们的价值观念、生活方式和审美境界等相关的文化存在。乡村旅游所关注的"文化生态"，是从自然生态与人的关系、乡村文化与人的关系入手，研究有关生存于民众中间，与自然和人类和谐相处的文化现象，包括居住、游艺、祭祀、饮食、服饰等习俗相互依存的关系，及其各种乡村传统文化生存和发展的环境基础。这对于乡村传统文化的保护和发掘利用是极为有利的。

1. 保护原生态乡村环境

文化生态的研究，是借助生态观的基本理念，立足于文化现象的研究。当前，就总体而言，许多乡村旅游的吸引力的主要因素还是原生态环境，并体现在具体的生产生活中，停留在自娱自乐、自我欣赏的状态。在原生态环境中传存的乡村传统文化，作为一种文化遗产，具有神秘和独特的魅力。而这种神秘和魅力只在原生态的乡村中才具有，它与乡村原生态环境密不可分。

所以，今天提出乡村传统文化保护，更重要的是对乡村文化生态的保护，必须从根本上改变视传统文化为"封建迷信"的根深蒂固的错误认识，也要纠正西方文化中心论的观念。在做好乡村原生态保护的基础上，对传统文化进行挖掘整理，再加以分析，取其精华，去其糟粕，把传统文化转变为优势资源。然后，按照弘扬先进文化，提倡有益文化，改造落后文化，抵制腐朽文化的精神和"双百方针""二为方向"，正确处理保护、继承、发展、创新的关系，把乡村传统文化提炼成具有开发价值的旅游文化优势资源。按照市场法则，有效重组和合理配置资源，把乡村传统文化活动作为乡村旅游的有效载体，把最具亮点的传统文化品牌做大做强。

2. 保护乡村人文生态资源

（1）继承乡村的传统文化价值，形成特有的"传统生态"

从一定意义上说，人是文化的产物。农民的含义还包括文化方面的意义，农民的文化是传统文化的一部分，保留着很多传统文化的色彩。传统文化是乡村在长期的历史发展中世代相传下来的实践经验和智慧结晶，是经过实践证明的"最适合农村生存条件"的生活方式。在中国农村这样一个传统文化氛围浓厚的社会里，许多人的言行或多或少地带有传统文化的痕迹，逃脱不了所属的文化背景。对世世代代生活在乡村中的农民来说，优秀的文化传统不仅是农民赖以生存的精神依托和文化根基，也是农民向更高阶段发展的必要条件，它使村民相互联系成为一个整体，从而产生共识。对于这些优秀文化传统资源，不仅不应抛弃，还应进一步发扬光大。

（2）挖掘乡村的乡情价值，形成特有的"亲情生态"

正如费孝通在《乡土中国》中所剖析的，中国农村是乡土社会。长期以来，依托于乡村生活的农民，以乡土为根基，以乡情为纽带，形成了难以割舍的恋乡情结，农民与土地的特殊联系使农村社会具有浓郁的乡土气息和独特的乡情氛围。依靠亲情和乡情的支撑，人与人之间彼此亲近、沟通和认同，不仅可以帮助农民应对生产生活中暂时的困难，还可以帮助农民建立起对未来生活的信心，找到除金钱以外的人生幸福感，体会到生活的价值与意义。

（3）优化乡村风俗价值，形成特有的"风俗生态"

良风美俗以对人的内心世界和精神生活的体察和提升为价值旨归，具有以人为本的人文精神指向。农村风俗习惯具有自然与人文兼备的二重性，乡村风俗文化讲求和谐和睦和气和善，提倡团结互助友爱，具有较强的伦理品性，易于在村民中传习和扩散，对生活于其中的农民具有很强的教化作用。发挥乡村风俗习惯的积极作用，倡导科学、文明、健康、向上的生活方式，有助于增进农村社会的凝聚力和向心力，促进农村社会的稳定与和谐。

（4）突出乡村的人际价值，形成特有的"人际生态"

从人际交往来讲，它产生友谊和信任、体面与尊严感。生活在广大农村的居民，人际关系较为亲切和善，村民之间更容易从邻里关系中寻找乐趣，品味幸福。而城镇居民，特别是大城市的居民，虽然收入水平和生活质量较高，但生活节奏很快，工作压力很大，他们的幸福感常常被消融在职场打拼中，他们的满足感往往淹没在钢筋水泥构筑的拥挤环境中和"老死不相往来"的冷漠人际关系中。健康和谐的人际关系，不仅可以创造出友谊与信任，而且能够使农民对乡村生活产生体面和有价值的心理体验，在融洽与友善的人际关系氛围中分享农村生活的乐趣与意义，并能在与城市的人际关系对比中凸显乡村价值优势。

第二节　凝视理论下的乡村旅游文化反思

一、游客凝视理论

（一）游客凝视理论的起源

英国兰开斯特社会学教授厄里以米歇尔·福柯的"医学凝视"观为基础，提出了"游客凝视"理论。该理论认为，如同临床医学视觉技术的发展一样，游客的凝视也是被社会性地建构起来的，而且自成一个完整的体系。厄里指出，视觉经验是观光旅游的重要方面，但他更强调"凝视者"和"凝视对象"之间社会权利关系的操作与发展。厄里认为每个人同时都是观看者和被观看者，看与被看的视觉经验除了与社会建构及意识形态息息相关之外，也和摄影技术的发明演进相互呼应。西方学者认为厄里的凝视理论从根本上改变了传统旅游理论的基础。

从厄里的书中能够得知，"旅游凝视"是由旅游的需求、旅游的动机和旅游的行为融合并且抽象化的结果，"旅游凝视"是游客对于东道主施加的一种作用力。游客在旅游过程中拍摄的当地人文和自然景观的图片和影像都是"旅游凝视"的作用力下具体化和形象化的过程，通过这种作用力东道主开始在空间上被建构。

厄里认为，研究"旅游凝视"要立足于"旅游地"的问题，并就旅游目的地与文化变迁之间的互动关系提出自己的看法。第一，在旅游过程中被消费的东道主文化就是一些文化符号所构建起来的。第二，由于游客消费的就是与之不同的文化和体验，于是东道主开始被社会性或政治性地建构。第三，由于游客越来越多，"旅游凝视"对东道主的作用力逐渐增大，于是东道主文化就会弱化、消磨甚至被外来文化吞噬，变成一个"完全被消费的地方"。第四，旅游在本质上被认为是"文化"本身的一种游历，这个游历的过程也就是文化变迁的过程。

（二）游客凝视的性质与分类

厄里认为游客凝视主要具有以下性质：第一，反向的生活性；第二，支配性；第三，变化性；第四，符号性；第五，社会性；第六，不平等性（见表 3-1）。

表 3-1　游客凝视的性质

性　质	内　容
反向的生活性	旅游者总是凝视那些与他们的日常生活（也称"世俗生活"，包括在家和有酬工作两种情况）不同的东西（如某个地方、某个事件等）
支配性	尽管还存在嗅觉、体温等方面的旅游体验，但视觉支配或组织了体验的范围，凝视是旅游经验的中心
变化性	不同的历史时期、不同的社会以及不同的社会群体里，游客凝视是存在差异、发展和变化的，这皆归因于他们世俗生活和平时经历的不同
符号性	游客凝视是通过符号建立的。旅游就是一个收集照片、收集符号的过程。这里存在一个循环：阅读图片营销广告和看电视、实地游览、拍照、看图片营销广告和影视作品
社会性	游客凝视被社会性地组织和系统化，旅游专业人员生产出旅游者凝视的常新目标。这些专家与大众媒体、旅游书籍、营销图片等共同制订、操作和掌控了游客凝视
不平等性	社会依据代际、性别和族群等因素呈现分层现象，即社会具有阶层性，这使看与被看之间存在着现实的不平等，摄影驯服了凝视的对象，其中包含着权力/知识的关系

厄里把"游客凝视"的形式分为几种不同类型：浪漫性的、集体性的、观望性的、环境性的及人类学的（见表3-2）。这些形式并没有彻底穷尽旅游类型，许多游客涉及不同的类型或者是某些类型的组合。不同的"游客凝视"也会因三种要素而变化：涉及各类旅游移动的空间、停留时间的长度及旅游与其他活动形式的重复性。例如，一个地方同时存在购物、运动、文化、教育及居住，当游客停留且环境的供应空间及重复性的旅游服务被大量使用时，游客的凝视风格就会有所拓展。

浪漫性的凝视强调与被凝视物体产生孤立、隐私及个人化的关系。游客期望独自隐私地或是仅与重要的亲友观赏事物，如大量人群参观印度的泰姬陵，将干扰和破坏西方游客想要的个人独自沉思。浪漫性的凝视涉及对新事物的接触，像沙滩、空旷的山顶、无栖息物的雨林及未开发的山脉等。这种形式的凝视在西方社会中不断地被用来作为营销和广告的旅游景点。集体性的凝视涉及共同活动。各种游客到相同的场所参观是旅游景点变得热闹的必要因素，并且大量游客的到来更凸显了这些场所是不错的旅游景点，如伦敦市中心、拉斯维加斯、悉尼和香港等观望性的凝视涉及一般民众的注视，也汇集了许多对符号的惊鸿一瞥，像是从旅游巴士窗口往外看。环境性的凝视涉及学者或非政府组织对各种游客在环境上的足迹做扫描，可能先选择人潮足迹最少的场所推荐给环保人士。人类学的凝视描述每位独立游客如何扫视各种符号和场所，并且能够结合历史来解释它们，如同导游提供对历史性及文化性符号与场所的说明一样。

表3-2 游客凝视类型

凝视的类型	特　征
浪漫性的	孤立
	持续不变的沉浸
	与幻想、敬畏、灵韵相关的凝视
集体性的	共有的活动
	连续短暂的相逢
	相似性的凝视
观望性的	共有的活动
	连续短暂的相逢
	不同符号的浏览
环境性的	聚集的结构
	持续及说教的
	扫描的调查和检视
人类学的	孤立
	持续不变的沉浸
	扫描及动态的解析

二、基于凝视理论的相关问题分析

（一）游客凝视对乡村旅游的消极影响

当代游客可以在世界各地对适当的景观从事"视觉消费"，以摄影方式保留他们的记忆。

"游客凝视"有时反映在相片的使用，就是旅游成为一种有效地追求拍照片及收集相片的方法。结果，拍照片提升了旅游与环境关系间的矛盾。因为捕捉特别景观的记忆导致游客数量骤增，集中增加对环境造成的伤害。同时，一些不具备旅游资源的乡村旅游地为了吸引游客，设计一些并不属于本地的乡土表演或为了迎合游客凝视的需求，对具有特定时间要求的乡土风俗实行延迟或一天表演多次，出现所谓的"伪拟事件"及缺乏本真性的乡俗。除此之外，游客对村民的凝视行为给村民带来了困扰，影响了他们正常的生活起居。

1. 乡村生态环境遭到破坏

良好的生态环境是发展乡村旅游的重要物质基础，乡村旅游的健康发展又会对生态环境产生积极的影响，二者是相互促进、辩证统一的。然而，随着对乡村进行视觉消费的游客的增多，乡村生态环境遭到了严重的破坏。

当游客纷至沓来凝视乡村自然美景的时候，对土壤的扰动是巨大的，甚至是致命的。尤其在节假日旅游高峰期，拥挤的人群对土壤和植被不断重复地踩压，导致土壤板结，植物无法生存。一些作为发展乡村旅游资本的天然草场因游人无节制地践踏正在迅速沙化，将成为不毛之地。

2. "伪拟事件"的出现

大量游客在虚拟设计的旅游景点中寻找娱乐，享受"伪拟事件"，不理睬真正的事实，结果诱导乡村旅游业者及当地村民对外来游客制造更多不寻常的展示活动。

欣赏和体验乡村的民风民俗是乡村旅游的重要内容，而最能够体现民风民俗的莫过于乡村中的婚丧嫁娶、佳节祭奠这些标志性的事项。但是，村庄里不是每天都有这样的"非常事项"发生，也不是每天都有节日庆典。这些"非常事项"遵循乡村的时间节律、礼仪禁忌等，不能随便进行和改变，甚至不能示人。

然而，在市场经济作用下，一些"非常事项"被日常化、表演化了。例如，云南、贵州、海南等一些民族村寨几乎每天都向游客表演结婚仪式、神圣的祭祀舞蹈等。这些"非常事项"的日常化、表演化给当地乡村社区带来的负面影响和冲击，不是低廉的表演收入所能弥补的。长此以往，"游客凝视"将无法再体验到其追求的乡村旅游的本真生活。

3. 被凝视者——村民的反感

乡村旅游者到乡村参观古民居和科技农业园、欣赏民俗文化和田园风光、品尝农家食品等活动实际上是凝视者对被凝视者的征服行为。一开始就暗含了凝视者对被凝视者实际的不平等。游客的猎奇心理促使他们去乡村寻找与城市生活不一样的感受，他们不断地去凝视，凝视村民的房舍、村民的行为以及生活习惯。

长期如此，就会出现两种结果。第一，一些村民为了获取经济利益把自己的日常生活展现于舞台，天天重复同样的表演，对乡村文化失去兴趣，生活习惯受到干扰；第二，一些普通的乡村居民，在被凝视的过程中，觉得自己的隐私受到侵犯，日常生活受到游客的干扰，会对凝视者——乡村游客感到反感。

（二）乡村旅游中文化互动关系分析

凝视理论表明在乡村旅游的发展中，存在着"凝视者"与"被凝视者"两类群体。"凝视者"即乡村旅游者，"被凝视者"即乡村村民。

在当地文化与外来文化交汇、冲撞并终至"文化差异消弭"的乡村旅游活动中，乡村旅游者与当地村民间的关系互动大体如图3-1所示。

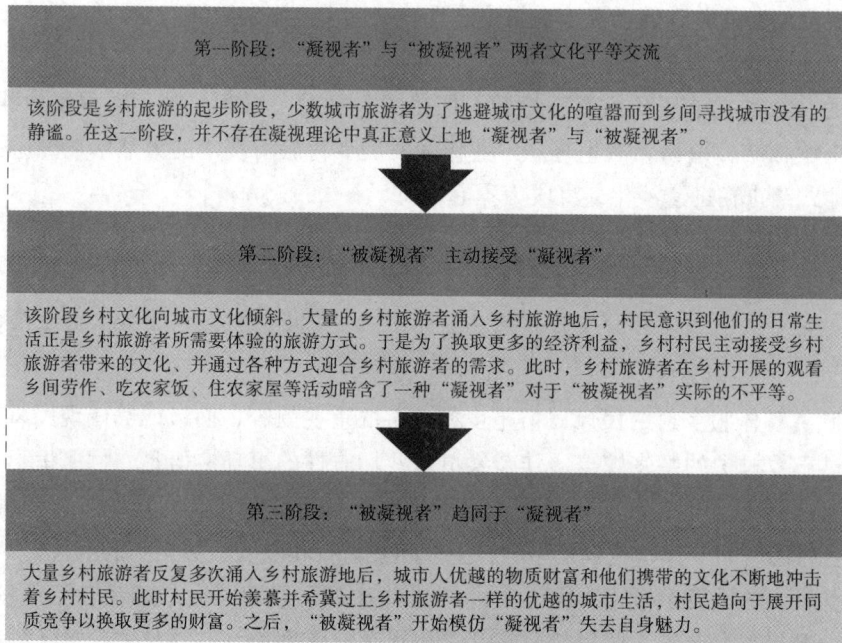

第一阶段："凝视者"与"被凝视者"两者文化平等交流

该阶段是乡村旅游的起步阶段，少数城市旅游者为了逃避城市文化的喧嚣而到乡间寻找城市没有的静谧。在这一阶段，并不存在凝视理论中真正意义上地"凝视者"与"被凝视者"。

第二阶段："被凝视者"主动接受"凝视者"

该阶段乡村文化向城市文化倾斜。大量的乡村旅游者涌入乡村旅游地后，村民意识到他们的日常生活正是乡村旅游者所需要体验的旅游方式。于是为了换取更多的经济利益，乡村村民主动接受乡村旅游者带来的文化，并通过各种方式迎合乡村旅游者的需求。此时，乡村旅游者在乡村开展的观看乡间劳作、吃农家饭、住农家屋等活动暗含了一种"凝视者"对于"被凝视者"实际的不平等。

第三阶段："被凝视者"趋同于"凝视者"

大量乡村旅游者反复多次涌入乡村旅游地后，城市人优越的物质财富和他们携带的文化不断地冲击着乡村村民。此时村民开始羡慕并希冀过上乡村旅游者一样的优越的城市生活，村民趋向于展开同质竞争以换取更多的财富。之后，"被凝视者"开始模仿"凝视者"失去自身魅力。

图3-1 乡村旅游中文化互动关系

（三）乡村文化弱化原因分析

根据凝视理论，乡村旅游者到达乡村进行参观古民居、科技农业园，欣赏民俗文化和田园风光，品尝农家食品、参加务农等活动实际上是凝视者对被凝视者的征服行为。扮演凝视者的乡村旅游者是城市文化的活动载体，扮演被凝视者的村民是"乡村文化"的载体，两者之间的互动，推动着乡村旅游文化向前发展。

而在这场文化运动中，具有强势经济实力的城市文化不断影响着弱势经济实力的乡村文化。乡村文化的活动载体——村民，在强势文化的冲击下迷失在自我文化和他文化之间，逐渐走向庸俗化。对经济的渴望使村民在保持自我文化中不经意间把文化当作商品来贩卖，使乡村旅游充满了商业气息。从接待游客过程中享受到一些经济实惠后，村民试图通过已换得的经济利益效仿多次反复影响他们的城市居民，甚至在建筑物上也开始模仿城市建筑，以楼房来代替他们原有的乡村农舍，逐步走向城市化。而走向"庸俗化""商业化""城市化"的乡村却再也满足不了原本希望到乡村寻找乡间野趣的乡村旅游者的旅游诉求。乡村文化的弱化导致了乡村旅游重游率降低，乡村旅游发展后劲不足这一问题。因此，城市文化的强势冲击和乡村弱势文化群体对经济的渴望以及乡村文化群体对本文化的认识不足等原因是乡村文化弱化的原因。

第三节　乡村旅游的"符号化"现象

一、符号学理论

20 世纪初，符号学的相关理论开始兴起，瑞典语言学家索绪尔和美国哲学家皮尔斯从不同角度奠定了符号学的理论基础。

（一）索绪尔的符号学思想

在索绪尔看来，"语言是一种表达观念的符号系统，类似于书写系统、聋哑人的手语、象征性礼仪、礼貌举止及军事信号……有一门研究社会生活中符号生命的科学，它将构成社会心理学的一部分，因而也是普通心理学的一部分，我们管它叫符号学。"索绪尔指出："我们可以设想有一门研究社会生活中符号生命的科学，我们称它为符号学，我们说不出它将会是什么样子，但是，它有存在的权利，它的地位是预先确定了的。"

1."所指"和"能指"二元论

索绪尔从语言学的角度出发，认为符号是一种二元关系，包含"能指"和"所指"，它们的结合构成了符号。"我们建议保留用'符号'这个词表示整体，用'所指'和'能指'分别代替概念和音响形象。后两个术语的好处是它们既能表明它们彼此间的对立，又能表明它们所从属的整体间的对立。""能指"是指语言符号的"音响形象"，也就是语言的声音形象，"是语言所反映的事物的概念"。

2. "任意性"原理

索绪尔认为，"所指"和"能指"的联系是任意的，两者之间没有任何内在的、自然的联系。以语言和语种之间的差别为证，索绪尔认为，某个特定的能指和某个特定的所指的联系不是必然的，而是约定俗成的。一个词语的发音和概念不是必然结合在一起的，某个词语在不同的语言、语种中读音明显不同，但其都表达了同一种含义。不过，索绪尔也指出，语言符号与象征不同，象征不会是完全任意的。

（二）皮尔斯的符号学思想

皮尔斯的符号学理论与索绪尔的理论稍有不同，皮尔斯认为符号是由符号或再现体、对象和解释构成的三元关系。符号或再现体即某种对某人来说在某一方面或以某种能力代表某一事物的东西。对象即符号形体所代表的那个"某一事物"。解释也称解释项，即符号使用者对符号形体所传达的关于符号对象的讯息，即意义。

皮尔斯的符号理论体现了一种开放的思路。皮尔斯认为，符号三角中的解释物本身又是一个符号，自身又处在一个三元关系中，而该三元关系中的解释物又处于另外一个三元关系中，这一解释过程原则上可以无限地进行下去，直到解释者认为解释够了为止。

二、文化符号

象征人类学家认为，文化是一个包罗万象的符号体系，无论是衣食住行、节日庆典、歌舞游戏、行为体态、人生礼仪、宗教活动，还是数字、色彩、方位、图形、器物等具体的文化现象，只要经过人们的想象或类比都可以成为传递信息的象征符号，以此来反映特定社会的文化模式和价值取向。

（一）文化符号的含义

上述符号既有语言符号又有非语言符号，我们所谓的文化符号是指所有能够承载文化意义的符号。文化是"一种模式化了的符号交互作用系统，代代相传，永无止境"。莫里斯说："人是突出的应用符号的动物。人以外的动物诚然能对某些事物的符号做出反应，但是这样的符号并没有达到人类的言语、写作、艺术、检验方法、医学诊断和信号工具所具有的那种复杂性与精致性……人类文明史依赖符号和符号系统，并且人类的心灵史和符号的作用是不能分离的——即便是我们不可以把心灵和这样的作用等同起来。符号是文化的载体，文化的创造和传承是以符号为媒介的。"

文化符号是一个复杂的系统结构，它不仅记录了人类活动的历史和各种不同的文化类型，也记录了人类活动的每个细节。因此，符号对于人类文化的意义不仅是直接的，而且其表达的任何形式都是不可替代的。

在旅游文化的符号化过程中，文化符号的能指是指那些具有物质性质和自然形式的用以承载符号内容的载体，即游客在民族旅游目的地中感知到的实物、形象、行为和声音等。文化符号的所指是在旅游活动中被传递的意义和概念，即依据某种解码规则，被感知的旅游文化符号在游客头脑中产生的"事物"的心理表象。

（二）旅游开发中文化符号的性质

1. 文化符号的专有性

不同国家、区域、地区的人们由于生活环境、习惯、风俗不同，拥有特定的生产、生活的方式和资源利用的方式，并表现为群体共同的认知观念、道德伦理、文化传统、民俗民风、交际语言、行为准则等社会心态，形成了不同区域间相对稳定的社会文化系统，文化符号表现出差异性和专用性特征。这种差异性也是旅游者旅行的动机之一，不同国家、区域的不同文化为旅游者带来新鲜与刺激，也是各地发展旅游的文化资源基础。一个国家的民俗，其民族品格越鲜明，原始气味越浓，历史氛围越重，地方差异就越大，生活气息就越足，而这正是一种最能吸引异国异域游客的特色旅游资源。

文化符号往往是一个地区某一文化特质的浓缩与代表，就如人们提起卢浮宫就会想到法国，看到方格裙就会想到苏格兰，漫步小桥流水间就会感受到中国江南的意境。这些文化特质往往通过一些特质和符号的传播给人们留下深刻的记忆。地域的独特、民族的差异予以文化独有的品格，历史发展的延续和积淀赋予了文化灵气和底蕴，在不同区域独特的文化资源基础上构建的文化符号具有专有性的特点，也是不同区域人们形象的代表与象征。

2. 文化符号的象征性

文化符号的象征性体现在符号具体形象的表层意义被赋予某种特定的象征意义。文化符号的象征在民俗文化中表现得尤为丰富。

以民族文化为例，少数民族旅游目的地通过特定的、容易引起游客联想的原真性民族文化符号，如"民族服饰、民族仪式、民族图腾等，依据旅游主体由于认知差异而使用的不同代码规则，共享与其具有相似或相近特征的民族文化意义、价值或情感，产生一种建构主义的符号真实性"。

由于历史、地理等各方面因素，区域和地区之间的社会经济发展水平有所差异，一些较为落后的民族地区往往较少地受到外界的干扰，拥有光辉灿烂的"红色"遗产、质朴鲜明的民族文化或是独特旖旎的自然风光等特色突出的旅游资源。然而，民族地区的经济发展落后，缺少社会经济发展的内生化动力，因此经济资本、象征资本的多种投入已成为地区发展的关键，经济资本越是欠缺，象征资本所表现的作用越为明显、重要。因而，很多地区出现了带有盈利目的的节庆活动，这是为了满足消费者需要而开发的旅游产品，在此过程中也形成了某种新的符号意义和象征意义。经济推动下的文化符号产生新的象征意义，这在一定程度上能够吸引外来游客并为其带来满足感，但是这种"旧瓶装新酒"的开发模式是否对文化发展有益仍值得思考和探究。

3. 文化符号的标志性

文化符号的标志性特征说明它所代表的事物、人物、事件及其体现出来的精神已被人们所普遍认可，从而产生了群体的一致性。正如美国标志性产品可口可乐、好莱坞、NBA 等，旅游也有其标志性的文化符号。旅游文化符号的标志性源于独特的符号价值和符号效应，旅游文化符号的标志性对于游客来说具有一定的吸引力。例如，旅游者到达旅游地后通常会在景区标志性建筑或风景地拍照留念，参观当地一系列的旅游文化符号，证明自己已经"来过"。由此可见，旅游文化已经成为一种具有特殊意义的标志符号，既"标志"了旅游地独特的文化形象，也"标志"了游客实际所需要向社会展示的某种心理诉求。

三、旅游符号化

卡西尔认为人是符号的动物，人的一切活动都是符号化的过程和行为，因此旅游这一文化活动也是符号化的过程。人们通过旅游，与客观世界互动，形成了内涵丰富的广义旅游符号系统。旅游之所以具有强烈的吸引力和号召力，很高程度上在于旅游本身的符号意义。旅游符号系统的表意功能、传递功能、开放性与"自生性"可以用来表现人生，传达人们对自然与文化的理解，以引起人们在情感、心理和精神上的共鸣。人们在旅游过程中所见所闻的许多熟悉或陌生的东西都富有魅力的含义，同时旅游符号系统产生新的符号意义，它是人们利用旅游符号创造新文化的过程。

20 世纪 70 年代，西方学术界开始把符号学思想和理论引入旅游研究领域。马康纳率先提出了旅游的符号意义，他在《旅游者：休闲阶层新论》一书中提出"全世界的旅游者都在阅读着城市和风景文化，把它们看作符号系统"，认为旅游者是在旅游吸引物系统下，对旅游吸引物系统的符号意义进行"解码"，并追求早已失去真实意义的现代圣徒。马康纳从一个全新的视角系统地提出了旅游吸引物的结构差异、社会功能、舞台化的本真性、文化标志以及旅游吸引物系统中的象征符号等观点。马康纳将旅游看作一种符号，并认为其具有一系列功能，他提出："包括旅游书籍、博物馆介绍以及人们对所有景物或景点所进行的宣传、故事等旅游标志物都包括了两种基本的指示：信息与传输信息的媒介。""观光客看旧金山，通过观光渔夫码头、电缆车、金门大桥、联合广场等，这些景点各自都是相互独立的，具有符号性宣介物的意味，但它们共同组成了'旧金山'的标志。"

卡勒发表了文章《旅游符号学》，其中的内容与马康纳的观点相似，他把旅游者比喻为"符号军队"。他认为，旅游者在旅游体验中既是一种建构意义的行为，在制造标志和景观之间的关联，又是一种意义的解读行为，在寻找标志和景观之间的联系。旅游者的本意是寻找真实的符号，而其却从复制品中找到了快乐。

格雷本也是旅游符号学研究范式的代表人物之一。格雷本的旅游人类学研究是以象征符号与意义及语义学的方法为中心，采取跨学科的角度进行研究。在对文化表现形式的分析方面，格雷本倡导用符号学以及符号人类学的方法，对符号、标志、象征、民间传说、神话、规则、诗词文记、图示石像、广告宣传、私人摄影和明信片、商业化旅游纪念品、游记与历史记录等"文化文本"进行"解构分析"，以期揭示意义结构、文化结构及其变化的过程和规律。格雷本认为，研究旅游就要分析它的符号内涵、文化意义。

与此同时，随着旅游的大众化和普遍化，另一种担心在悄然滋生——旅游的"符号化"倾向严重影响到旅游文化的真实体验，这一倾向的严重性最终会导致旅游活动和旅游开发走向歧途。旅游的"符号化"集中表现在旅游体验的"符号化"、旅游规划设计的"符号化"、旅游产品的"符号化"3个方面。旅游体验带给游客的是一种精神过程或情感经历，旅游的"符号化"让游客停留在对目的地文化的表面参与上，没有真正投入社区文化当中去。由于大部分游客在旅游目的地的体验时间有限，体验的质量参差不齐，旅游目的地常常用一种类似舞台剧和舞台表演的形式来集中展示旅游地的文化，这样的结果导致旅游活动的象征性体验，而非文化真实性的体验。这往往误导游客，游客以为目的地的"原生文化"就是这些东西，实际上他们所见所闻或未见未闻的文化往往更富有内涵，他们的体验仅依附于旅游符号的一种外在的、简单的表现形式而已，而其背后的文化精神内涵他们却无法了解。游客误认为跳跳锅庄、吃吃烧烤、唱唱藏歌就好像进入藏区了，已经感受到当地人的文化了，而这种旅游感受却只是对旅游符号的表象感受。可见，旅游的"符号化"就是旅游符号的表象化，它将旅游的行为与过程简单看作一种形式，旅游目的地和旅游活动场景被简单看作一个表演舞台，旅游的一切内涵，特别是文化内涵被简单化、表象化，文化的内在精神被忽略。

四、乡村旅游"符号化"解析

（一）乡村旅游"符号化"现象

在旅游"符号化"发展的今天，乡村旅游，特别是民族村寨类乡村旅游是其倾向化发展的重灾区。为了迎合大众游客的这种"符号化"消费欲望，许多乡村旅游规划只对目的地的文化做了浅层次的理解和设计，大多停留在文化符号的表象表达上。例如，乡土建筑是乡村旅游的重要景观载体，是文化精神得以传承的最稳固的文化符号，许多乡村旅游设计的乡土建筑或仿古建筑，一味追求外观形式的改造，对建筑材料、建筑工艺、建筑空间、建筑环境和建筑艺术的表现严重不足，结果制造了一大批乡土建筑垃圾，对景观环境造成了较大的破坏。又如旅游体验项目的营造，民族歌舞只停留在表演上，民族服饰只停留在敷衍旅游者观赏的穿戴上，民族餐饮只出售给旅游者而自己却很少享用等。而旅游手工艺品，更多只是打上"符号"的标签，而实质是机械化、流水线上生产出来的产品。

（二）基于真实体验的乡村旅游"符号化"路径

诚然，乡村旅游的"符号化"有其存在的合理性，在"快餐式"旅游消费的今天，要满足一部分人群对乡村旅游文化的符号化消费，但关键在于不能仅仅停留在这个阶段，要给更多旅游者走入"后台"的机会。因此，基于真实体验的乡村旅游"符号化"要求旅游活动从只满足于表演性的"前台"体验发展到一种深层的、对具有丰富含义的"后台"文化的追问和互动中去。所以，对于部分散客、文化旅游者来说，乡村旅游目的地规划应着重考虑乡村旅游主体的文化体验的时间与空间特征，并且在旅游规划中也必须有这样一个空间，能让游客深入了解原生文化的内涵，因为游客可能长时间停留，或去"深入调查"。只有让旅游者以适当的方式走进"后台"，才能真正实现与旅游地原生文化的互动（见图3-2）。

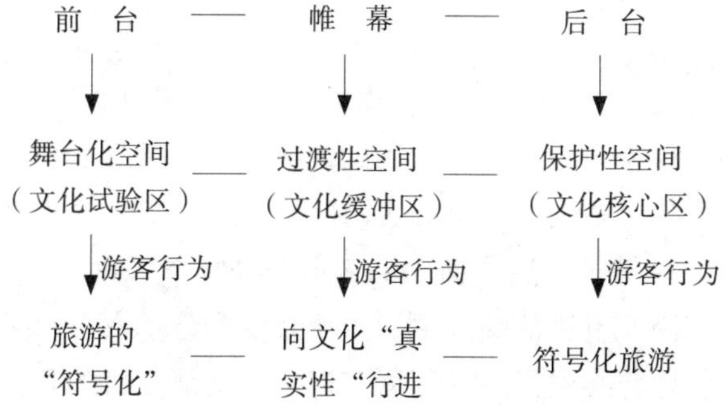

前　台　———　帷　幕　———　后　台

↓　　　　　　　　↓　　　　　　　　↓

舞台化空间 ——— 过渡性空间 ——— 保护性空间
（文化试验区）　（文化缓冲区）　（文化核心区）

↓游客行为　　　↓游客行为　　　↓游客行为

旅游的 ——— 向文化"真 ——— 符号化旅游
"符号化"　　实性"行进

图 3-2　乡村旅游的"符号化"与符号化乡村旅游模式

资料来源：杨振之，邹积艺．旅游的"符号化"与符号化旅游——对旅游及旅游开发的符号学审视[J]．旅游学刊，2006,21（5）：75-79．

乡村文化旅游要克服粗糙、雷同、低层次徘徊等现象，需要遵循文化的符号承载规律，充分尊重文化原味和挖掘乡土文化资源的符号意义，向游客传递最本质的乡村文化风情、文化精神，进行"符号化旅游"规划，才能使乡村文化旅游具有独特性、原味性、厚重性、古朴性、自然性等特性，从而吸引游客，增强旅游产品的生命力和竞争力，促进乡村文化旅游的可持续发展。

1.满足游客不同层次的需要，提升产业竞争力、吸引力

游客的满意度是判断旅游项目吸引力的重要因素。从目前的乡村文化旅游看，主要游客是具有一定文化素养、自驾游为主的散客和文化旅游者。从旅游心理角度分析，他们个性鲜明、具有好奇心、探索心，对于文化有自己的理解和鉴别能力，更在意旅游产品的独特性、审美性。文化旅游吸引主要由文化距离与文化差异形成。大多数游客来自城区，城区的喧嚣、复杂、机械、重复、高层建筑已使游客身心疲惫，因此逃离城区，奔向乡村，目的是为了寻得一片清净、忘却烦恼，贴近自然，洗去凡尘。这类游客不会喜欢粗糙的文化复制品，不愿意住高楼，甚至于不想再走水泥路。对他们而言，田间小道更具魅力，古朴建筑更吸引眼球，清新空气更益于身体，纯朴民风更感人。原味性、自然性、古老性才是使游客满意陶醉的元素。乡村文化符号化旅游规划要从这个层次的游客的消费需求出发，不能过度商业化打破山乡宁静从而赶走游人；不能简单复制民俗表演或推销粗糙的旅游产品降低产业链价值；最能不能做的是以为城区游客喜欢高档环境而在景区

盲目兴建现代化建筑或"一刀切"翻新建筑物，破坏原有文化生态，降低在地文化的吸引力。

2. 激发在地居民的文化自觉性，解决保护与开发的矛盾

旅游产业的主体是在地居民，居民的产业意识和观念决定了旅游资源的保护和开发。在乡村文化旅游中，重要的资源首属非物质文化遗产，非物质文化遗产主要表现为民俗活动符号，民俗活动的实质是在地居民的生活方式的习惯积累，表现为各类民俗事象、节庆活动及生活生产技巧和艺术。乡村是丰富的民俗活动的舞台，如果仅仅把各类民俗活动停留在表演上，那乡民的积极性是很低的，因为民俗常发生在节庆时期，活动以团队型出现。因此，笔者不赞成为表演而表演，文化就是习惯，原味的生活方式和民风民情，才是游客想感受想追寻能引发共鸣的东西。应根据各类民俗事象的发生，按各村民俗活动特点和季节时刻，推出具体的旅游主题，既让游客身临其中，体验丰富的民俗活动，在地居民也乐于参与，同时激发他们保护本土文化的主动性与积极性，寻找到对本民系文化的共鸣点和骄傲自豪感，体会到保存完好的自有文化才是旅游的重要资源和价值所在。

3. 延伸旅游产业链，增加旅游产业效益

旅游产业的效益取决于旅游产业链的长短，引申产业和扩展的附加值产品才能给产业带来可持续发展的经济价值。乡村文化旅游以乡村为区域场所，不可能只寄希望于提高门票获取利润，只有在游客进入乡村后的吃、住、购、娱乐等方面形成产业链才可能获取回报。

符号化旅游的产业规划的整个链条中，要把文化符号渗透扩展到游客的吃、住、购、娱乐之中。吃，首先来到乡村旅游除了感受风光、体验文化外，游客会很期待品尝到城里吃不到的绿色、自然、原味的当地美食，一村一俗，各有特色各有千秋，至少要在一个乡村中能重点推出一些美食，这是很重要的；住，城里人除了偏重卫生外，到乡下居住要求不会太高，因此不必在乡村建高档旅馆，只需要把乡村小院、农家土楼打扫干净，规范统一使用卫生用具即可；购是大文章，这是在地居民是否得到发展乡村旅游效益的关键点，怎么创新开发当地文化旅游产品是难点也是要点；娱乐，是留住游客吸引游客的重要卖点，可与主题民俗活动及深度体验项目等联合营造。总之，要加大力度思索如何使文化符号在乡村旅游的产业发展中渗透扩展，从而形成合理的、有竞争力的、附加值高且能满足游客消费需要的产业链。

第四章 旅游人类学视阈下的乡村旅游文化体系构建

第一节 乡村旅游的文化命脉

旅游是工业化发展的产物，手工劳动被大机器生产所取代，机械化的枯燥、自动化的重复以及城市化带来的各种问题，使人们出现了"求补偿""求解脱"的旅游活动。20世纪中期以后，随着计算机、互联网、信息技术的相继出现，工业化发展到一个"求速"的新阶段，城市化进程不断加快。这种趋势导致了两个结果：一是促进了人类文明的进步，将社会发展推进到后工业化时代；二是给在城市生活工作的人们造成了巨大的压力，使他们身心疲惫，渴望回归自然、回归纯朴。乡村旅游在这种背景下应运而生。对当代乡村旅游需求进行深层阐释，必须结合传统文化对于每一位消费者所可能产生的心理影响。可以这样认为，在家庭观念上对故乡和亲人的眷恋，在美学情趣上对刚柔相济格调的神往，在人生追求上与"天人合一"文化的共鸣，在注意取向上喜爱探奇览胜的经历，都对乡村旅游者的深层消费心理产生着深刻的影响。

一、故乡情结

乡村旅游之所以具有无穷的魅力，与旅游者萦绕于内心深处的"故乡情结"有着千丝万缕的联系。中国人对故乡的深深眷恋，左右着乡村旅游需求的根本指向，旅游者倾向于到充满亲情文化和闲情文化的乡村进行旅游，需要得到的是一种不是家园、胜似家园的温馨娴雅的心灵抚慰。人的高级需求催促旅游者在诸如乡村生态游、文物古镇游中，寻找人类的真正精神家园。

（一）"故土家园"的文化心理

这是一种古老的向心型集聚式华夏文化心理，表现为一种久泊他乡之后极欲回家的"归巢"意识，也就是古诗中所描写的"鸟恋旧林，鱼羡故渊"的情怀。浪迹天涯的炎黄子孙，心灵深处总是牵挂着一个足以让人的心理得到真正慰藉的"家"。都市或远在他乡的人们，虽然远离熟悉的家乡，在外面精彩的世界闯荡，有成功的喜悦、失败的沮丧、梦幻中的兴奋遐想，也有面对严酷现实的冷峻思考、尘世间的颠沛流离，不免会被弄得疲惫不堪和焦虑不已。就像长久远航在外的船要寻觅停靠休憩的港湾，云游四方的弄潮儿总有着回家的念头。家的和煦亲情所隐含的抚慰人性的作用，具有足够的感召力，吸引着离家的游子迸发回归之想。

广义的审美文化发生学层面的"家"，就是作为文化之根所在的乡野农村以及围绕着它们的山水自然，也就神奇地幻化为离"家"日久的"游子"的精神家园。因此，乡村也就转变为颇具"游子"意味的城里居民所追慕的出游对象。

（二）"休闲家园"的体验感受

从旅游美学本质上说，当今世界风行的度假休闲游，其实就是为了满足人们的某种"故乡情结"发散的要求。

工业文明社会的激烈竞争性，使在整个大工业化机器中充任"齿轮"和"螺丝钉"的人们，只有竭尽全力地搏击，才能获得一定的报偿，如此报偿是支撑整个现代化舒适便利物质生活的基础。这种现代人的生活方式，通常是与狭义的家密不可分的。换言之，尽管白天上班，晚上总得回到自己的家。如此"上班—回家—上班"的机械轮回，仿佛让人觉得少了些什么。再往深处探究，其实少的正是广义上的"家"所应有的情韵。这样，城市的居民就想起了到乡村去度假休闲。这样的出游，虽然离别自己的小"家"，却可以暂时性地来到洋溢着温馨气息的游憩之所，在大自然气息浓郁的乡村，可以领略作为人类文化之根的大"家"所蕴涵着的那种人生况味。乡村这种独特的亲情、闲情文化与"天人合一"的环境，满足了人们潜在的一种对"故乡"的深层审美文化渴求。

（三）"空间距离"的诱惑

故乡与异域的空间距离越是遥远，思念之情就会越加炽烈。这种审美文化现象叫作"距离崇拜"。"不识庐山真面目，只缘身在此山中"。当人们在家乡的时候，觉得周围的一切都十分平淡，司空见惯，不足为奇。而一"远隔"之时，原本十分普通的景象，此时就被披上了高洁的色彩而显现出神圣的特性，哪怕是影片中生动地展示出家乡的民俗风情，都能够使人激动。由于旅途的阻隔，往日那种确凿的感知形象，转化为日渐恍惚朦胧的心中意象，只能意会和理解，难以真切地被感触。原先过于熟悉的人物和事物，因变得扑朔迷离而生发出丝丝缕缕的朦胧美。这朦胧，正与心底的"故乡情结"暗相契合。

旅游学中流行的一种理论认为，空间距离的远近与出游的动机强弱成反比。距离越远，越懒得动身；距离越近，越能激发旅游的强烈愿望。这种现象在周末出游中表现得尤其充分。

其实，只要消除经济支付能力上的障碍，消除交通"瓶颈"阻隔造成的劳顿，那么距离越远，越有可能因远距离而产生神秘的诱惑力，其激发出游动机的可能性就越大。关键是旅游吸引物是否与游客心中的那份"剪不断，理还乱"的"故乡情结"有着很好的感应和沟通。

当代旅游中有这样一种"围城"现象：都市的居民意欲"出城"，回归大自然的清真；乡村的农民则希冀"进城"，朝拜大都市的壮观。后者的旅游动机属于"探奇览胜"，探求见所未见的外面精彩的世界；前者则是"寻根问底"，寻觅为都市化所疏远了的往日亲情，重温平和朴实、悠闲淡泊的游牧农耕文化旧梦。从城市到农村，从高楼大厦到青山绿水，彼此间的空间距离孕育出耐人寻味的旅游吸引力。"围城"中人的回归自然游，其表面形态是"换换口味"，而潜藏在其深处的是一颗热恋故土的赤子之心。因为，没有几个城里的人敢说，自己是真正的本地人，追根寻源，其实祖辈都是乡下人。正是心底的寻根意念，乡村的旷野田园、幽谷丛林、浩瀚如海的大漠戈壁，才会变得富有旅游价值。如果这些乡村的景象与人们的日常栖息地之间毫无空间阻隔，司空见惯，一切就会化为视而不见的虚无，"故乡情结"也就会消散得无影无踪。显然，距离感是"故乡情结"形成的基本心理要素，也是人们萌发出游动机的主要心理前提。

鉴于寻"根"意识和中华民族根深蒂固的山水美学观念，富足起来的城里人用日渐走红的回归自然游来表现其"远距离崇拜"，从而将投身于大自然怀抱的举动，当作与传统对话、与祖先交流、与天地宇宙相融合的契机，当作从现代生活环境中回到阔别久远的精神家园。

（四）"隔代亲情"的心灵感应

乡村旅游，特别是古村镇旅游，其实也与度假休闲和回归自然游一样，与人们的"故乡情结"有着紧密的联系。我们可以从生活中不难见到的"隔代亲情"现象入手，理解古村镇旅游的审美文化本质。

审美文化发生学告诉人们，中国古代历史文明，尤其是远古文明的感性形态所凝结的是我们这个民族童年时代的天真印迹。比起当今时代日新月异的辉煌成就，人类（民族）的童年时代自有一番别开生面的纯真风韵。远古的图腾龙飞凤舞，原始的歌舞如火如荼，彩陶的纹饰朴实生动，书法的线条流动畅达，还有古村落、古城镇、民族村落……诸如此类的文化创造物，正是我们中华民族文化的真正故乡。作为华夏儿女，谁也无法忘却历史，忘却这历史陈迹中所沉淀的"隔代亲情"。

当代的旅游者，为文化所包裹濡染，变得雅致、成熟，富有竞争意识，也因此而产生生存负重感，一心想着自己要到哪里去，想找一个"回归"人性自然的处所。处于种系发生学上的人类正处在"爷爷"位置，以往古迹及创造者扮演着"孙子"的角色，当古代灿烂文化出现在人们面前时，自然产生巨大的诱惑力，而使现代的人们找到了回归的精神寄托。因此，现代的人们无法抵御这样的"隔代亲情"氛围所弥漫的感性诱惑。

既然如此，在乡村旅游中就应缜密地思考如何精心保护人类文化的发展轨迹，保护具有"历史沉积岩"性质的古村镇及文物古迹的演化脉络，认真梳理出一份富于层次感的乡土文化清单，以便从种系文化演化历史的角度，赏鉴和感悟乡村的无穷魅力，从而激发意味深长的"隔代亲情"。

二、传统的审美情趣

中国传统文化观念所包蕴的美学指向在于理想的景观世界应当是优美和崇高的统一。这种统一的表现方式是多种多样的，有阳刚之气和阴柔之情的统一，有游牧农耕文明和现代工业文明的统一，有景观宏阔和构筑幽深的统一等。随着现代化和城市化的进展，越来越多的人希望通过乡村旅游这一形式得到文化上的熏陶与精神上的陶冶，即通过对乡村自然风光与人文活动的体验、感受和鉴赏，知晓旅游目的地文化底蕴、提高自身文化修养与满足精神陶冶情操。乡村旅游在人与自然和谐共生的生态思想下具有其独特的美之体现。

（一）生态美

生态美是乡村旅游给人们最直观的美的体验与感受，囊括了审美主体的一切主观感受，即味觉、嗅觉、视觉、听觉、触觉等引起的所有官能享受。生态美的本质就是人与生态环境的和谐之美。不只是外在的自然环境让人赏心悦目，更主要的是人与自然在互动中共同达到的一种浑然天成的圆融状态让人沉迷，心生愉悦。

乡村旅游因为其地域色彩而具有区别于其他旅游的特征，最显著的就是生态环境。古镇村落尤其是农业文化遗产地空气新鲜，风景如画，如春日开满油菜花的江淮水乡兴化、夏日梯田连绵的哈尼族村、秋季枫叶如火的安徽宏村等。这些乡村旅游地或以独特的人文景观闻名，或以旖旎的自然风光得胜，或以悠久的农业生产方式享誉，但它们都有一个共同的特点，即山水田园、民俗风物等共同形成了良性的生态循环系统，总体"自然生态环境优良，环境宜居，生产活动基本保持固有的田园模式。基于自然基础之上的农耕文化、乡土民俗异常明显"，尽可能地保持了乡村山水的自然本色，从而将天人合一的生存理念贯穿其中。正是这种农村独特的田园风光和人文风俗让旅游者从生理和心理上获得美的双重享受。

（二）意境美

生态美是从审美主体的主观感受出发的，意境美却已不再停留于最基本的感官层次，而是升华到一个更加抽象的形而上层次，晋升为超物质性的精神享受。意境是中国古代审美形态之一，是指"情景交融、虚实相生的形象系统，及其所诱发和开拓的审美想象空间"。这是人在审美活动中的精神产物，用心灵去关照审美对象，使其达到和谐圆融的状态，从而唤起审美主体的联想、想象，完成从有限向无限、从物质向精神的跨越，创造出全新的独特的意蕴和境界。乡村旅游绝不仅仅带给我们感官上的享受与愉悦，更多的是它穿越历史时空与审美主体达到心神契合。人们在山水田园中感受历史痕迹与先民智慧，窥探与追寻生命的真谛，在物质丰腴的当下，精神灵魂的追求已然成为一种风尚。

清朝刘熙载在《艺概》中将意境从审美风格上划分为四类，即"花鸟缠绵，云雷奋发，弦泉幽咽，雪月空明"。这看似简单的自然情景却并非那么简单，它们被赋予了人类意识，分别代表了明丽鲜艳的美、热烈崇高的美、悲凉凄清的美、和平静穆的美，也可以说包含了人生所有的体验。宇宙本就是一种生命形式，意境本就是生命律动的表现，在这里，人与自然的甬道被打通了，自然现象已经升华为人生境界。乡村极具生活气息，却又跳脱于人间烟火之外，俨然一个世外桃源，这里的一瓦一檐、一溪一河仿佛都脱离了喧嚣而沾染了空灵。游客身处或恬静或壮观的乡村景观之中，心却在宇宙之外思考人生思考生命，心生感慨之余以更加放松的姿态拥抱自然享受生命。

三、返璞归真的人生追求

（一）"天人合一"与现代乡村旅游

人与自然的关系，是历史悠久的命题。若把整个世界史分成农耕文明、工业文明和后工业（即信息时代）文明三个阶段，那么农耕时代的人类以不自觉的状态保持自身与外界自然的初级和谐；工业文明以人类与自然的尖锐冲突和抗衡为特征，其结果是人类在极高的程度上主宰自然，征服自然，它既造就物质文明的奇观，又污染了自然使地球生态失衡；后工业文明则试图在更高的层次上回归（螺旋形上升）到人与自然的传统和谐之中。如今的世界，与工业文明相契合的征服自然的观念，其正确性已开始受到怀疑。人类并不具有一种超自然的力量。梦想以主宰自然的巨人气概和胆魄去改天换地，最终往往会受到自然规律的严酷报复。目前，人类形成的共识是把最先进的科学技术和田园诗般的绿色生态环境结合在一起。

乡村旅游表现出突出的回归自然和回归传统的大趋势。灵山秀水，花香鸟语，美不胜收的田园风光诱使旅游者进入"相看两不厌"的赏玩境界。参与旅游，便是与山峦、河流、顽石、洞穴沟通，与植物世界和动物世界对话，彼此交融，和平共处。回归自然和传统的心态，有助于旅游者在一定程度上克服"主宰自然"的工业文化形态的片面性，有助于增强生态保护意识。人在美景中，人类对自然的爱也成为自然的有机组成部分，如此"天人合一"的境界当然是美不可言的。

（二）乡村旅游中实现人生超越

回归自然、回归传统的乡村旅游，顺应了人与自然和谐统一的趋势，因而具有无限的审美魅力。以美感相伴随，在欣赏乡村景观时，自始至终地与具体生动、清真无瑕的感性形象联系在一起，外在形象的直观性和内在心理的愉悦性的融合，使旅游过程具有多重的人生超越。

1. 复归人类自然本性

人类起源于自然，并且至今仍是自然的一部分，文明的人类无意识地驱使自己去寻找自然的"根"。都市化的进程使越来越多的人摆脱了往日农耕文明状态的贫穷落后，也日益隔绝了与自然化生活空间的触觉联系。在这个自然世界中的人们，整个身体都感触传导的是亲近自然、回归自然的信息。由于张力同构的作用，人的自然机体会受到调节，进入有序而活跃的运动状态，人的自然意识会被激活而汇入情景交融的心理模态，人的自然人性会油然充溢于整个胸臆，从而变得温文尔雅、爱意无限起来。从这个层面上就能理解，人们为什么在辛勤劳动之余，会选择乡村旅游作为恢复精力、重振斗志的积极休息方式。

2. 凸现人类个性特征

世界上没有两个气质性格完全一样的人。艺术理论告诉我们，个性是艺术的生命，雷同是创作的大忌。人生艺术化，也意味着人生存在状态的不可重复性。风格鲜明的个性总是美好的、引人注目的，尤其在当代。

乡村旅游中宽泛意义上的自然美扎根于大地，散发出泥土的淳朴气息。以此为现实诱因，极易促使旅游者卸下社会化的面具，刺激原本根深蒂固的个性特征的复活，从而使人陶醉于"情景交融，物我两忘"的审美境界。其间所"忘"的，准确地说是暂时的抛却。于是，人们在忘乎所以中找回了真实的自我。

其实，从旅游美学的角度分析，游客间心灵开放度较大，与纯真自然促使真实自我复现不无关系。李白的诗"酒逢知己千杯少"，如果做反向理解，酒暖人心，"千杯"之下出"知己"。把盏畅饮，对酌者即使是陌路初相逢，也极易成为知己。

3.升华人格力量

内在精神文明的建设，可以通过知、情、意三个途径进行。人们的审美活动，包括乡村旅游时的忘情于山水，用"随风潜入夜，润物细无声"的潜移默化方式，引导审美者高扬志气、澄静心胸，产生陶冶情操和修身养性的效果。山水美感流动于胸臆的过程，移化着审美者现有的心理格局，这种人格的假定性超越，可以被视为现实性超越的诗意"预演"，如此三番五次的反复，就有可能成为崭新的人格因素而被固定在审美者的心里，成为优秀的人格精神系统的一个有机组成部分。登临泰山，迸发"会当凌绝顶，一览众山小"的壮志豪情；畅游桂林，领略"江作青罗带，山如碧玉簪"的灵气秀色。特定时空中的旅游者的内心，势必会为特定山水景观的美学韵味所灌注。反复体验性质类似的审美情感，其心理过程所指向的，便将是完美的人格境界。

4.回归人类精神家园

人是要有点精神的，这"精神"的基本含义，不仅指充沛的精力、高昂的斗志，而且包括受精神牵引的人类文化归宿。19世纪的德国哲学家费尔巴哈就曾说过，只有回到大自然，才是幸福的源泉。中国古代老庄的自然哲学、美学，同样主张人与自然的沟通，置身自然，领悟天地万物间的无限自由。

显然，回归自然并非简单地复制粗糙的农耕生活方式，而是昭示着人类站在当代文化的制高点，反观历史，高瞻远瞩，以寻求不无《桃花源记》色彩的人生乐土，缭绕着田园清音的精神家园。

四、"生熟相济"的注意取向

旅游者对景观对象的选择，基本取向是既熟悉又陌生。从主客体关系上分析，熟悉，是因为外在自然物象和人文事象与旅游者的人生经验有关，因此才显得非常亲切；陌生，这是因为特定物象和事象超出旅游者的经验范围，所以才感到出乎意外。从心理学的角度上看，前者是证同效应，在感知和体验过程中，通过将自身经验和外在景物形象进行比较，证实其真实性；后者将诱发求异效应，两相比较，一时难以通过经验对外部形象产生认同，于是感到新奇，因感到新奇而产生进一步注意的兴趣。

1."似曾相识"的兴趣

相比较而言，证同心理尤其值得关注。所谓证同心理，产生于主客体的一致性。当外部世界的客观属性与主体的意向、表象和情感反应趋向之间具有某种程度的一致性（共同性）时，就会诱发注意，产生共鸣，进而留下难忘的印象。

人们往往对自己所熟悉的对象产生兴趣，引起注意。一点儿也不熟悉，势必兴趣索然，降低注意效率。例如，乡村的古镇聚落、传统民居、乡村习俗等传统文化景观，与现代城市建筑、居家、生活习惯等城市文明都有着千丝万缕的联系；有的城市居民就是来自乡村，对各种乡村传统文化有着一种抹之不去的亲切感；还有现代城市人受到各种传统文化思潮的影响，对乡村传统文化也有所认识。这样的"似曾相识"自然引起人们的兴趣。

2."人生面不熟"的好奇

人们往往有一种好奇心理。"无巧不成书""人要直，戏要曲"，这些文艺谚语，既是创作经验的总结，也是人们好奇心理的表露。

对于流行时尚型的文化产品，包括某些旅游景点产品，如要适应人们的探奇览胜需求，必须在形式上付诸极大的创新努力，给人以耳目一新的感觉，不然，消费者市场就会不买账。流行要靠形式奇特打天下，时尚总是离不开外表的标新立异。

乡村旅游产品单极化地走流行和时尚的路线，也能赢得市场，但是赢得游客注意的成本将会比较高。更为关键的是，这种旅游产品的生命周期会比较短。所以，作为旅游经营组织，要出奇制胜地引起市场关注，不仅需要形式创新，更关键的是内容创新，在耐人咀嚼的意蕴内容提炼和载体化表现上下功夫。

3.熟悉感与陌生感

熟悉感与陌生感是一对心理矛盾。正是这对心理矛盾在相互制约着注意，才引起人们的兴趣。以审美过程为例，通常人们被"熟悉的陌生人"所诱发的，是一种古人所说的"生熟相济"的心理。"似曾相识"和"人生面不熟"，两种感受有机地交织在一起，由此可构成激发和保持审美兴趣的心理动力。因熟悉而证同，因陌生而求异，这是人们注意心理的两个互为依存的侧面。人们的出游动机被激发的原因，也正在于外部世界吸引物的"似曾相识"或"人生面不熟"，或生熟相济。

第二节　乡村旅游文化学的基础理论

冯年华认为，乡村旅游文化学是"研究乡村地域范围内旅游文化系统的基本要素的组成、结构、体系和功能，以及在乡村旅游活动中休闲观光旅游和乡村文化的相互结合、相互渗透和相互转化规律的科学"，提出"乡村旅游文化学是用文化学的原理和方法对乡村区域范围内的旅游现象和问题的文化学层面进行'事实'研究的一门学科"。

一、旅游文化的整合

（一）旅游文化整合的现实意义

文化整合是人类历史上客观存在的普遍现象，是将渊源不同、性质不同以及目标取向、价值取向不同的文化，经过相互吸收、融化、调和，实现功能上的协调。文化整合既是特定区域文化建设和发展的过程，也是其文化建设和发展的结果。从文化整合的视角研究旅游文化，就是要避免传统的就旅游文化而论旅游文化的习惯思维，准确把握旅游文化的本质属性，从一个更深的层次来挖掘旅游文化的内涵，提升旅游文化的品位，更好地发挥旅游文化在经济社会和人民群众物质精神文化方面的功能。旅游文化整合的重要意义如图 4-1 所示。

有利于充分发掘旅游地文化内涵，提升文化品位

旅游文化不是一种自发的文化状态，是经过人工再造的文化，其整合过程是旅游文化适应时代发展、与时俱进的现实体现，也是旅游文化建设与物质基础、社会发展进步的有机结合，它追求的是旅游文化自身的发展与完善，强调的是一种文化精神，体现的是文化内涵。通过旅游文化的整合，有利于各种具体的旅游文化形态之间展开交流与互动，进一步挖掘其文化内涵，提升旅游地地文化品位。

有利于开发旅游产品，打造地域旅游特色，塑造旅游地整体形象

旅游文化整合的首要任务是在考查旅游者需求的基础上，为旅游者设计、开发出能够吸引和激发旅游者消费动机、具有民族特色、体现地方文化内涵的旅游产品，并从地脉、史脉、文脉等三个层面，打造旅游地特色，塑造旅游地整体旅游文化形象。

有利于充分发掘旅游地文化内涵，提升文化品位

旅游文化的整合，要以可持续发展理论为指导，以保持生态系统、环境系统和文化系统完整性为前提，体现"以人为本"的思想，强调人与自然相和谐的理念，这与区域旅游规划的理念一脉相承。旅游业是消耗能源和资源的产业，是使用土地的产业，旅游规划不仅仅要关注旅游者、旅游业，更重要的是关注地方居民。如果说20世纪后期兴起的旅游规划更多关心的是如何吸引旅游者到一个特定旅游目的地去旅游的问题，注意力集中在如何搞好市场开拓和促销活动以吸引更多游客方面，那么21世纪的旅游规划则需要承担社区发展地责任，将旅游融入城市、社区和乡村的发展之中，保护与永续利用自然与文化资源，保证旅游业实现可持续发展。

有利于促进区域经合作，提高区域旅游整体竞争力

文化是灵魂，经济是血肉，把文化力注入经济变革发展中去，必将对社会经济的发展产生巨大的推动作用。在许多情况下，区域经济合作与旅游文化整合是相辅相成的，旅游文化整合本身就是经济合作的形式之一，通过旅游文化整合可以把不同的经济资源串联起来，将区域商、旅、文、经的市场打通，加快客流、商品流、信息流、资金流的运转，从而产生良好的效益。通过旅游文化的整合还可以在一个区域共同体内，将不同的旅游文化力凝聚起来，以优秀的旅游文化产品去投入国内旅游文化市场和国际旅游文化市场，提高区域旅游文化在国际、国内的竞争力。

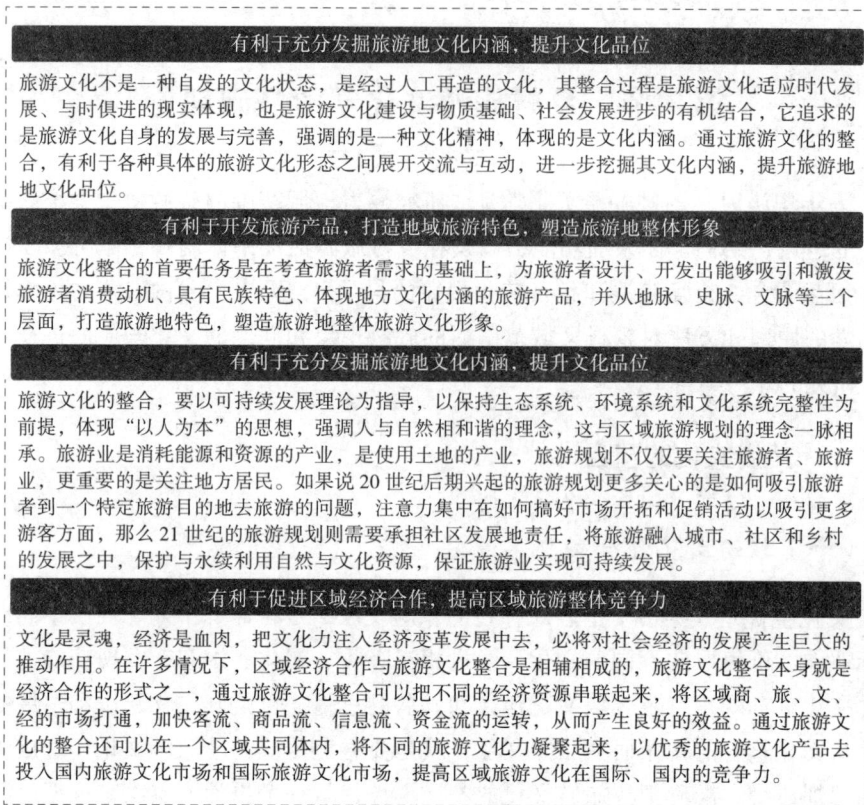

图 4-1　旅游文化整合的意义

（二）旅游文化整合的主要内容

1. 旅游文化产业的整合

和所有文化产业一样，旅游文化产业是一种兼具商品和文化特质的产业，是商业价值和文化价值的集合体，因此旅游文化产业的发展可以同时提升区域的硬实力和软实力，这是一般产业所不具有的功能和价值。

从文化整合的角度看旅游产业的发展，首先，要把旅游文化资源和优势转化为旅游文化产业，并将其作为重要的战略性产业来抓，全力提升旅游文化产业的国际竞争力。其次，要推进旅游文化产业结构的调整。当代旅游业的竞争主要是旅游文化方面的竞争，人们对旅游资源、旅游服务的需求更趋向于文化性强、科技水平高、富于参与性的项目。旅游文化产业结构的调整，要着眼于未来旅游产业高级化的发展，从提升文化品位，丰富文化内涵，顺应世界旅游文化产业发展趋势的角度调整旅游文化产业结构。第三，要加强旅游企业组织结构的调整，提升旅游企业的文化功能。目前，我国旅游产业的组织结构尚不合理，在全国范围内网络化经营的大型企业或企业集团的数量很少，而且大多是单体经营，地域性色彩浓重。尽管在有些地方也形成了区域性的产业集团，但它们主要是通过行政资产划拨的方式直接组成的旅游集团，而真正的类似于国外的跨行业、跨地区的大型的旅游集团还未形成，必须积极优化旅游产业的组织结构，以低成本的合作或重组，实现企业的跨区域、跨行业发展，在全国实现网络化、集团化经营，为旅游产业组织的改造创造条件。旅游企业结构调整的过程，也是企业文化整合的过程，企业文化整合模式是否合适，关系到能否建立优秀的企业文化，能否充分发挥旅游企业的文化功能，能否真正实现旅游企业结构的优化调整。第四，旅游文化产品地域结构的调整。产品是构建区域市场的基本因素，要根据旅游市场条件，重点培植和开发旅游文化的名牌产品、拳头产品，合理调整产品的地域结构，形成区域性旅游文化产品优势，建设互补和共享的区域旅游市场。

2. 旅游文化资源的整合

旅游文化资源是具有旅游吸引力并能够体现人类文化内涵的自然旅游资源和人文旅游资源的总和。新时期，国内外旅游业的发展已经进入一个全新的发展阶段，旅游业的发展面临着新的机遇，进一步加强旅游文化资源的整合，实现旅游文化资源市场价值最大化和综合效益最大化，是旅游业可持续发展的必然要求。

对自然旅游资源和人文旅游资源进行整合，首先，要建立在对自然旅游资源的调查、分析和评价的基础上。其次，要根据区域内不同地区的旅游发展水平和旅游资源特色的差异性，对其旅游资源给以不同的功能定位，优势互补、互为依托，以满足游客不同角度、不同层面的需求。第三，要对自然旅游资源的形象特征、色彩特征、声音特征以及动态特征进行整合，赋予其文化内涵，把自然景观中的寓意和寄托着的人类情感提炼出来，加以主题命名。主题命名要富有文化意蕴，既揭示出景观的主题形象，又表达出特定的意境和氛围，唤醒人们的旅游意识和欲望。人文资源的文化内涵是固有的，重要的是进行保护和发掘整理工作，如长城的千年兴废往事，给人提供了无限想象空间，令人为之神往。景以文显，文以景传，相互映衬，共同传递着强烈的旅游文化信息。第四，把两类资源当作一个和谐统一的整体来考虑。在一定的地域范围内，各旅游地在空间上呈现分散状，每个旅游地的旅游经济活动都具有相对独立性。而当各旅游地在旅游市场这一共生界面中相互促进共同发展时，这些旅游地也就不再是孤立、分散的个体，而是形成一个区域旅游综合体，在一个有序整体中寻求双方或多方的共存共享和互惠互赢。

3. 传统旅游文化与现代旅游文化的整合

中国的旅游资源，无论是自然旅游资源还是人文旅游资源，都具有深刻的文化内涵，这是中国历史文化发展历程中文化因素长期积淀形成的。将传统旅游文化与现代旅游文化进行有机的整合，一是要对当地传统文化进行深入研究和对传统文化内涵进行深刻挖掘，有利于传统优秀文化的发展和传播。二是要充分展示传统旅游文化的现代价值和人文魅力。比如，中国传统草原旅游文化在向现代文明进展的过程中，既要保持和张扬自己固有的文化传统，又要积极吸纳现代文化的有益因素，参与和融会到城市化生活方式中，实现内容到形式的不断更新。既要使游牧生活方式以及由此形成的礼仪、习俗、性情、观念等，依然以其鲜明的特色展示草原旅游文化的风貌，更要使传统草原旅游文化增强适应性和创新性，保持奔腾的活力。三是要重视现代旅游文化的建设，积极开发现代旅游文化项目。旅游文化重在建设，贵在创新，在开发旅游资源、发展旅游产业中固然需要打历史文化牌，但也要防止盲目模仿、搞一窝蜂、吃祖宗老本、唯古是从、唯古就好的倾向。时代在发展，人们对旅游文化的需求也在不断变化和呈现多元化。除了对历史文化开掘外，现代的时尚文化也应在旅游产品中占有一席之地，新的主题公园、现代高科技的旅游项目、对异域旅游文化的借鉴等，都应该进入旅游文化建设的视野。

4. 区域旅游文化的整合

进行区域旅游文化整合，首先，要区分各类旅游文化资源的层次性，抓住区域旅游文化中最本质的内容，深入发掘区域旅游文化的特点，有目的地进行区域旅游形象定位，使旅游地形象更突出和鲜明。其次，要着力构建区域旅游文化整体开发的格局。在整体开发中，应注重地域之间的联系，在整合中以资源为依据，以市场为依托，充分考虑区位的关联，注重开发整合中的层次性，在整合中强调特色，在开发中强调层次。比如，对江苏旅游文化的整合，可将江苏分为三个一级旅游文化圈，即以徐州为中心的楚汉旅游文化圈，以苏州和无锡为中心的吴旅游文化圈以及以南京为中心的体现多个朝代历史文化的古都名城旅游文化圈。开发以徐州为中心的楚汉文化，来带动淮安、宿迁旅游业的发展；开发以南京为中心的古都名城文化来带动扬州、泰州等地旅游业的发展；开发以苏州和无锡为中心的吴文化，来带动常州、南通等地旅游业的发展。第三，加强区域旅游文化组织和市场的整合。遵循旅游文化发展的规律，打破条块分割，营造有利于多种旅游文化组织共存共荣的旅游市场环境。建立区域内旅游业协调发展的机制，提升区域旅游业整体发展的实力，应对全球性的区域之间旅游业发展的竞争。

乡村旅游地应通过文化整合来提升特定旅游地文化的免疫力，避免被游客尤其是西方游客文化"麦当劳化"（"麦当劳化"最早是由社会学家乔治·里兹于 1993 年提出来的，原意是指快餐工业的经营方式逐渐统治社会上越来越多的行业的过程，如今越来越多的文献用它来比喻西方文化对经济落后地区地方文化的入侵和同化的过程），还要在具体实践中凝练文化精粹并加以保护与开发，从而提升旅游目的地文化的认同感，将当地传统文化内涵融入现代景观，保持旅游文化的独特性，让游客产生真实的文化感受。

二、旅游文化的创新

（一）旅游文化创新的意义

关于旅游文化创新的意义，主要有图 4-2 中所示的四个方面。

进一步优化配置文化资源，提高资源利用效率

中国已经成为世界重要的旅游目的地，旅游的迅速崛起，已经构成我国发展进程中一道亮丽的风景线，旅游活动推动了人们消费观念、价值观念和审美观念的转变。旅游文化因这些变化的发生而得到丰富、充实和创新，并使旅游管理、旅行社管理、饭店管理等因为受到来自不同文化环境模式的影响而发生整合变化，从而进一步改善了旅游人文环境，使旅游文化创新成为一个有多元主体参与、有多种创意资源流动的开放的创新系统，并激发其作为"创新母质"的孵化作用。

有利于打造旅游文化特色，塑造旅游品牌

旅游文化创新的一个首要任务是在实践中反思现有文化的缺陷和局面，创造新的、包容古今、吸取中外、符合时代要求、顺应历史发展的中国旅游文化，从而设计出能够吸引和激发旅游者的旅游动机，既具有民族特色、体现地方文化内涵，又融入国外一些先进文化的旅游文化产品，打造旅游文化特色，塑造旅游文化品牌。

有利于形成新的文化创意产业，获得经济效益和文化效益的同步增长

自 20 世纪以来，中国人一直纠缠在传统与现代、东方与西方、保护与创新的纷争之中，旅游文化在开发过程中，"整旧如旧""原汁原味""全面真实地恢复历史面貌"一直是旅游文化创新的观念阻力和行动障碍。旅游文化必须创新才会有生命力，才能显现市场价值。作为文化创意产业的一部分，旅游文化的创新程度决定着文化创意产业的竞争能力。旅游业不是一般的旅游事业，而是带有很强文化性的经济事业，旅游业要取得经济效益就要凭借旅游的文化性。旅游文化创新是现代旅游发展新的经济增长点，是旅游业可持续发展的源泉。

有利于提高国家的文化软实力

文化软实力实际上是指文化本身所弘扬出来的那种创造生存的力量，又称文化创造力。文化创造力是民族生存的根本动力，文化创造力包括物质文化创造力和精神文化创造力。旅游文化作为国家或民族文化软实力的一个重要组成部分，只有敢于创新才能适应当代世界旅游业的发展。能够在全球融合的平台上与各国旅游文化进行平等的、立体的多元开放的交流，并在这种全面开放的交流碰撞吸收中，创新我国旅游文化的内涵，提升旅游文化的精神品质，以提高国家文化软实力的总体水平，这是我国旅游文化创新的最终使命。

图 4-2　旅游文化创新的意义

（二）旅游主体文化的创新

旅游文化是以旅游主体的本质完善为主线的综合性的文化样式，是旅游主体为了追求人性的自由和解放、塑造完善的文化人格及民族旅游性格，实现对自然的超越和回归以及对社会的推进和发展，在旅游客体和旅游中介体的参与下，进行历史时段的永恒超越和文化空间的暂时跨越时，所形成的各种文化事象及其本质。由此可见旅游主体在旅游文化中的核心作用。

旅游主体文化即旅游者在旅游活动过程中，通过人际交往表现出来的各种文化形态，以及在和旅游客体进行交流、发生关系时感受到的文化差异，它体现为旅游者的各种文化需求和情趣。旅游主体文化的创新就是人的创新。

1. 更新旅游主体的旅游文化观念

旅游文化创新首先是旅游主体的旅游文化观念更新。从一定意义上说，旅游文化创新的程度取决于旅游主体所具有的创新思维和创新意识。没有旅游文化观念的更新，也就没有先进旅游文化的创新。更新旅游主体的旅游文化观念，就是适应现代旅游业发展的要求，改变传统的旅游文化观念，让旅游是最基本的现代大众的生活方式这一观念深入人心，让旅游文化是一种消费性文化、一种生活文化的观念为广大旅游者所接受。要不断赋予旅游文化以新的内涵，升华旅游文化理念，让生态旅游、绿色旅游、红色旅游等旅游文化的新观念普及广大旅游者。旅游文化只有与人民生活息息相通，为人民所喜闻乐见，才是有持久生命力的文化。

2. 提高旅游主体的文化素质

只有文化才能赋予人的活动以价值和意义，脱离人和文化背景的发展是一种没有灵魂的发展。只有旅游者文化素质的提高才是旅游文化创新的真正内涵。旅游者不仅需要得到旅游商品和服务，而且更需要过上充实的、满意的、有价值的和值得珍惜的旅游生活。旅游者如果没有一种超越性的精神思考和追求，就不可能真正从内心深处体会区域旅游文化的内涵与价值。旅游是集娱乐、审美、求知、交往于一体的综合性文化活动，没有一定的文化修养，旅游经历难达完美。因此，我们可以说，旅游主体的文化素质决定着一个区域的旅游质量和旅游规模。提高旅游主体的文化素质包括丰富旅游者的自然知识、人文知识和社会知识，它一方面有待于基础教育的发展，另一方面有赖于旅游业本身的帮助。

3. 提高旅游主体的旅游审美和鉴赏能力

人类天生具有好奇心，具有求美、求新和探索的本能。旅游者的审美、寻奇需求总是贯穿于整个旅游过程中，他们希望在旅游生活的每一个环节上凭着自己的生活经历和知识积存去欣赏客观景物，使进入视野的外在景观形式，通过感知的自动筛选，与自己的某种情感结构联系起来，在以物抒情或寄情于物的心理活动中得到特殊的审美体验。旅游者这种审美和鉴赏能力的高低决定着旅游质量的优劣。

由于旅游者来自不同的国家、地区和民族，他们的职业、年龄、价值观念、知识结构、文化修养等千差万别，其旅游审美鉴赏能力也不一样。旅游审美鉴赏能力的提高与旅游者的丰富联想、想象密切相关，没有一定的历史、文学、地理等知识，就不可能产生联想，不可能获得美的体验。所以，知识就像通行证，风物景观就像是一座艺术殿堂，没有知识这张通行证，就无法进入这座艺术殿堂。

总体而言，旅游主体文化的创新，主要在于旅游主体自我意识的觉醒，用现代旅游的理念改造自己的思想，用科学文化知识来提升自己的素质。同时，旅游主体文化创新不但是旅游者的责任，也是全社会的责任。

（三）旅游介体文化的创新

旅游介体文化是旅游主体文化和客观文化的媒体，是主客体文化的桥梁，在旅游活动的全过程中，旅游介体文化起着重要的作用。旅游介体文化包括旅游行业文化和旅游企业文化。旅游行业文化主要通过健全有关行业管理的行规会约，营造有利于旅游企业健康发展的外部环境以及合理规划旅游企业的布局规模和风格来提高。旅游企业文化，是指旅游企业在生产经营和管理活动中所创造的具有本企业特色的精神财富及其物质形态，它是一个完整的体系，包括企业价值观、企业精神、企业伦理道德、企业风貌与企业形象等内容。这里讲的旅游介体文化主要是指旅游企业的文化。

我国的旅游业发展速度很快，旅游业已经成为国民经济新的增长点，促进了经济结构的调整，带动了相关产业的发展。但是，与我国旅游业迅速发展状况形成巨大反差的是，我国旅游企业成长的速度相当缓慢，旅游企业的组织结构极为不合理。究其原因，其中重要的是我国的不少旅游企业还不够成熟，尤其是还没有在企业文化的建设和创新上下功夫。

随着我国旅游业的发展和旅游市场竞争的加剧，旅游企业要想更好地获得可持续发展的空间，并在市场经济环境中成功经营，在很高程度上需要依靠企业文化的建设和创新。追求卓越的旅游企业文化，进行高品质的企业文化建设和创新是现代旅游企业适应市场竞争的内在要求，是提高管理水平，优化管理模式，获得可持续发展的最根本保证。

（四）旅游客体文化的创新

旅游客体是旅游者进行旅游活动所面对的对象。旅游客体文化即旅游资源文化，包括自然旅游资源文化和人文旅游资源文化。作为旅游客体的旅游资源是旅游业赖以生存和发展的物质基础和条件，是旅游产品和旅游活动的基本要素之一，没有旅游资源就构成不了现代旅游活动。一个国家或地区的旅游吸引力，主要来自旅游资源的特色，而这种特色在很高程度上往往取决于资源的文化含量及其独特性。没有旅游资源文化，就无法构成旅游文化。

旅游资源文化创新的目的是充分挖掘旅游资源文化内涵，合理开发利用旅游资源，建设具有浓厚民族特色和深厚文化意蕴的景点、景观和景区，提升旅游资源的"垄断性"，提高旅游市场的竞争力。充分挖掘旅游资源文化内涵，一是要把没有挖掘出来的文化内涵努力挖掘出来；二是已经挖掘出来的要进行进一步的提炼和升华；三是注意挖掘因旅游发展所孕育的新旅游文化。

1. 自然旅游资源文化内涵的挖掘

自然旅游资源是由地质地貌、水文水体、气候气象和动植物等自然要素天然形成的环境资源，其特有的天然禀赋，使自然旅游资源拥有人文旅游资源所不具备的独特魅力，符合人的审美情趣，成为旅游者的某种理念和情感的载体，自然旅游资源的文化内涵体现在审美文化和附会文化中。

自然旅游资源文化内涵的挖掘一般从三个方面着手。一是科学性。各类自然景观都是客观存在、体量不同、形态结构各异的科学实体，也是人们认识自然、研究自然，进行科学考察的理想场所，要认真研究其形成、发展和演变的内在规律，揭示其蕴涵的科学原理和各种各类自然科学知识。二是审美性。自然美的文化内涵是人类自然审美感受的总结与升华。自然旅游资源对旅游者产生吸引力最原始的出发点就是它的自然美与和谐美，旅游开发者要善于从多方位的视角去欣赏它，并通过发挥想象力进行发散式思维发现其美的特征。三是旅游附会文化的挖掘。旅游附会主要是指赋予旅游地自然景观具有一定公众基础的神话传说、民间故事、名人逸事等，为旅游地注入文化和历史内涵。旅游附会不是牵强附会地胡乱拼凑、篡改，而是要求在原有的基础上糅合时代特征和要求，以一种新的形式和新的"比例"再现某种历史面貌。附会文化可使人们由对自然景观的单一造型审美转向更加丰富多彩的人文审美，从而增加自然审美的文化内涵。

2. 人文旅游资源文化内涵的挖掘

人文旅游资源以历史遗迹和现代人文景观为主体，本身就是一方文化的积淀，是人类创造的物质文化和精神文化的直接体现。人文旅游资源的文化内涵在旅游资源开发中是决定旅游产品的品位、级别及其生命力的首要因素。挖掘人文旅游资源的文化内涵是一项复杂的系统工程，通常从三个方面着手。第一，对历史遗存类人文旅游资源，重点从历史的角度挖掘该旅游资源在各个历史时期的发展状况和它们的史学价值，并注意从历史遗存的存在现状研究其艺术特征，包括绘画、雕塑艺术、建筑艺术、书法艺术、设计艺术，要做到尊重历史，忠于事实，尽量恢复其本来面目，保持传统文化的本质特色。第二，对现代人文景观类旅游资源，着重从科学、艺术和文化综合的角度进行研究，力求避免常年固守其原有的文化内涵，而忽略对其文化内涵的拓展和延伸。只有通过对现代科技、文化和艺术的深入挖掘，不断地丰富和发展其新的文化内涵，才能使旅游产品在成熟期内成功地进行更新换代或者不断地改造升级，从而一直保持其旺盛的生命力。第三，在人文旅游资源中还有一种以抽象人文吸引物为主体的社会旅游资源，对这类人文旅游资源文化内涵的挖掘着重是通过其所表现出来的异质文化传统、地方方言文化、居民风俗习惯来提炼出某种文化精神，以此来启迪游客的思维，给客不同程度的满足和享受。

乡村旅游文化不是旅游和文化的简单叠加，也不是多种文化要素的简单拼凑，而是乡村旅游与乡村文化的全面结合，两者相互作用，相互影响。文化的本质在于创新，在乡村旅游发展实践中，必须将文化因素视作产业发展的"灵魂"，不断探索和丰富乡村旅游文化学的研究体系，推进乡村旅游文化理论与实践研究，促进我国乡村旅游的可持续发展。

第三节 乡村旅游文化体系的构成

著名的文化人类学家马林诺夫斯基提出了著名的"文化三因子"说，该学说将文化划分为物质、社会组织、精神生活三个层次，这三个层次既有相对独立性，又彼此相互依存和相互制约，构成一个有机联系的文化整体。借鉴赛江涛、乌恩的观点，我们可以将乡村文化体系解构为乡村物质文化、乡村制度文化和乡村精神文化，具体如图4-3所示。

乡村文化 {
　乡村物质文化 {
　　乡村田园文化
　　乡村聚落文化
　　乡村建筑文化
　　农耕场景
　　乡村饮食文化
　　乡村手工艺文化
　}
　乡村制定文化 {
　　乡村权力制度
　　乡村礼仪文化
　　乡村布局文化
　}
　乡村精神文化 {
　　乡村节目文化
　　乡村家庭生活文化
　　乡村艺术文化
　}
}

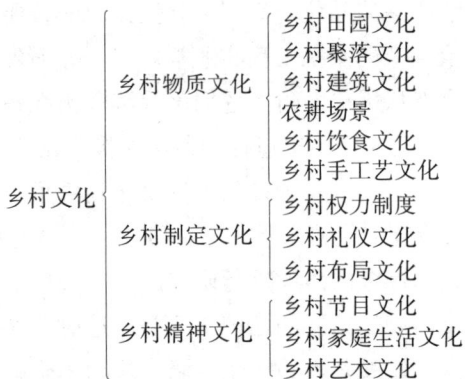

图 4-3　乡村旅游中的乡村文化素材构成

一、乡村物质文化

乡村物质文化是乡村生活所创造的物质产品及其所表现的文化，具有可视性、可触性特点，包括乡村的田园风光、乡村聚落、房屋住所、劳动工具、生活器具、服饰以及手工艺品等，它们是乡村物质文化的外在表现形式。

（一）乡村田园文化

在乡村旅游活动中，旅游者首先感受到的是乡村田园景观。我国地域辽阔，地形、气候类型复杂，自古以来人们因地制宜，采取不同的耕作方式，形成了多种多样的田园景观，依据地理区位的不同可分为沿海渔业景观、江南水乡田园景观、平原田园景观、丘陵盆地田园景观、畜牧草原景观、高原田园景观等；依据作物的不同可分为茶园、花卉园、竹园、荔枝园、瓜园、枣园、桃园等。乡村田园景观展现出恬静而和谐、淳朴而生意盎然的韵律，因而成为城市居民精神和情感上的"寻根之处"。

（二）乡村聚落文化

聚落是人类聚居的基本空间环境，是人居环境研究的基本单元，分为乡村聚落和城市聚落，而乡村聚落是乡村人口进行生产和生活的基本场所，是由住宅、街道、道路等各类生产和生活设施构成的空间单元，其中以古村落为典型代表。我国人地关系复杂，地域文化丰富多样，乡村聚落景观呈现多元化特色，仅就南北乡村聚落来看，在结构、形式上就有很大的差别。例如，华北乡村聚落大多以四合院、三合院为主，聚落的规模大，密度稀，这与华北地区地势开阔及农耕方式有关。华北地区主要是旱生作物，受到的管理照料要比水稻田少得多，村庄可以远离耕地，并集中聚居。而江南丘陵地区的乡村聚落则规模小、分布散，主要是因为丘陵和山区地表破碎，耕地分散，为了种植的便利，形成了许多分散的小聚落，仅在一些河流冲积平原和盆地有较大村落分布。可见，自然环境对聚落的分布产生了直接的影响。古村落大都以天然山水为依托，重视地理环境的选择，充分认识自然，服从于自然以至利用自然，而后源于自然，融入自然及改造自然。

（三）乡村建筑文化

乡村建筑属于"没有建筑师的建筑"，是一种土生土长的乡村文化与精湛技艺相融合的结晶，人伦之美、人文之美在其中表现得淋漓尽致。我国的乡村建筑千姿百态，有华南沿海的骑楼、客家五凤楼、围垄及土楼、西南少数民族的竹楼、黄土高原的窑洞、青藏高原的碉房等乡村民居建筑；也有气派恢宏的祠堂、高大挺拔的文笔塔、装饰华美的寺庙等乡村宗祠建筑。传统乡村建筑的集合体——乡村聚落，如江西的流坑古村、江苏的周庄、浙江的诸葛村、福建的客家围屋、皖南的宏村、西递等已成为深受游客喜爱的旅游地。

（四）农耕场景

我国的农耕文化源远流长，以商鞅"垦草"为代表的农耕思想与"重农抑商""耕读为本"的儒家思想代代相传，历经数千年的浸润，形成了中华文明和文化的重要组成部分——农耕文化。乡村"天人合一"的环境，田畴、农舍、篱笆、鱼塘，窗含新绿，户对鹅塘；宁静舒缓的生活节奏，"日出而作，日落而息"，如炊烟轻袅，如闲云舒卷；水车灌溉、围湖造田、渔鹰捕鱼、采藕摘茶等农事活动，充满着浓郁的乡土气息，构成一幅幅田园韵味极浓的农耕画面，勾起游人浓浓的怀旧情感，使其沉浸于陶渊明般的回归感叹之中。

（五）乡村饮食文化

"靠山吃山，靠水吃水""就地取材，就地施烹"是乡村饮食文化的主要特色。朴实无华的农家风味、自然本味，由于其鲜美、味真、朴素、淡雅，成为当今人们追逐的时尚。风鸡、醉蟹、咸鱼、糟鱼、腌菜、酸菜、豆酱、芋艿、豆荚、窝窝头、玉米饼、山野菜……能够满足现代人的"尝鲜"心理，人们在品尝这些乡野美味时，闻到了乡村的清香，吃到了山野的滋味，给平常生活添进了不平常的感觉。另外，乡村饮食独特的制作风格、饮食习俗中"相与而共食"的人生境界、追求诗意的宴饮情趣等，都吸引着城市游客去参与和体验。

（六）乡村手工艺文化

乡村手工艺与乡村生活紧密相连，直接反映出乡村地区的文化特性和审美情趣，因而对游客具有很大的吸引力，如乡村的泥人工艺、木版年画、彩灯、剪纸、手编花篮、手工刺绣、皮影、风筝制作等。有的游客参观了手工艺品的生产制作过程，或者参与了制作过程的某个环节，因此购买的手工艺品蕴涵着他们的亲身体验，具有其本人才能感受到的难以忘怀的情感回味，其购买的意义已经超过了手工艺品自身的价值。

二、乡村制度文化

制度文化是人们为适应人类生存、社会发展的需要而主动创制出来的有组织的规范体系。

乡村地区在长期的历史发展过程中，为维护乡村社会的稳定、秩序而约定俗成许多的伦理道德及礼仪规范，这些伦理道德和礼仪规范有的带有封建色彩，但在"去其糟粕"之后，很多素材可成为独具特色的旅游资源。

（一）乡村权力制度

乡村权力制度是指乡村在长期的历史发展过程中，为防御或维护乡村的凝聚力、树立乡村形象而约定俗成的权力规范。乡村权力制度由权力主持人（一般由族长或具有较高文化修养的人担任）、权力组织、权力奖惩制度组成。在一些古老村落，一旦某位村民有功或犯戒，权力主持人就会组织权力组织讨论，然后在乡村祠堂实行奖惩。游客通过对乡村的这种公共选择制度的认知，体会乡村的凝聚力、亲和力，对其维护和发展在现代社会中的人际关系具有启迪意义。

（二）乡村礼仪文化

我国素有"礼仪之邦"的盛誉，礼仪在传统文化中占有突出的地位。乡村礼仪源远流长，千头万绪。例如，乡村的人生礼仪包括诞生礼、成年礼、婚礼、寿礼等；农业生产的播种、耕耘、收获、春储每个阶段都包含各种仪俗；渔捞、樵薪、狩猎、采集活动也各有仪节习俗。每种礼仪都有一套完整的程序和规范，如新儿诞生礼包括诞生前的求子、胎教、催生，诞生后的大喜、小喜、三朝礼、满月礼、百日礼、抓周、取名礼等；婚礼包括纳亲、问名、纳吉、纳征、请期、亲迎等"六礼"。这些古朴的礼仪与日渐枯燥和机械化的城市生活形成了巨大的对比，对游客来说充满着陌生感与新鲜感。

（三）乡村布局文化

乡村作为一个地域空间单元，其存在、选址和空间布局都受到我国传统文化的影响。例如，儒家文化中的"礼乐"思想反映在乡村建筑平面布局上就是要整齐划一（"礼"），同时要体现意象上"乐"的和谐；道家思想追求"无为而无不为"的处世态度，它对乡村景观的影响主要是空间布局上讲求自由散漫，选址上讲求清幽的环境，江浙一带"小桥、流水、人家"的临水型乡村布局就是典型例子。再如，民间风水学说思想植根于乡村土壤之中，在其指导下，乡村在选址上讲求后有靠山，前有流水，远处有低矮的小山朝拱，左右有山体护卫，村基比较平坦开阔；在空间布局上，通常以宗祠为中心，村内民居按统一的朝向以尊卑礼制之序排列。乡村布局中的这些制度规范蕴藏着丰富的传统文化内涵，游客置身其中，处处感到好奇与神秘，寓文化体验、文化教育于游玩之中。

三、乡村精神文化

乡村精神文化是指乡村作为一个稳定的共同体所具有的共同的心理结构与情感反应模式，通常表现为乡村居民的性格、价值观、哲学等，它潜存于物质文化里，是无形的，游客只有通过长期的体验才能领悟。

（一）乡村节日文化

乡村节日反映出乡村特定地域的生活习惯、风土人情，是乡村文化长期积淀的结果。例如，盛行于乡村的汉族传统节日有春节、元宵节、清明节、端午节、中秋节、重阳节、中元节、腊八节以及各种农事节日（二十四节气）等，藏族有浴佛节、雪顿节，彝族有火把节，傣族有泼水节等。而且，在不同的节日里有不同的民俗活动，如春节贴春联、贴年画、贴福字、包饺子，端午节悬艾叶和菖蒲、赛龙舟、吃粽子，中秋节团聚、赏月、吃月饼，重阳节插茱萸、登高、饮菊花酒等。

（二）乡村家庭生活文化

家庭是组成社会的基本单位，如果社会文化是"共性文化"，那么家庭生活文化就是一种"个性文化",包括家庭成员之间的关系、劳作分工、一日三餐、家庭用语、婚丧嫁娶、生儿育女等。现代城市的生活文化是一种"快节奏文化",而乡村家庭生活文化是一种"慢节奏文化"。游客在乡村家庭生活文化的环境中,会受到浓厚的家庭亲情关系的熏陶,可以增进其家庭成员之间的了解,使感情更加融洽,家庭更加和睦。

(三)乡村艺术文化

乡村艺术文化带有浓郁的乡土审美特征。田园诗人、田园书法家、田园画家、田园作家的创作具有丰富的审美想象和幽深的意蕴,游客从中既可欣赏到"屋上春鸠鸣,村边杏花白"般优美的乡村自然风光,又可体会到"不知有汉,无论魏晋"般与世无争的心境。另外,流传于乡村地区的传统音乐、舞蹈、戏曲、杂技等艺术文化,种类繁多,体现了朴实清新的村韵野味,深受现代游客的喜爱。

第五章　旅游人类学视阈下的乡村旅游文化景观构建

第一节　文化景观的概念

一、文化景观的内涵

（一）文化景观的地理学含义

"文化景观"一词最初产生于人文地理学，它是人文地理学的核心概念之一。1906年，施吕特尔提出，地理学的研究应该将人类创造的景观涵盖在内。1927年，Sauer在《文化地理的新发展》一文中把文化景观定义为"附加在自然景观上的人类活动形态"。他认为，文化景观就是某一文化群体利用自然景观的产物，文化是驱动力，自然景观是媒介，而文化景观是结果。早期的文化景观研究说明了文化景观是自然因素和人文要案的综合体。自然因素包括地形地貌、水文、气候、动植物等，它们能够单独地形成自然景观，也能够在附加人类活动之后形成文化景观。人文要素分为物质要素和非物质要素。物质要素是以实物形式出现的，如建筑、街道、当地人服饰、家养动物和栽培植物等；而非物质要素则包括意识形态、宗教信仰、生产方式、生活方式、民俗风情等。

（二）文化景观的旅游学含义

文化景观作为重要的旅游吸引物被视为旅游可持续发展的命脉，它是一种特殊类型的文化遗产，具有文化性、空间性和功能性特点。地理学中的文化景观是指"人类为了满足某种实际需要，利用自然提供的材料，在自然景观上叠加人类活动的结果而形成的景观"。按照这一定义，非物质人文要素不能作为文化景观出现，因为诸如意识形态、宗教信仰、民俗风情、表演艺术之类的文化要素并不需要"利用自然提供的材料"，也不是"在自然景观上叠加的人类活动"。所以，从旅游学视角出发，文化景观应该如此定义：在旅游目的地，人类在自然赋予的基础上创造，或是当地人以本地文化背景为依托，历史上或现如今形成的可作为旅游吸引物的景观。

可见，文化景观是人类在地表活动的产物，是自然风光、田野、建筑、村落、厂矿、城市、交通工具和道路以及人物和服饰等所构成的文化现象的复合体，反映文化体系的特征和一个地区的地理特征。由于不同地域、不同集团的人具有不同的文化背景，所以其创造的文化景观也各有明显的特征。通过对某地景观的仔细观察和研究，可以了解许多关于该文化集团过去活动的重要知识，这是因为文化景观比较形象地反映了人类最基本的要求：衣、食、住、行和娱乐。

景观中除了一些形象、看得见的物体之外，还包括许多看不见的但又非常有价值的东西。例如，景观中往往包含着文化的起源、扩散和发展等方面许多有价值的证据。文化景观既有空间上的变化，也有时间上的变化。空间上的差异反映的是各集团景观塑造上的各自文化特点，时间上的判别则反映过去居住在该地区的文化集团的变迁和发展。

二、文化景观的基本类型

文化景观按形态可以分为物质文化景观和精神（非物质性）文化景观。前者是在大自然提供的物质基础上，创造出来的那些看得见、摸得着的文化凝聚物，与人类的生产、生活是密切相关的，如农田、道路、城市、乡村、建筑、园林等，其主要的特征是可视性；后者是在客观物质环境的作用下，人的文化行为所创造的那些虽看不见，却可以感知的文化创造物，如语言、法律、道德、宗教、价值观等。

（一）物质文化景观

物质文化景观是物质文化的外在表现，主要是指人造的实物景观，跟人类生活和生产活动相关，如装饰品、建筑、雕塑景观等。一个地区人群的特征可从其居民的衣着特点上判断出来，如中国西藏地区的居民穿的藏袍就与当地的气候有很大的关系，这已经成为西藏的一个标志。服装是物质文化的一个重要方面，虽然它不是文化景观的"固定"特征，却是文化景观的形成要素。建筑方面的成就可以与文化中其他方面最辉煌的成就相媲美，如云南西双版纳林海中的傣家村落，其典型建筑是竹楼，竹楼的材料和结构既反映了当地的自然环境，也记录了建筑技术水平。因此，建筑是文化的特性与价值的反映，体现着文化的重点和追求，也是技术与经济的反映。

（二）精神文化景观

精神文化景观包括帮助人们认识世界的语言、科学思想、哲学、教育等，约束人们社会行为的道德、法律、信仰等内容，体现人们美学感受的文学、美术、音乐、戏剧等，反映社会组织形式的制度、机构、风俗习惯。物质文化和精神文化是连在一起的，不能截然分开。例如，法律制度属于精神文化，它的物质形式表现为法律文本、律师事务所和法院等。不能错误地认为精神文化是抽象的、没有物质形态的。

第二节　乡村旅游文化景观的类型及特点

一、乡村旅游文化景观的类型

（一）乡村文化景观的内涵

文化景观的形成是一个长期的过程，自人类产生以后，尤其是农业生产出现之后，地球上才逐渐留下人类文明的印迹。乡村文化是一种具有浓厚地方特色的地域文化，它是人们在认识和改造自然的活动中、在生产和生活的过程中注入自己的思想意识形态而形成的，是乡村土地表面文化现象的综合体，不仅反映了一个地区的人文地理特征，同时记录了乡村人类活动的历史，体现了特定乡村地域独特的精神文化。乡村文化景观的代表就是农耕文化的景观形态，它不仅是人类智慧的结晶，更是人类文明进步的见证者。

（二）乡村旅游文化景观划分的核心和指标

根据文化景观的一般分类范式，可以将乡村旅游文化景观分为两大类别，即乡村旅游物质文化景观和乡村旅游非物质文化景观。在此基础上，对乡村旅游文化景观的具体类型划分进行讨论，具有理论和现实意义。

刘之浩早在 20 世纪末就对乡村文化景观的分类进行了专门论述，认为"乡村文化景观的构成复杂、景观类型多样、地域差异也十分显著……"，"乡村文化景观，深受自然景观的制约和影响，如农业生产方式、作物种类、农村民居的形式、结构、聚落的布局、庭院以及绿化树等，划分乡村文化景观类型的方法不同，指标各异……"。根据其研究，提出了乡村文化景观划分的两大核心，即"聚落"和"土地利用"（见图 5-1）。与此同时，刘之浩还提出了乡村文化景观划分的定量指标，包括商业服务半径及商业营业额、工业比重和人均工业产值、土地利用效率、人均村镇建设投资及住宅投资、交通便捷度、外来人口数量、文化教育发展程度等众多指标。除了上述定量指标外，他还提出依据调研时直接观察到的事物现象来划分乡村文化景观类型，认为这些定性的直观感知在地理分类中也起到重要作用。

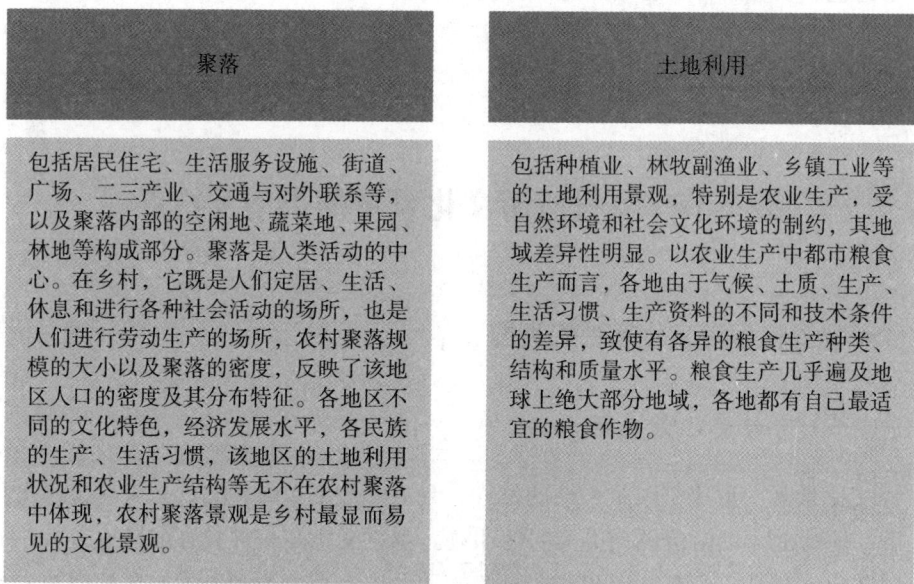

聚落	土地利用
包括居民住宅、生活服务设施、街道、广场、二三产业、交通与对外联系等，以及聚落内部的空闲地、蔬菜地、果园、林地等构成部分。聚落是人类活动的中心。在乡村，它既是人们定居、生活、休息和进行各种社会活动的场所，也是人们进行劳动生产的场所，农村聚落规模的大小以及聚落的密度，反映了该地区人口的密度及其分布特征。各地区不同的文化特色，经济发展水平，各民族的生产、生活习惯，该地区的土地利用状况和农业生产结构等无不在农村聚落中体现，农村聚落景观是乡村最显而易见的文化景观。	包括种植业、林牧副渔业、乡镇工业等的土地利用景观，特别是农业生产，受自然环境和社会文化环境的制约，其地域差异性明显。以农业生产中都市粮食生产而言，各地由于气候、土质、生产、生活习惯、生产资料的不同和技术条件的差异，致使有各异的粮食生产种类、结构和质量水平。粮食生产几乎遍及地球上绝大部分地域，各地都有自己最适宜的粮食作物。

图 5-1　乡村文化景观划分的两大核心

乡村文化景观分类的直观指标主要包括以下 4 个。

（1）农村聚落形式与集散度。人们在对乡村文化景观进行考察时，首先注意到的是当地分布在自然环境中的聚落，根据经验就可以进行判断，并且把所看到的聚落形式与另一聚落相区分。

（2）民居形式和结构。在聚落中，各地建筑所代表的人文景观尤为突出，民居建筑反映出各地的环境特征，又反映出不同地域的文化特征和艺术风格。这些建筑所表现出来的多种多样的形式和各异的特征，是各种因素长期以来交错影响的结果。

（3）农业生产方式和主导农作物。各地农业生产，由于自然环境的差异以及经济发展水平的不平衡使农业生产方式有较大的差别，农业生产方式在不同民族、不同地区、不同经济发展水平之间都有各自的特点。在乡村地区的土地上，或农耕或放牧或林果或渔猎，皆有不同特色，均能一目了然。

（4）街道及基础设施。乡村道路的路面质量、密度、宽度、客运、货运的繁忙程度、街道及市容等，以及基础设施如自来水、排水、供电、路灯、邮政通信等，都能直观地反映乡村面貌。

（三）乡村旅游文化景观的分类

欧阳勇锋在参照了《旅游资源分类、调查与评价》（GB/T18972—2003）、《中国历史文化名镇（村）评选办法》（建设部和国家文物局2003年10月8日）、《中国森林公园风景资源质量等级评定国家标准》（GB/T18005—1999）以及文化景观相关分级分类标准，结合乡村文化景观特点，将乡村文化景观分为物质和非物质两个大类、8个中类、69个小类（见表5-1）。[①] 当然，不同乡村景观特色不同，在实际应用中可结合所调查乡村的具体情况进行合理调整。

表5-1　乡村文化景观分类

总　类	大　类	中　类	小　类	备　注
乡村文化景观	物质文化景观	乡村聚落景观	古建筑（群）、传统民居、乡村街道与交易场所、特色村巷、名人故居、书院与私塾、特色店铺、会馆、宗教与祭祀活动场所、园林游憩区域、公共活动场所、民族建筑小品、风水构筑物、牌坊、石窟、摩崖字画、碑碣（林）、人类活动遗址与遗迹、历史事件发生地、军事遗址与古战场、废城与聚落遗迹、交通遗迹、交通设施、归葬地、风水树（林）	25个小类
		农事生产景观	梯田、田园景观、特色农业景观、鱼塘、运河与引水渠、堤水设施	6个小类
		土地利用景观	山林、水系、土地利用格局	3个小类
	非物质文化景观	家庭生活方式	饮食、服饰与装饰、耕作方式、传统手工艺、居住习惯、传统生产方式、传统交通工具	7个小类
		风俗习惯	宗教与祭祀活动、语言、节庆、庙会与集会、礼仪、丧葬、婚嫁	7个小类

---

① 翟永真.乡村文化旅游景观设计中的地域文化研究[D].西安建筑科技大学，2015.

总　类	大　类	中　类	小　类	备　注
乡村文化景观	非物质文化景观	精神信仰	宗教信仰、价值观念、世界观、图腾、村规民约、道德观念	6个小类
		文化艺术	文史、音乐、戏剧、民间美术、民间舞蹈、民间杂技、文艺团体、文学艺术作品、傩戏、歌圩	10个小类
		历史记录	神话与传说、人物、事件、族谱、地方志	5个小类

1. 乡村旅游物质文化景观

（1）乡村聚落类

乡村聚落类指依托古村落、乡村传统建筑、典型乡村民居等开发建设的旅游文化景观。一般说来，乡村聚落具有农舍、牲畜棚圈、仓库场院、道路、水渠、宅旁绿地，以及特定环境和专业化生产条件下的附属设施。小村落一般无服务职能，中心村落则有小商店、小医疗诊所、邮局、学校等生活服务和文化设施。随着现代城市化的发展，在城市郊区还出现了城市化村这种类似城市的乡村聚落。在农区或林区，村落通常是固定的；在牧区，定居聚落、季节性聚落和游牧的帐幕聚落兼而有之；在渔业区，还有以舟为居室的船户村。

（2）农事生产类

农事生产类是指依托农业土地利用方式、农业工程、农业物产、地方土特产等开发乡村旅游文化景观，其发展和建设，除了依靠乡村的自然环境外，还需要传统农业文化的支持，否则就脱离了乡村旅游中"乡村性"的本质。例如，农耕文化景观是指由农民在长期农业生产中形成的一种风俗文化景观，以为农业服务和农民自身娱乐为中心。我国的农耕文化景观集农事生产习俗、儒家文化及各类宗教文化为一体，形成了自己的独特文化内容和特征，具有很强的旅游吸引力。此外，随着农业现代化进程，在我国的乡村区域还出现了许多现代化的种植养殖基地、农科实验基地以及农产品加工园区等，许多基地配合生产同期开发了休闲农业园项目，使之成为很好的农业休闲观光场所，丰富了乡村旅游的产品结构，提高了综合经济效益。

（3）土地利用类

土地利用，是指人类根据土地的自然特点，按一定的经济、社会目的，采取一系列生物、技术手段，对土地进行长期性或周期性的经营管理和治理改造。土地利用的广度、深度和合理程度是土地生产规模、水平和特点的集中反映。而乡村土地利用类景观是指在农、林、牧、副、渔等生产、农村生活及乡镇企业建设过程中呈现的土地利用景观。

2. 乡村旅游非物质文化景观

乡村旅游非物质文化景观以一种或几种乡村非物质文化为底蕴，是乡村区域历史实践过程中所创造的各种精神文化的表现。在乡村旅游开发中，非物质文化景观的展现往往需要以物质文化景观为载体，如建筑、服饰等，但构成乡村旅游文化景观的内核仍然是文化。

（1）家庭生活方式类

家庭是组成社会的基本单位。如果社会文化是"共性文化"，那么家庭生活文化就是一种"个性文化"，包括家庭成员之间的关系、劳作分工、一日三餐、家庭用语、婚丧嫁娶、生儿育女等，可想而知家庭生活文化的丰富多彩。现代城市的生活文化是一种"快节奏文化"，而农村家庭生活文化是一种"慢节奏文化"，因此农村家庭生活文化具有休闲性。游客在农村家庭生活文化的环境中会受到浓厚的家庭亲情关系的熏陶，可以增进其家庭成员之间的了解，使感情更加融洽，家庭更加和睦。

（2）风俗习惯类

这是与乡村居民的生活方式紧密相连的旅游文化景观类别，以乡村风土民俗为核心，往往与乡村聚落类文化景观结合在一起，主要包括乡村的人事记录、乡村艺术、风土人情、民风民俗、节日庆典等内容。以湖南省为例，湖南省 56 个民族齐聚，少数民族人口达 690 万。在长期的历史发展过程中，湖南乡村各少数民族创造了独特的风土民俗文化，如南岳庙会、瑶族哭嫁、湖南花鼓戏、常宁剪纸、土家织锦、苗家服饰等。湖南一些休闲农业园在结合风土民俗文化营造特色方面已经做了尝试，并取得了不错的效果。

（3）精神信仰类

宗教是文化的重要组成部分，它在文化景观中的印迹十分明显，构成了独具特色的文化景观资源。作为人类文明的一部分，宗教不仅与哲学、文化、艺术、法律道德等有密切关系，而且与地理环境的关系也极为密切。在建筑、聚落、服饰等文化景观上，它表现出独特的风格，不同区域、不同种类的宗教在乡村区域形成了不同特征的宗教文化景观，是一种重要的旅游资源。

（4）文化艺术类

农村中有许多民间艺人，如田园诗人、田园书法家、田园画家、田园作家等。其诗词歌赋具有独特意蕴，游客既可以从中欣赏到"小桥、流水、人家"那种美丽的乡村自然风光，又可以体会到"不知有汉，无论魏晋"那种与世无争的心境，陶冶自己的情操。此外，乡村地区还流传着许多传统精湛的手工艺制作，如泥人工艺、木版年画、剪纸、手编花篮、手工刺绣等，游客如获至宝。

（5）历史记录类

我国历史悠久，人才辈出，许多名人出自广袤的乡村地域。名人文化是一个地方历史、社会、文化特征的集中体现，也是地方文化、民族文化的精华部分，同时各类传说、故事、地方志等都是文化旅游中弥足珍贵的资源。

二、乡村旅游文化景观的特点

结合相关学者的研究，本书认为乡村旅游文化景观的特点包括以下几方面。

（一）同一性与地域性

从传统文化背景来看，中国乡村传统文化是以儒学为主体，体现中华民族诚信、中庸、厚道、内向和慎事的文化。在儒家文化的大背景下，我国各地乡村在思想意识、宗教信仰、审美观、道德观、价值观等多方面具有相似性甚至是一致性。同时，以地带性明显的自然环境因素参与构成的乡村旅游文化景观，受地理、气候、水文等自然条件的影响，表现出相应的地域性特征。

（二）多样性与复杂性

由于自然地理环境、历史、经济等因素的影响，各乡村地区从人种、人口、语言、民族、风情到技术、产业、政治体制等方面都存在着千差万别的特色，也使乡村旅游文化景观的类型呈现出复杂的多样性。同时，因为乡村旅游文化景观不仅指人类所创造的物质和非物质文化，也包含作为人类文化载体并给人类文化形成带来重要影响的基本要素，因此如前文述及的那样，乡村旅游文化景观的构成要素具有显著的复杂性。

（三）历史性与传承性

文化景观大多具有其自身的历史意义，乡村文化景观更多是由文化作用于历史积淀的结果，具有深厚的文化和历史底蕴。首先，乡村最早期的物质活动随着历史的沉积而具有了自身的文化意义，进而形成文化景观；其次，乡村接触外界事物少，受到外界影响小等内向性因素，使文化变迁也相当缓慢。虽历经世事变迁，居民们大多依然沿袭祖辈的生活环境、习俗甚至文化信仰等；最后，文化景观与文化历史的一脉相承，使乡村文化景观的历史性和传承性远远超过受多元文化影响的现代城市文化景观。

（四）依附性与变化性

长期以来，我国农民生活水平低下，人们生产劳动主要是围绕物质生活必需品进行和展开的，农民的收入几乎全部用于生活必需品的安置。在这种情况下，农民不可能有条件建立文化、教育等精神文化生活的设施和景观。因此，乡村文化景观的产生多与物质生产紧密相连。有的是产生于与物质劳动相关的人文活动，如收割时的庆祝、节日等；有的是劳动生活本身的产物，如梯田、水田等；另外一些如祭祀、集会等活动，也都是与生产间接相关。可见，绝大多数乡村旅游文化景观的根源是物质性的生产劳动所凝聚出的文化。与此同时，文化作为一种十分活跃的景观因子，具有鲜明的时代特征，既体现了一定景观的特色，又在不断地更新、发展，从而使乡村旅游文化景观的构成和表现形式也处在一个不断变化的过程中。

（五）内向性与开放性

我国乡村在社会生产实践中逐渐形成了其自身特点，即以家庭为单位的小农经济形式，以自然环境为基础，社会组织性低，土地、职业、人口的社会流动较少。这种相对封闭的地理、人文环境，使其文化具有保守的性格特征，其衍生的文化景观也具有内向性的特质。但是，由于乡村聚落的特殊发展形式，使宗族认同心理同样影响着乡村居民间的交往，小地域范围内人们的交往、生活、劳动等又具有很强的开放性特征，由此衍生的文化景观又具有了开放性的特点。

（六）功能性与资源性

随着乡村旅游的发展，乡村文化景观除了其基本的认知意义外，也成为一类特殊的旅游资源，具有满足人们旅游活动需求的基本功能。应该认识到，并不是所有的乡村文化景观都可以构成乡村旅游文化景观，一个重要的前提就是对游客具有特定的吸引力，这也是乡村旅游文化景观功能性和资源性的直接表现。

第三节　旅游人类学视阈下的乡村旅游文化景观的构建

一、乡村旅游文化景观面临的挑战

乡村文化景观代表乡村地格，是乡村地区人类文明的符号。乡村旅游是将这些文化符号展示给旅游者的过程，在这一过程中，旅游者感知到乡村所蕴含的历史文化，享受到美好图景，使紧张的神经得到松弛，同时旅游者的行为影响着当地人对本地文化的态度，影响着当地文化的自觉与变迁，也影响着乡村地格。乡村地格的变化体现在当地人的思想观念和行为方式上，最终潜移默化地改变着乡村文化景观的解释与象征意义，同时影响着乡村文化景观的保护与再造。尽管农耕技术在我国社会文明发展史上做出了一定的贡献、推动了社会进步，但随着当今社会的不断发展，乡村文化景观的城市化在不断加剧，其他乡村景观要素也对其进行不断干扰（见图5-2），乡村文化景观正在面临着前所未有的挑战。

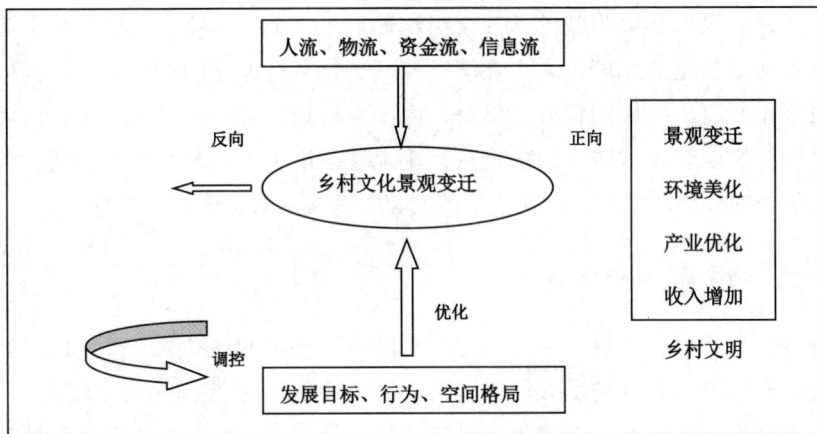

图 5-2　乡村文化景观变迁图

（一）城镇化景观蔓延，乡土元素缺失

在我国城市化建设不断加快的进程中，乡村旅游迎来了前所未有的"春天"，特别是"社会主义新农村"的建设浪潮，推动了一批传统乡村的城镇化进程。但是，由于有些开发商、设计师以及决策者缺乏对乡村景观的充分认同，在城镇化

环境规划和建设上一味追求城市景观的"洋"化和时尚化,乡村民居建筑式样接受了城市的形式,改造的民居建筑"穿上"了瓷砖新装。在各类设施的建设中,忽视了乡村性和地方性保护,大兴土木,把高低不平的青石板路变为平坦的水泥路,弯弯曲曲的乡村羊肠小道被宽阔的大马路取代,农田改成了停车场。在项目建设和景观建设上,盲目追求"洋"化,牺牲了景观原有的乡土本色和特色,打破了乡村景观原有的宁静与和谐,破坏了乡村生态系统的稳定,使乡村景观与乡土文化逐渐丧失。被誉为"中国最美乡村"的婺源,由于乡村优美的自然景观和浓郁的人文环境,迎来了四方游客。婺源众多古村落保存完好的乡土植被景观与粉墙黛瓦的徽派古建筑完美结合,成为"天人合一"、人与自然和谐的典范。近年来,婺源立足县情,把新农村建设与打造"中国最美乡村"旅游品牌结合起来,按照"村庄园林化、道路林荫化、景区花园化、河岸滩涂绿洲化"目标,结合"花开百村""景观村建设""茶园建设"工程,做足"锦上添花"文章。然而,同样美好的愿望与目标,如果决策者引导不利或建设者盲目跟风,结果都将事与愿违。事实上,婺源城市绿化风已现端倪,城市景观正在向婺源乡村蔓延,一些新农村建设试点村的生态建设与乡村旅游景点的打造频繁出现城市惯用的绿化模式,乡村景观、乡土特色正逐渐消失。

(二)文化景观设计雷同,同质化现象严重

乡村旅游地因其充满地域特色的景观风貌和民俗文化成为吸引都市人的好地方。但是,由于急功近利的利益驱使和经营者的认识局限,往往喜欢简单的模仿,把已开发的景区中自认为好的景观作品作为范本,宁愿相信现成的也不愿接受新的方案构想,追风现象比较严重。从曾经风靡一时的"仿古一条街",到随处可见的观光果园、农业示范园、古镇民居、民俗村等,人们曾经追求的景观特色越来越模糊。大多数游客在特色平淡的环境中只能吃吃农家饭、打打牌、搓搓麻将等,无法融合到自然优美的环境里,尤其不能满足少年儿童求知、求真、求趣的需要。

(三)地域文化挖掘不足,乡村景观内涵缺失

一方水土养一方人,乡土文化是乡村旅游差异和特色的源泉。但是,由于对乡村旅游的文化内涵认识不清,对乡村文脉延续的忽视,许多具有较高开发价值的人文景观未得到很好的利用,文化的挖掘仅仅局限于大众化的、短期效益的目的,景观缺乏内涵,文化的差异性逐渐模糊。少数乡村旅游地甚至扭曲传统与地方文化,不能吸引文化层次较高的知识人,其长期吸引客源市场的能力有限。

（四）聚落景观变迁，商业化气息严重

旅游开发必然要投入大量土地资源，建设旅游休闲娱乐设施、接待设施和交通设施，如公路、农家家庭旅馆、宾馆饭店、会所、度假村等。这些设施的建设引起了乡村土地利用方式的变更，公共用地增多，部分土地利用从生产型向服务型转变，使乡村景观破碎度增加，新组分增强了乡村景观异质性，景观要素的组合方式发生变化，导致乡村聚落景观变迁。同时，旅游者的到来增强了当地居民的商品意识和市场意识。由于激烈的经营竞争，乡村人际关系变得紧张，乡村民风商业化气息增加，乡村文化的核心价值观被干扰。随着城市旅游者与村民交流的增加，城市文化对乡土文化产生了很大冲击，乡村的服饰文化、民俗文化和农耕文化被逐渐削弱，使乡村文化退化。

二、乡村旅游文化景观构建的原则

综观当前乡村文化景观的设计，大都是对城市景观的机械模仿，认为一切农村的东西都远不及现代文明的产物，大刀阔斧地推倒一切重新建设，忽视了传统文化景观存在的意义。

不可否认，农村天然的封闭性确实会阻碍其快速发展，因此在景观构建时需要处理好保护与发展之间的关系。保护并不是原汁原味的保留，发展也不是全盘否定，而是在保持乡村特色的前提下，利用现代化的技术手段继承乡村文化，构建有归属感的乡村文化景观。

（一）保护原则

1. 整体统一性原则

由于乡村文化景观具有整体性，因此保护乡村文化景观要注重整体统一性原则。对于历史遗留建筑，无论其保护完好或是已经破损，都应采取积极维修的措施，在重点保护区内应保留部分饱含历史文化的实体，这样才能体现真实历史文化氛围。但是，切勿仅局限于建筑单体的保护，忽视了乡村原有物质空间、空间肌理以及村落的周边环境的协调建设，对其无形的传统文化、生活习俗和现有社会结构应引起足够的重视，使历史文化风貌得以延续。

保护乡村文化景观的整体统一包括保护山体、农田、水面、村庄等，使乡村的一切历史、文化、功能、经济价值得以延续；保护乡村原有结构形态，如"巷道体系"及"天门""水口""垄地""水系"等，以及传统村落的空间秩序与邻里关系，以体现传统民居村落空间的有序与人性化的美感；保护民居相容用途，以

保存传统的文化生态和原民居居民的生活状态，不要被过度的商业文化取代，而成为商业生活的表演。

2. 保护特色性原则

广袤的地势、多样的民族、不同的气候使景观具有不同的、可辨识的、延续性的肌理特征。传统乡村所依存的环境千变万化。不同的地区具有不同的文化传统，都具有独特的地域特色，即便在同一地区因其不同"宗族思想"，文化景观也有所不同。这些变化和差异正是传统乡村独特魅力之所在，不能以一种"约定俗成"的模式加以保护。所以，尊重地域文化特色，是其保护传承的基础。

3. 保持延续性原则

乡村文化景观是人类改造自然的结果，在改造中又得到传承与保护。乡村景观的延续性贯穿于人类的传统生活中，人们在对自然不断认识与改造中，对乡村文化观的认识一直在发展与延续。乡村文化景观的延续性主要体现在：①特色延续性。要尽可能保留与延续文化的标志性特色。②文化延续性。要对当地文化特色、文化内涵、文化历史摸清脉络，以延续乡村深层次的文化。③生活延续性。要"吃透"乡村的特色与文化，将其运用于生活之中，文化才不会成为标本、文物，才会充满了生命力，在历史的发展中才有延续的动力。

4. 突出真实性原则

真实性原则首先满足的是原生态。要真实，就要乡村建筑样式、材质等在符合实际情况的条件下，尽量保持原有形态，不能因为现代化城市化的影响，就用外来现代的审美样式肆意篡改，或者用规整划一的城市建筑感将原本的古朴和谐美替代掉。可以通过新建景观的精神风韵、材料质地、建造手法及设计形式等来检验乡村文化景观的真实性。只有重现文化景观的真实，才能较为真实地反映乡村的历史文化、精神面貌及风俗底蕴。倘若脱离文化景观的真实，那么对其保护与延续也无从谈起。当然，这种真实并不是一成不变的，文化在发展中也会有演变与缺失，在合情合理的情况下尽可能地还原其原本面貌。

（二）发展原则

1. 可持续发展原则

可持续发展观是以生态学思想理论来引导人类对地球进行改造，是生产发展的理论基础。它关心人类的生存命运，是以生存为本体目的的价值观。乡村文化景观的经济发展体现了文化景观的非共性、多样化以及延展性，在组织乡村发展上要注意其地方性及可再生性。对于乡村文化景观的可再生及可延续能力，有三点基本要求：生产力是乡村文化景观自身发展的潜力；可再生性是指物质发展留存可随环境变化，及时自我更新；生态多样性是指以古老文化形式的多样及自然环境及物种的多样替代外来文化的侵袭。

2. 有机更新原则

在充分尊承原有乡村风貌特色、保留有价值的文化形态的基础上，乡村发展要遵循"有机更新"的思想。在保护历史建筑及保持乡村空间整体性的同时，充分利用历史建筑形态，通过更新历史乡村街区的空间形态，来丰富乡村的群体空间。从可再生的角度来说，更新中传统乡村"取得有机秩序在于以自然之理有序发展；以旧城固有之机理顺理成章"。乡村的更新不是无序杂乱的，而应是有序进行的，不能只顾"闭门造车"切断与外界的交流，应当根据时代发展和社会进步的需要，充分挖掘和利用有限的景观资源，加以合理利用和开发，与旧有的环境、旧建筑形成有机整体。

3. 因地制宜原则

构建乡村文化景观应根据当地的地理环境、人文和经济发展水平等实际情况，确定是择地重新规划建设还是在原有基地基础上进行改造。针对不同的情况一般分为五种：①经济水平较高地区地域位置优越，交通便利，应该结合自身的地域优势，完善文化景观设计。②现有地域条件一般的地区，如果生产发展优越，则应在原有的自然肌理上进行更新，加强公共基础设施建设。③交通不便或者地域环境恶劣并且无其他生存资源做依托的乡村，应选择搬迁或与其他乡村进行合并的发展方略。④位于城市近郊区的乡村文化景观，如果完全按照乡村结构建设不利于城市的长远发展，但是完全按照城市风格建设也是不合实际的，所以需要重点加强建设研究。⑤有文化特色旅游资源的乡村在开发建设时，应该坚持有机更新的设计原则，绝不能以破坏自然生态和人文生态为代价，追求浮华或是生搬硬套模仿城市景观的设计手法，将会失去自身的特色。

未来乡村文化景观的发展是多元化的，我们应以从实际出发，因地制宜，设计出最合适的构建策略。

4. 人性化原则

随着乡村经济的发展，农民渴望有全新的生活空间，他们有追求更好的居住环境的权利。而乡村的公共空间是目前乡村景观中比较欠缺的，因此乡村文化景观构建要增加或完善公共空间，满足人们的必要性活动、自发性活动和社会性活动。尊重公众参与性的人性化设计更有利于乡村文化景观的发展和进步。

三、不同类型乡村旅游文化景观的构建

(一) 农事文化景观构建

元阳梯田位于云南省元阳县的哀牢山南部，是哈尼族人世世代代留下的杰作。元阳哈尼族开垦的梯田随山势地形变化，因地制宜，坡缓地大则开垦大田，坡陡地小则开垦小田，甚至沟边坎下石隙也开田，因而梯田大者有数亩，小者仅有簸箕大。元阳梯田规模宏大，气势磅礴，绵延整个红河南岸的红河、元阳、绿春及金平等县，仅元阳县境内就有约 11 333 公顷梯田，是红河哈尼梯田的核心区。

1. 梯田生产系统

元阳哈尼族梯田从古至今始终是一个充满生命活力的大系统，今天它仍然是哈尼族人民物质和精神生活的根本。哈尼族梯田生态系统呈现着以下特点：每一个村寨的上方，必然矗立着茂密的森林，是用水、用材、薪炭之源，其中以神圣不可侵犯的寨神林为特征；村寨下方是层层相叠的千百级梯田，那里有哈尼人生存发展的基本条件——粮食；中间的村寨由座座古朴的蘑菇房组合而成，形成人们安度人生的居所。这一结构被文化生态学家盛赞为"江河—森林—村寨—梯田"四度同构的、人与自然高度协调的、可持续发展的、良性循环的生态系统。

元阳哈尼族梯田之所以如此壮丽和独特，首先是大自然特殊地理结构所造成的。元阳位于云南省南部，而云南省地形分布的特点是西北高、南部低。从滇西北的中甸、丽江经大理、楚雄到滇南的思茅、版纳、红河、文山，海拔渐渐下降，形成了滇西北高海拔地区常年无夏的寒温带、寒带气候类型和滇南低海拔地区全年无冬的亚热带、热带气候类型。从滇西北到滇南，随着海拔下降，立体气候越来越显著，降雨量也越来越大。云南省降雨量最大的就是红河南岸哈尼族聚居地区，降雨量竟达到年均 1 397.6 毫米，相应的稻作农耕越来越密集，旱地耕作越来越少。这就使滇西北的怒江、澜沧江、长江水系到滇南江河水系流域，梯田稻作文化越来越发达，最终在红河南岸哀牢山南段哈尼族地区形成全省、全国最集中、最发达的梯田稻作区的地理构成环境。

其次，哀牢山特定的地形、气候等自然条件决定了元阳哈尼梯田必然成为最壮丽、独特的奇观。元阳的地貌特征是山高谷深，沟壑纵横，多为切割山地类型。县内众山在亿万年中被红河、藤条江水系深度切割，中部突起，两侧低下，鸟瞰全境，山地连绵，层峦叠嶂，地形呈"V"字形发育，高下之间，壮观异常。境内最低海拔为 144 米，最高海拔为 2 939.6 米，海拔高差为 2 795.6 米。县内气候多属亚热带季风类型，但因地形复杂温差悬殊，立体气候突出。河坝区年均温度

25℃，最高气温 42℃，高山区年均温度 11.6℃，两区温差达 13.4℃。由河坝经下半山、上半山到高山区的行程中，要经历热带、温带、寒带的变化，正所谓"一山分四季，十里不同天"。河坝峡谷因其酷热干旱素称"干热河谷区"，高山区因低温降雨量大称为"阴湿高寒区"。河坝区蒸发量大，高山区云雾密度大、降雨丰富。境内以红河、藤条江两大干流为主的水系共有支流 29 条，总长 700 余千米，水资源总量为 26.9 亿立方米，地表为 20.81 亿立方米，地下水 6.09 亿立方米，可利用 1.47 亿立方米，这些江河就是元阳所有水源的总源头。低纬度干热河谷区常年出现的高温使江河之水大量蒸发，如南沙地区最大蒸发量 1995 年竟达 2 306.5 毫米）。巨量水蒸气随着热气团层层上升，在高山"阴湿高寒区"受到冷气团的冷却和压迫，形成元阳年均雾期 180 天和年均降雨量 1 397.6 毫米的状况，因此元阳上半山地区终年大雾笼罩，降雨极其丰富。

2. 农事生产制度文化

在梯田耕作上哈尼族形成了一整套科学合理的方法和制度。在找地开田时，要找不怕风吹、向阳、平缓、无病虫害、雀鸟不来吃且终年保水的肥沃坡地。开成田地后先种三年旱地，待其土熟，再垒埂放水把它变成梯田。

围绕着梯田构筑和大沟挖掘，哈尼族发明了一套严密有效的用水制度，从开沟挖渠、用工投入，到沟权所属、水量分配、沟渠管理和维修等，无不精心经营。例如，在水源管理上发明了"水木刻"。这是根据各家权益设置的画有不同刻度的横木，安放在各家田块的入水口，随着沟水流动来调节各家各户的用水，公平合理而又科学的管理保证了每块梯田都能得到充足的水量供给。

对稻作之民来说，水之外最重要的就是肥。哈尼族利用村寨在上、梯田在下的地理优势，发明了"冲肥法"。每个村寨都挖有公用积肥塘，牛马牲畜的粪便污水贮蓄于内，经年累月，沤得乌黑发臭，成为高效农家肥。春耕时节挖开塘口，从大沟中放水将其冲入田中。届时举寨欢腾，男女老少纷纷出动，有的还特意穿上盛装，宛若过节般热闹。大家争先恐后用锄头钉耙搅动糊状发黑的肥水，使其顺畅下淌，沿沟一路均有专人照料疏导，使肥水涓滴不漏悉数入田。这一方法省去了大量运肥劳力。平时牛马猪羊放牧山野，畜粪堆积在山，六七月大雨泼瓢而至，将满山畜粪和腐殖土冲刷到山腰，被哈尼族的大沟拦腰截入，顺水注入田中。此时，稻谷恰值扬花孕穗正需追肥，自然冲肥正好满足了这一需求。

梯田是哈尼族繁衍的物质基础，也是哈尼族精神的象征，是人地和谐共处的良性人类生态系统和土地持续利用的样板，也是农事生产类乡村旅游文化景观的典型代表。

（二）历史文化景观构建

平遥古城位于山西省中部，距省会太原100千米，是一座具有2700多年历史的古城。古城内至今保存着20余座古寺庙，3797处具有保护价值的古民居建筑，其中448处保存完整；古城内主要街道两侧，完好地保存了220多家古店铺。古城集票号文化、建筑文化、饮食文化、民居文化、佛教文化、吏治文化于一体，文化内涵深厚。古城目前对旅游者开放的主要旅游景点包括古城墙、市楼、博物馆、民间工艺品陈列馆、商铺、名居、衙署，以及不同时代的寺庙、民宅、书院遗址和作坊等。

1.民居群落

平遥古城自明洪武三年（1370年）重建以后，基本保持了原有格局，有文献及实物可以查证。平遥城内的重点民居，系建于1840—1911年之间。民居建筑布局严谨，轴线明确，左右对称，主次分明，轮廓起伏，外观封闭，大院深深。精巧的木雕、砖雕和石雕配以浓重乡土气息的剪纸窗花惟妙惟肖、栩栩如生，是迄今汉民族地区保存最完整的古代居民群落。

2.金融古城

平遥是中国古代商业中著名的"晋商"的发源地之一。清代道光四年（1824年），中国第一家现代银行的雏形"日升昌"票号在平遥诞生。三年之后，"日升昌"在中国很多省份先后设立分支机构。19世纪40年代，它的业务进一步扩展到日本、新加坡、俄罗斯等国家。当时，在"日升昌"票号的带动下，平遥的票号业发展迅猛，鼎盛时期这里的票号竟多达22家，一度成为中国金融业的中心。

3.历史文化价值

平遥古城始建于西周宣王时期（公元前827—782年），自公元前221年中国实行"郡县制"以来，平遥一直是作为"县治"的所在地，延续至今。这是中国最基层的一级城市。现在保存的古城墙是明洪武三年（1370年）扩建时的原状，城内现存六大寺庙建筑群和县衙署、市楼等历代古建筑均是原来的实物。城内有大小街巷100多条，还是原来的历史形态，街道两旁的商业店铺基本上是17—19世纪的建筑。城内有3797处传统民居，其中400多处保存价值较高，地方风貌独特，是中国境内保存最为完整的一座明清时期的中国古代县城的原形，是这一时期中国汉民族中原地区县城建筑体系的典型代表和汉民族历史文化的宏大载体，具有很高的历史文化价值。

5.文化景观结构

（1）水平结构

古城的水平结构主要体现在：整个城池对称布局，特色鲜明，以市楼为轴心，以南大街为轴线，形成左城隍、右衙署，左文庙、右武庙，东道观、西寺庙的封建礼制格局。城内道路框架纵横，四大街、八小巷、七十二条蛤蜓巷构成八卦图案，南大街、东西大街、"干"字形商业街。

（2）垂直结构

古城的垂直结构是由形态、活动、信仰、观念四个层次组成，各类物质景观是古城的表象，各类活动如商业、宗教、民俗活动是景观的内容。

信仰与观念是景观结构的基础，是古城文化的深层结构，形态层主要由视觉特色要素组成，包括城墙、民居、街坊、寺庙、店铺等，活动层包括军事、宗教、民俗等，信仰主要是宗教信仰，观念是植根于国民心理中的传统文化观念。

（三）民族村寨文化景观构建

景颇族是一个跨境而居的民族，主要分布于中国、缅甸、印度等国家和地区。中国的景颇族至今约计13万人，绝大部分居住在云南省西南部的德宏傣族景颇族自治州，与德宏州临近的其他地区也有少数散居的景颇族。由于长久形成的历史原因，景颇族居住区大都在海拔1 500—2 000米的山区、半山区，那里气候温和，雨量充沛，植被丰富。正是这种独特的地缘关系才培育出景颇族独特的文脉气息。下面以景颇族村寨为例分析其文化的旅游价值及文化景观的构建。

1. 景颇族物质文化的旅游价值

（1）绚丽的服饰文化

景颇族男子服饰的装束特点是头戴白色包头巾，在包头的一端缀有花边图案和彩色的小绒球（红、黄、紫等色），同时最有特色的是男子佩戴长刀、铜炮枪及筒帕，体现男子阳刚之美。景颇族服饰中最富民族特色、最能体现其价值的当数妇女的服装，缀满了装饰的银泡、银片配上绚丽的筒裙更能体现当地女子的柔美。

（2）丛林中的矮脚竹楼

景颇族的住房多为矮脚竹楼，分为两层，楼上住人，楼下堆放柴薪、农具并饲养家畜。在当地湿热的山区，这种住房有利于防潮透气。各式竹楼隐约于山间竹林，在晨曦与炊烟之中构筑一幅绝美的画卷。

（3）"住山、靠山、吃山"的饮食文化

景颇族的菜肴丰富奇谲，尤其擅长煮、烤、舂的技法，酸辣够味儿，酥脆可口。其料理除瓜、豆、青菜、洋芋等不需精耕细作的大路菜外，还有竹笋、野生的香芹、水芹、野蒜等。其中，最具特色的要数竹筒饭、舂干巴、绿叶宴、昆虫宴等，真正体现其靠山吃山的原生态饮食文化。

（4）巧夺天工的手工艺品

景颇族一向被称为大山的民族，长刀是景颇汉子的亲密伙伴，山中的奇花异草、古木野生，使他们对雕刻悟性最深，观察最透。景颇族的雕刻作品有山的神韵，有物的灵魂，山石草木、飞禽走兽惟妙惟肖；其竹刻酒筒，精细至极，上下盖交拢闭合，滴酒不漏。景颇族织锦刺绣工艺品中的长短裙、挎包、护腿、包头等产品，色彩艳丽、工艺精巧，图案多达300多种，既有典型的民族特色，又有现代时尚风格，成为旅游市场上的抢手产品。

2. 景颇族精神文化的旅游价值

民族精神文化内容包括文学艺术、文化娱乐、宗教仪式、典章制度和风俗习惯、风土人情中表现出来的精神文化内容。从旅游价值的角度看，景颇族的精神文化主要体现在如下几个方面。

（1）原始神秘的董萨文化

董萨是景颇族社会中原始宗教问卜者和宗教祭师，他们是集早期巫、艺、医、匠、教育、军事、科技（原始科技）等于一身的景颇族高级知识分子，是景颇族文化的主要继承者和传播者。另外，董萨大都有杰出的艺术天赋，很多董萨都是当地著名的民歌手，在举行节庆活动或红白喜事时都由他们组织领唱，同时他们又是舞蹈家，千变万化的目脑纵歌舞蹈一般都由他们领舞起跳。这一具有民族特色的传统宗教活动对游客具有极大的吸引力。

（2）独树一帜的树叶情书

景颇山是绿色的山、绿色的水、绿色的地，似乎连空气都弥漫着一种透明的绿意。生活在这绿色世界里的景颇人，对一片片小小的树叶和一株株寻常的嫩草都赋予了很深的含意，使它们能够传达复杂的信息，表露和倾吐人们的肺腑心声。"树叶情书"就是景颇族男女青年在交通不方便、信息难以传递的条件下表达爱情的通信方式。小伙子爱上某位姑娘，从山上摘取芭蕉叶包上树根、大蒜、火柴丝、辣椒，并用彩线扎好，送给心爱的姑娘。芭蕉叶表达有许多话要对心上人说；树根表示小伙子对姑娘的思念；大蒜表示要姑娘考虑一下两人的婚事；辣椒表示小伙子爱情热烈；火柴丝表示小伙子态度之坚决。这种独特的婚恋习俗具有极大的旅游开发价值。

（3）古老悠久的山官制

在中华人民共和国成立以前，大多数景颇族地区实行山官制，景颇语称为"贡萨"。这是一种世袭的幼子继承的独特政治制度，是政权与神权的有机结合。政权主要体现在组织生产、分配耕地、处理纠纷、扶老济困、保护辖区百姓的安全等方面；神权主要体现在每年春耕、秋收等生产活动的祭典活动中。尽管山官制度已经废除，但由于受其长期统治，许多景颇族地区山官的政治影响在一定程度上依然存在，特别是其神权仍在行使。这种制度对景颇族的社会文化和经济产生了重要的影响，其在旅游解说中的价值有待进一步挖掘。

3. 景颇族风土人情的旅游价值

少数民族特有的风俗习惯、风土人情大多通过其节日庆典表现出来，景颇族大型的"目脑纵歌"节更是展示其民族精神和文化的集大成活动。"目脑纵歌"被称为"万人之舞"，每逢节日，村村寨寨的男女老幼都集中在目脑广场上，穿上鲜艳的民族服装。男人边跳边挥长刀，个个英姿飒爽；女人抖动着彩帕，身上装饰的银泡和银片唰唰响、闪闪亮，似彩蝶起舞，像孔雀开屏。目前德宏州的目脑纵歌节已成为吸引游客的一大品牌。

4. 景颇族地域环境的旅游价值

地域环境是一个民族生存、生活、聚集的基本条件，离开这一特定的民族地域，即使是少数民族其特色也会削弱、淡化，甚至融化进其他民族及其文化中。民族特色只能植根于本地土壤中，只能植根于体现民族氛围和民族环境的地域中。景颇族聚居的山区分布着茂密的亚热带丛林，良好的植被形成了天然的绿色水库。座座青山有溪流，条条山箐有小河，为植物和农作物的生长提供了充足的水源。因此，景颇族又被冠以"森林民族"的美誉。这里有中国首次发现的鹿角蕨，还有树蕨、油瓜、美登木等珍稀植物。盛产名贵的红木、楠木和各种竹子以及其他亚热带植物。得天独厚的生态环境，优美动人的自然景色构成了景颇族生存的地理环境特征。奇异的物种和热带景观也成为吸引异域游客的一大特色，如盈江榕树王，落地生根形成树干近百柱，成为吸引游客的"独木成林"景观。

同时，景颇族是一个跨境而居的民族，在安宁祥和的中缅边境线上，能见到许多"一寨两国""一井两国""一街两国"的独特景观。

5. 景颇族文化景观的开发原则

（1）主客参与互动原则

包括两个层面：一是"主人"参与，即接待地居民，这里重点指景颇族居民。引导他们积极参与到旅游发展的各个层面，包括旅游发展决策、旅游产业介入、旅游技能培训等。这一原则在少数民族地区尤为重要，只有采取主动参与、自主开发，才能真正把属于本民族特色和精髓的东西展现给旅游者。二是"客人"参与，即游客参与到当地居民的日常生活中，参与到各项旅游活动中来，通过亲身体验异族生活而获得一种真实的经历。实践证明，采取与少数民族居民同吃、同住、同劳作、同歌舞的游赏方式为越来越多的游客所青睐。

（2）保护与开发并重原则

在开发旅游的热潮中，要特别注意保护与开发的关系。掠夺性开发破坏了旅游业赖以生存的旅游资源（包括自然资源和人文资源），造成的损失是毁灭性的。特别是少数民族地区民俗文化旅游资源，一旦破坏，很难恢复。另外，对于少数民族文物的界定上，国家文物局有明文规定：不管存在的年代远近，只要是体现少数民族社会形态的实物都是文物，都属于保护的范畴。这相对加大了少数民族地区文物保护的难度。具体措施可以是划分区域，相对封闭式地进行保护；建立民族博物馆，进行抢救性保护；开展民族文化习俗和民族艺术教育，培养后备人才，进行开发式保护等。

（3）民俗活动真实性原则

民俗旅游是一种高层次的文化型旅游，强调的是精神上的寻求。通过向旅游者提供一系列反映当地民俗风情与传统文化的真实的旅游活动，使他们获得一种真实的文化经历。这种真实性本身包含着再现本民族文化的古朴性与独特性，避免将一些庸俗化、商业化的旅游产品开发模式用于其民俗活动的开发过程。丧失真实性的民俗表演活动不仅未能给游客创造一种真实的体验氛围，而且还加速了当地文化的变迁。

6.景颇族文化景观的开发形式

（1）民俗观赏开发

在景颇乡选择一场所，集中各类可供观赏、具有审美价值的民俗景观。例如，服饰展，景颇族的服饰富有本民族的特色且种类繁多，可以分类陈列，开办形式不一的景颇族服装表演节，组成其丰富多彩的服饰文化。又如图腾园，用一定的形式再现景颇族独特的"跳董萨"和祭祀活动的场面，展示其对"牛、太阳"等万物有灵的原始图腾文化。

（2）民俗旅游资源的动态开发

民俗旅游是通过实物和活动而动态展示的旅游产品，它不仅是静态的博物陈列、一种以观光为主的旅游项目，更是以入乡随俗为追求目标所营造的旨在亲历和参与其中的文化与生活空间。景颇山寨丰富的民俗资源和鲜明的山乡特色为旅游资源的动态开发提供了丰富的素材。

以民族村为模式的景颇风情园无疑是动态展示民俗资源的最好形式。它以当地最具民族特色的景颇村寨为依托，开发集民族建筑、民俗活动、民族饮食、民族风情为一体的，各具特色的综合的、专门的景颇文化风情活动。景颇园中可以最真实地再现景颇人居住的生态环境，草顶竹楼的建筑风格，真实的劳作过程，精湛的织裙技艺；可以让游客品赏到地道的绿叶宴等景颇族饮食，感受到目脑纵歌的气氛。

另一种既能动态展示民俗文化，又能让游客参与体验，还能宣传促销的形式便是节日庆典。景颇人每逢五谷丰收、迎接远方贵客、纪念重要节日、儿女婚嫁大礼等，都会举行不同规模的目脑纵歌。适时地利用目脑纵歌节进行宣传造势，既能打开其旅游市场，又能展示其原生态的文化内涵。

（3）民俗商品的开发

传统工艺具有独特的艺术风格和浓郁的地方色彩，可成为重要的旅游商品。这种商品经过挖掘扶植，既可以满足国内外旅游者的需要，又可以使濒临灭绝的手工艺得到重生。景颇族的雕刻、竹编、织锦代代相传，不断发展，将其开发成旅游商品必将极大地吸引旅游者的眼球。同时，其服饰、器具、饮食、旅游宣传纪念品等经过一定的包装与研发必然在增加旅游收入上发挥着举足轻重的作用。但是，民俗商品的开发应坚持特色性、真实性和古朴性的原则，切忌庸俗化的模仿与雷同。

众所周知，旅游的灵魂在于其文化，而民俗旅游作为高层次的文化旅游活动，其高品位文化内涵的挖掘更为重要。景颇族民俗文化旅游要想在旅游开发过程中既创造性地适应外来文化的冲击，又保留原有文化的特色，形成有生命力的、可持续发展的旅游，就不能忽视民俗活动的真实性、品位性和当地社区的参与性，这也是当前我国民俗旅游能否走得更好的一个关键问题。

第六章　旅游人类学视阈下的乡村旅游文化产品规划与设计

第一节　乡村旅游文化产品概述

一、乡村旅游文化产品的内涵

乡村旅游文化产品就是乡村旅游目的地为满足旅游者体验乡村环境、乡村文化等需要而提供的有形产品和无形服务的总和，是在农业观光基础上发展起来的具有休闲度假性质的旅游方式，属于一种"复合式"旅游产品。其内涵特征有以下几点。

（一）在区域上具有地方性

乡村是我国地方传统文化的载体，是历史文脉延续的重要场所，乡村旅游更是区域性和地方性的旅游活动。在乡村旅游中，地方性和区域性越强越典型，就会表现出更显著的影响性和国际性，从而成为代表一种文化的重要典型，成为国家文化遗产或世界文化遗产。

（二）在内容上具有原真性

所谓"真"，表现在区域上，是相对于旅游市场上移植的、仿制的"伪"品提出的，指原汁原味的、具有地方特色的旅游产品，具有独一无二的、其他旅游地无法复制的特性。这种产品除了具有极高的美学特征，还传递着大自然的奥秘及人与自然和谐的信息，从而提高游客的环境意识。乡村资源文化内涵丰富，有反映人与自然的依存和延续、形态独特的乡村聚落；有反映我国数千年的传统文化、宗教理念、社会组织形式和家庭关系、古朴典雅的乡村建筑；有深厚文化底蕴的乡村节庆、农作方式、生活习惯、趣闻传说。将这种文化内涵挖掘出来，深层次、多方位开发设计适销对路、具有地方特色的乡村旅游产品，才能增加乡村旅游产品吸引力，提高市场竞争能力。

（三）在质量上具有优品性

所谓"优"，表现在质量上，是相对旅游市场上泛滥的粗放型开发的"劣"品提出的。游客追求的是货真价实的高品位的产品，能经受时间的考验，是一种可持续旅游产品。而目前我国乡村旅游开发、策划的层次较低，"技术"要求不高，所以造成低水平重复投资现象普遍存在。这不仅造成旅游资源的巨大浪费，而且误导了旅游行为，使旅游者无所适从，使产品形象遭到严重破坏。究其原因，主要是没有充分地认识到乡村旅游的文化特性，是盲目模仿开发造成的。通过对乡村旅游文化特性的分析，可以揭示其产生的社会必然和发展的文化方向，为这种形式的旅游产品策划提供认识基础。

（四）在内容上具有差异性

所谓"异"，表现在内容上。从旅游动机看，旅游就是一种寻求新异刺激的经历，这种经历能给予旅游者更多的满足。越是富有特色性和地域性的旅游产品，越能满足旅游者"新异刺激"的需求。因此，乡村旅游产品的创新要突出产品的差异性，注重开发"人无我有"的特色产品。在对乡村旅游产品进行策划时，必须认真调查研究，做到有的放矢，避免产品雷同而产生浪费。大中尺度的乡村旅游发展要特别强调具有区域代表性的、鲜明的地域特色；对于小尺度的乡村旅游产品来说，由于具有相同或相近的自然人文环境，面临着范围相对有限的客源市场，因此其开发应紧密结合区域性旅游市场，不断创新内容和形式，开发出类型多样化的乡村旅游产品，避免产品雷同重复。

（五）在形式上具有多样性

乡村旅游环境是相同的，乡村景观的意境是一致的，乡村旅游产品是多样的。只有多样性才能丰富乡村旅游活动，满足多样的乡村旅游需求，增强乡村旅游的生命力和吸引力。产品形式上的多样性是对乡村旅游深层次开发的体现，也是深层次经营的结果。

二、乡村旅游文化产品的分类

不同学者研究角度不同，对乡村旅游文化产品的分类也各不相同。按照区位状况划分为景区边缘型、城市周边型和边远型；按照旅游对象划分为民俗型、田园型、居所型和复合型，其实这种分类方法，是把"旅游文化产品"与"旅游地"等同起来。

本书从乡村旅游文化产品所包含的项目角度出发，根据游客参与旅游活动的体验程度将乡村旅游产品分为观光游览型、休闲娱乐型、参与体验型、交叉型或复合型。

表 6-1　乡村旅游文化产品的分类

乡村旅游文化产品类别		资源载体及相关项目	说　明
层次一	层次二		
观光游览型	自然观光	乡村田园景观资源：沿海渔业、江南水乡、平原田园、丘陵盆地畜牧草原、高原田园等	主要是以乡村自然景观和人文景观为旅游对象，包括以传统农业生产为主的乡村环境、乡村景点以及当地的传统民族习俗和古建筑，游客的体验程度以观光欣赏为主，是乡村旅游最基础的旅游形式。 自然的山村环境，如"山重水复疑无路，柳暗花明又一村""绿树村边合，青山郭外斜""采菊东篱下，悠然见南山""小桥流水人家"等；单体乡村景点，如茶园、果园、菜园、荷塘、鱼池、山涧瀑布、奇花异草、奇峰怪石等；民俗文化型观光产品包括民居建筑、服饰、工艺品等。相应的旅游形式包括乡村田园风光游、乡村民俗旅游、传统民居观光、古村镇观光旅游、农业观光游等
	文化观光	乡村文化资源：特色古村落村寨、民族服饰、手工艺品、酒品茶品、农耕展品、红色遗迹等	
	主题型观光基地	各类农业观光园：茶园、果园、蔬菜园、花卉园、荷塘、鱼塘等各类植物园区及动物养殖基地	

乡村旅游文化产品类别		资源载体及相关项目	说 明
层次一	层次二		
休闲娱乐型	滞留服务	家庭旅馆、小木屋、竹屋、帐篷竹楼等	主要以乡村自然环境为背景，以家庭旅馆、乡村旅舍和当地农特产品为依托，是一种以食宿为主的浅层次体验型产品，主要包括"住农家屋"和"吃农家饭"，享受乡村气候、体验乡村清新环境，体会农家屋的简朴自然和农家菜的原生态无污染。同时，包括在乡村举行的一系列休闲娱乐项目，这类项目对于游客的体力消耗不是很大，趣味性较强
	品尝美食	农家特色菜肴、野味、土特产品等	
	休闲项目	散步、垂钓、品茶、对弈、野餐、烧烤等	
	趣味节目	斗禽（如斗牛、斗鸡、小猪赛跑、斗蟋蟀）、放风筝等	
参与体验型	农业体验型	农业生产体验（采果、摘菜、播种、浇灌、水稻种植体验等）、农民生活体验（烧饭、特色食品制作、动物喂食、纺织、腌菜等）、农村生态体验（观光昆虫馆、萤火虫等）	参与体验型旅游产品主要包括农业体验、康体保健型、科普艺术型、手工艺品制作等。与前两种旅游产品不同的是，参与体验型旅游产品强调游客的主动性和参与性。目前乡村旅游产品同传统类型的旅游产品一样，主要停留在吃、住、玩等较低层次的休闲娱乐阶段，提供给游客的体验还停留在悦目悦身层面，参与性不足。例如，旅游路线的设定是急行军式的，一两个小时走马观花一个乡村，然后吃一顿农家饭，旅游者很难体验到当地的文化内涵并从中获得难忘的回忆。体验式旅游注重游客立场的转变，从"被动"到"主动"，从"被组织安排"到"自己组织自己安排"，从"标准化旅游产品"转向"个性化旅游产品"，从"走马观花"到"参与"，从"只注重结果"到"结果与过程并重"。因此，体验型旅游产品是让旅游者深度参与到旅游项目中，从参与的过程中获得全面的感知、认知和教育，并留下最难忘的回忆
	民俗文化参与型	各类礼仪活动，如婚丧嫁娶，岁时节令活动	
	疗养保健型	森林浴、平衡神经锻炼场、练功、温泉、康健步道等	

乡村旅游文化产品类别		资源载体及相关项目	说　明
层次一	层次二		
交叉型或复合型	科普艺术型	野生动物保护、了解昆虫习性、辨识植物、植树、纪念林、制作标本、户外摄影、户外写生等	旅游对象不是以某一种类型为主，是既包括观赏性也包括参与性的旅游项目。游客来到一个自然生态村庄，既欣赏山村风景，又动手绘画、摄影、习作，从浅层感知到深度认知，并从大自然中受到教育。
	手工艺制作型	陶艺制作、风筝制作、手工刺绣、蜡染、土法造纸、剪纸、编织工艺品、盆景制作、奇石制作等	

第二节　基于社区的乡村旅游文化产品规划理念

中国现代旅游产业的飞速发展，对旅游规划工作不断提出新的挑战与要求。针对大中尺度的旅游开发规划，中国已经走过资源导向型、市场导向型、形象导向型和产品导向型的发展历程；而针对小尺度的旅游地及旅游社区而言，还未形成一套较为完整和适用的旅游规划方法体系。特别是在当前激烈的旅游市场竞争中，许多政府部门都希望通过模式化的旅游规划迅速推出旅游产品，却并未充分意识到旅游业给社区带来的变化以及社区以何种方式加入旅游的开发规划中。尽管这些问题已经引起有关学者的广泛关注，但很少有文章能够为社区提供一些实用且具有广泛适应性的方法，从而使旅游产品同时满足旅游者和当地居民的需求。

基于此点，在新的竞争形势下，本书进行旅游规划方法思路与理念的创新，针对小型乡村旅游目的地及旅游社区，提出基于社区的旅游规划方法体系及可操作模式，促使乡村旅游社区发展成为一种有益于当地经济、社会和环境的旅游产品，并使乡村旅游社区走向多方受益和平衡发展的方向。

一、规划设计目标

根据利益相关者原理，乡村旅游社区中的利益相关群体包括社区（含居民）、投资者（含当地投资者和外来投资者）、政府部门、竞争者、顾客（含外来顾客和内部顾客）、周边社区（含居民）、旅游规划师及少量 NGO 组织。同时，通过构建影响力和利益关系的二维矩阵分析（见图 6-1），我们制定出以下乡村旅游的规划目标。

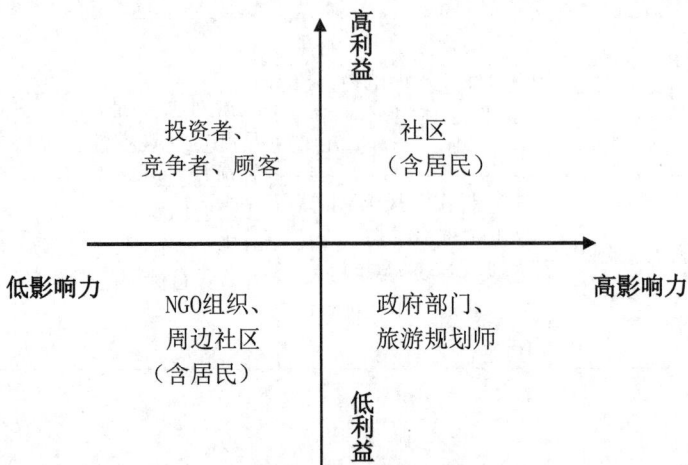

图 6-1　旅游社区影响力与利益关系矩阵

（一）通过旅游开发实现社区的整合发展

社区作为唯一的高影响力和高利益的群体，一方面承受着旅游开发带来的重大影响，另一方面又对旅游开发产生着重大影响。无数案例显示，将旅游视为社区独立层面进行开发的结果是令人失望的，两者通常陷入"彼消此长"的利益争夺中。为此，将旅游开发与社区的社会、经济、环境整合起来，寻找双方发展的平衡点是基于社区的乡村旅游文化产品规划的一个核心目标。

（二）提高顾客的满意度

这里所说的顾客包括乡村旅游社区的外部顾客（包括本地游客和外地游客）和内部顾客（社区居民）等。作为旅游产品的消费者，游客是其利润的最终来源，社区从业人员是沟通消费者与旅游产品之间的桥梁，两者都是其价值链利润来源的关键环节。而现代旅游的高度复杂性使许多目的地以游客数量来衡量其成功与否，而非游客满意度、社区满意度，这导致许多乡村旅游社区陷入过度开发的状态，缺乏可持续发展的潜力。为此，基于社区的乡村旅游文化产品规划的一个重大目标就是在其市场定位的基础上提供满足顾客需要的真实个性化产品，保障使用者的满意度。

（三）平衡各方获得的经济效益

从目前国情看，无论政府、投资者还是其竞争者、当地居民，参与旅游发展的一个极大动力就是经济利益。可见，利益分配不均衡是引起旅游冲突的主导因素。而传统的旅游规划一味地强调获取最大经济效益，忽视了区域内平衡各方利益的重要性，导致经济上处于弱势的群体以最本能的方式进行着"反抗"，如竞争者的恶性杀价，当地居民的不友好态度等。为此，基于社区的乡村旅游文化产品规划的另一个重大目标不仅要实现经济利益的最大化，而且重在平衡利益相关群体之间的分配，为社区内的旅游发展创造一个和谐的环境。

（四）实现资源的可持续利用

不可否认，实现以上各大目标要建立在资源可持续利用的基础上。目前，国内旅游社区的可持续发展趋势却像一把双刃剑，一方面 NGO 组织、旅游规划师强调可持续发展观的重要性，提倡资源的适度开发；另一方面政府、投资者、社区（居民）为了追求利益的最大化，打着"绿色""生态"的旗号对本土资源进行过度的营销和宣传，这导致可持续旅游发展演变成一种吸引游客的工具，被庸俗化而流于形式。为此，基于社区的乡村旅游文化产品规划必须通过教育与培训在其利益相关者之间就可持续的概念达成共识，真正实现资源的可持续利用。

二、规划设计原则

和传统的旅游规划方法不同，基于社区的乡村旅游文化产品规划将人的需求，特别是将社区的利益摆在首要核心的位置，尤其注重对过程的把握与控制。从参与旅游规划的利益主体看，有以下几条主要原则。

（一）政府主动赋权原则

要彻底改变"自上而下"的规划模式，政府必须赋予当地居民一定的权利，让他们真正有能力参与到旅游规划的决策和实施中来，而不是象征性地走过场。从国外的发展经验可以看出，政府的主导性作用尤为重要，适度地调整权利结构就能调动当地居民的积极性，让社区参与具有制度和权利上的保证。

（二）社区自主参与原则

社区作为利益相关者中最核心的群体，其主动参与于己于人具有关键性的作用。对旅游业而言，社区居民作为最了解当地情况的本土专家，其参与能突出地方特质、创造友好体验氛围、自觉地维护环境与本土文化，真正成为实现旅游业可持续发展的内在核心力量。对社区发展而言，自主参与能让旅游的负面影响降到最低点，让更多的旅游利益留在社区中而不至于形成漏损。

（三）规划者提高可操作性原则

规划学者作为统筹全局的主导群体，其利益虽然不与旅游社区的后期经营挂钩，但其提出的策略与方法直接影响到旅游社区的发展。在当前的实际情况中，如何调动当地居民的积极性，并提出符合居民表达习惯和乐于接受的操作方法是关键性因素。

（四）注重过程性原则

基于社区的旅游规划建立在社区参与的基础上，尤其重视对过程的控制与调节，是在不断互动与反馈中制定的旅游规划。这种过程性主要体现在两个方面：从纵向来看，社区参与到旅游规划的决策、设计实施、管理监督整个流程，任何一个环节缺少了都不是真正意义上的社区参与；从横向来看，旅游利益的分配、环境的维护、文化的传承都必须涵盖当地社区，这样才能体现基于社区的实质与内涵。

三、规划设计步骤

基于社区的乡村旅游文化产品规划是建立在社区参与基础上的动态过程，注重的是实际运用中的可操作性，特别是参与方式没有一套统一的固定模式，但其核心思想与基本原理大致相同，具体思路如图6-2所示。

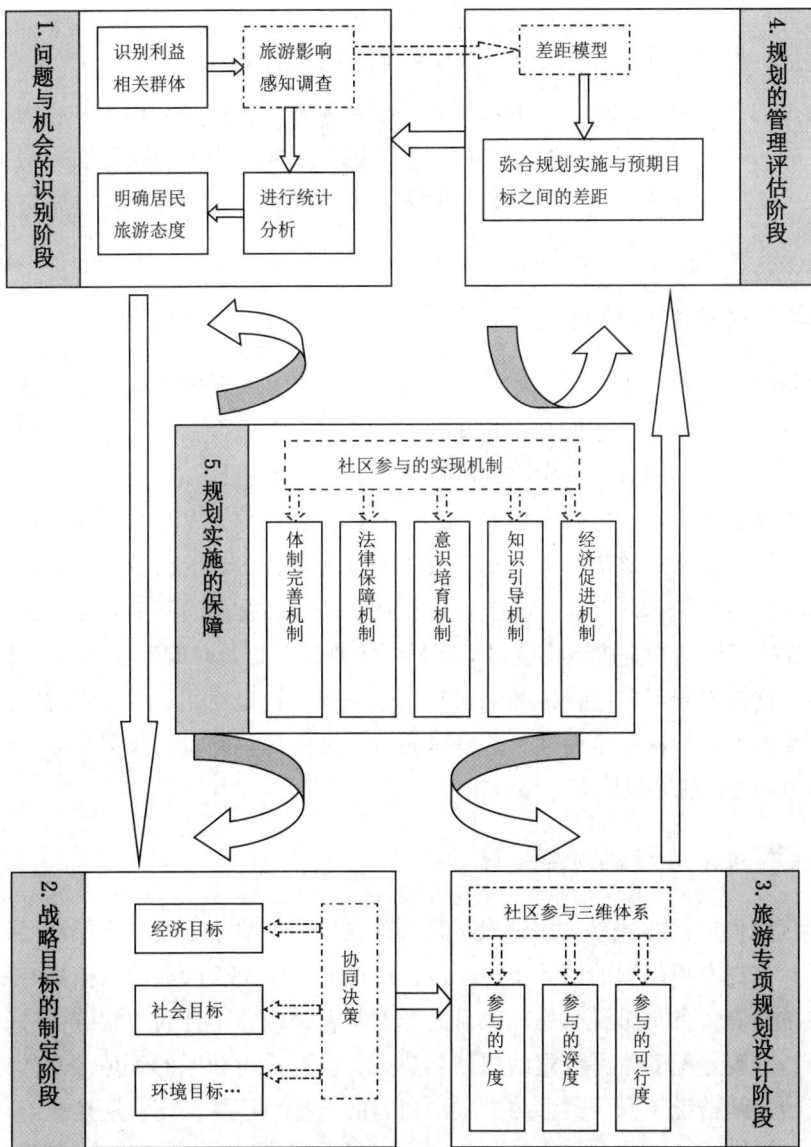

| 1. 问题与机会的识别阶段 | 识别利益相关群体 → 旅游影响感知调查 | 4. 规划的管理评估阶段 | 差距模型 |

图中文字内容：

1. 问题与机会的识别阶段
- 识别利益相关群体
- 旅游影响感知调查
- 明确居民旅游态度
- 进行统计分析

4. 规划的管理评估阶段
- 差距模型
- 弥合规划实施与预期目标之间的差距

5. 规划实施的保障
- 社区参与的实现机制
- 体制完善机制
- 法律保障机制
- 意识培育机制
- 知识引导机制
- 经济促进机制

2. 战略目标的制定阶段
- 经济目标
- 社会目标
- 环境目标…
- 协同决策

3. 旅游专项规划设计阶段
- 社区参与三维体系
- 参与的广度
- 参与的深度
- 参与的可行度

图 6-2　基于社区的旅游规划流程图

（一）机会和问题的识别

首先，要识别参与旅游规划的相关利益群体，这个相关群体不仅包括政府、社区居民、旅游企业等，而且应从旅游社区所涉及的各个子系统进行一定细分。由于协同决策模式中会涉及，在此不再赘述。其次，要注重社区居民旅游影响感知的调查，在此基础上获取社区居民的旅游偏好和态度，并依此制定下一步的战略目标，让旅游规划在一开始就朝着有利于社区的方向发展。

需要明确一点，此时设计的旅游影响感知调查指标体系是作为一种沟通工具而存在的，不仅有助于了解社区的预期旅游感知，同时作为一种反馈机制有助于了解社区的实际旅游感知。因此，在阶段4中同样有助于调查社区对旅游规划实施质量的反馈及评价。

（二）战略目标的制定

根据前一阶段的调查，我们识别了旅游社区的相关利益主体，了解到当地社区对旅游开发的偏好及态度，在此基础上应成立一个包含多方利益主体的决策团体，采取协同决策的方式制定出旅游规划的长远战略目标。一般来说，这个决策团体既要囊括旅游社区的各个子系统，还要包含对旅游开发存在不同态度的居民代表。协同的目标应该综合考虑到阶段1中各利益相关者的旅游需求，特别是社区的预期旅游感知，同时应该涵盖社区经济、环境和社会的平衡发展问题。由此看来，战略目标的制定应该具备以下特性：宏观性，这是对旅游社区的总体设想；长期性，这是着眼于旅游社区的未来和长远；相对稳定性，它在一定时间内成为人们奋斗的行动指南；全面性，这是对旅游社区的现实利益与长远利益、局部利益与整体利益的综合反映。

（三）旅游专项规划的设计

社区以协同的方式参与旅游战略目标的制定，在战略上进一步保证当地居民有能力参与到专项规划的设计实施阶段，以他们土生土长的经历挖掘具有地方特色的旅游资源，参与旅游产品和项目的开发与营销，并结合周边旅游社区的空间竞争形势、搞好配套旅游设施的规划与建设，参与旅游社区的管理等。当然，各个社区的实际情况不同，其参与方式与内容的选择也不尽相同，这是基于社区的乡村旅游规划不能套用一种模式的核心所在。

（四）规划的管理评估

基于社区旅游规划的一个重大特点就是讲究互动性，规划的管理评估就是在构建一定反馈机制的基础上对前期的规划实施进行的修正。需要特别指出的是，这种反馈机制仍然采用的是居民旅游影响感知调查。如果规划前期的旅游影响感知调查能明确居民的预期设想，那么此时的旅游影响感知调查就有助于评估规划的实施质量。采用差距模型分析法，弥合规划的实施与预期目标之间的差异。由此看来，管理评估的主要目的是避免旅游规划的僵硬化，扩大旅游的正面效应，缩小旅游的负面效应，减少社区与旅游之间的冲突，使社区旅游走向多方受益和良性的发展道路。

（五）规划实施的保障体系

基于社区的乡村旅游文化产品规划的目的是要实现社区与旅游的一体化整合发展，即一方面通过旅游开发，使当地居民成为真正的受益主体，当地文化获得传承，社区结构得以稳固；另一方面通过展示完整的社区特征，维系旅游的可持续发展，使当地社区成长为具备核心竞争力的旅游产品。要完成这一过程，就必须保障在规划的实施过程中体现社区参与。可见，社区参与已经不仅作为一种行为方式，同时作为规划理念渗透到各个步骤中。为此，必须建立社区参与的实现机制，从宏观和微观的角度，以社区、政府、旅游企业、规划专家和非政府组织共同参与为依托，不断从体制上健全参与制度、从法律上提供参与保障、从意识上进行参与培育、从知识上实施参与引导、从经济上刺激参与行为。

第三节　基于社区的乡村旅游文化产品规划方法

以上一个核心、四大步骤构成了基于社区的乡村旅游文化产品规划的总体思路与流程，通过其框架图（见图6-2）可以看到，社区参与作为贯穿整个规划过程的核心理念，决定了每个过程所采用的技术方法必须体现这一思想（图6-2中的虚线框便是体现这种理念的规划技术方法）。在问题与机会的识别阶段，当地社区有权利知晓旅游对自身带来的积极与消极影响，从而明确未来的旅游发展走向，这个过程中构建社区旅游影响感知的评价体系尤为重要；社区要想参与到规划战略目标的制定过程中，就必须构建一个涵盖众多利益群体的决策模型，这时协同决策便能起到关键性的作用；而在旅游专项规划设计阶段，社区要想有效参与，就必须从广度、深度和可行度的三维角度构建参与体系；在规划实施以后，必须有一定的反馈机制对其进行监督和评估，此时再次运用旅游影响感知评价体系进行规划实施质量的评估，并运用差距模型分析，弥合实施过程中的各种差距，形成后续规划；最后，从宏观和微观的角度建立社区参与的实现机制，为规划的实施建立合理的保障体系。下面将对框架图中的所设计的具体规划方法（图6-2中的虚线框）进行逐一阐述。

（一）构建社区旅游影响感知与态度的评价体系

与以往规划方法不同，基于社区的旅游规划首先要进行旅游影响的评估，而不是将其置于旅游发展之后的补救措施。因此，获取社区旅游影响感知与态度的一个重要手段就是构建其评价体系。此评价体系以当地社区为调查对象，第一部分是调查对象简单的个人信息，包括性别、年龄、职业、教育程度、目前收入及居住时间等，这些信息的收集有助于了解影响社区居民旅游感知的因素；第二部分是社区居民对旅游业影响的感知指标。有研究者曾从信度（reliability）与效度（validity）测试上构建了旅游影响的35项评价指标，在借鉴其研究成果和国内学者的研究经验的基础上，本书设置6个一级指标（3个正向指标，3个负向指标）、32个二级指标（见图6-3）。采用李克特5分量表计量，数字1—5表示同意的程度：5表示非常同意，4表示同意，3表示不同意也不反对（一般），2表示反对，1表示非常反对。通过对每个指标的统计分析可得出居民的总体旅游感知，一般来说，居民的旅游态度主要呈现如下四种类型：

第Ⅰ类中立者，对旅游发展持中立态度，即6个指标中正向指标和负向指标得分呈均值，中性。

第Ⅱ类热爱者，对旅游业的发展持狂热态度，认为其发展不会带来负面影响，即6个指标中正向指标得分较高，负向指标得分较低。

第Ⅲ类理性者，对旅游业的发展较为理性，既看到其正面效应，也充分认识到其负面影响，即6个指标中正向指标和负向指标得分都较高。

第Ⅳ类反对者，认为旅游业带来太多的负面效应，反对开发，即6个指标中正向指标得分较低，而负向指标得分都较高。

通过居民旅游影响感知与态度的调查，可以获取社区居民对旅游开发的偏好与态度，根据不同居民提出不同的参与方式，从而使旅游业的发展能获得当地社区的支持，并朝着社区整合的方向发展。

（二）构建协同决策模式

在第一个阶段，我们对社区内的各大利益群体进行了分类，同时了解到他们对旅游业的态度并非一致性的赞同。如何消除这些冲突，并以一种互赢之道制定具有兼容性的战略目标是第二个阶段必须解决的核心问题。本书所设想的协同决策模式就是利用协同学的相关原理，将旅游社区看作一个系统，研究其子系统通过怎样的合作、协同才能在宏观的战略目标上达成一致。当然，这些子系统除了涵盖旅游社区内部的各利益部门（不包含外部的游客系统），还应该包含第一个阶段中通过旅游感知划分的4种居民类型。

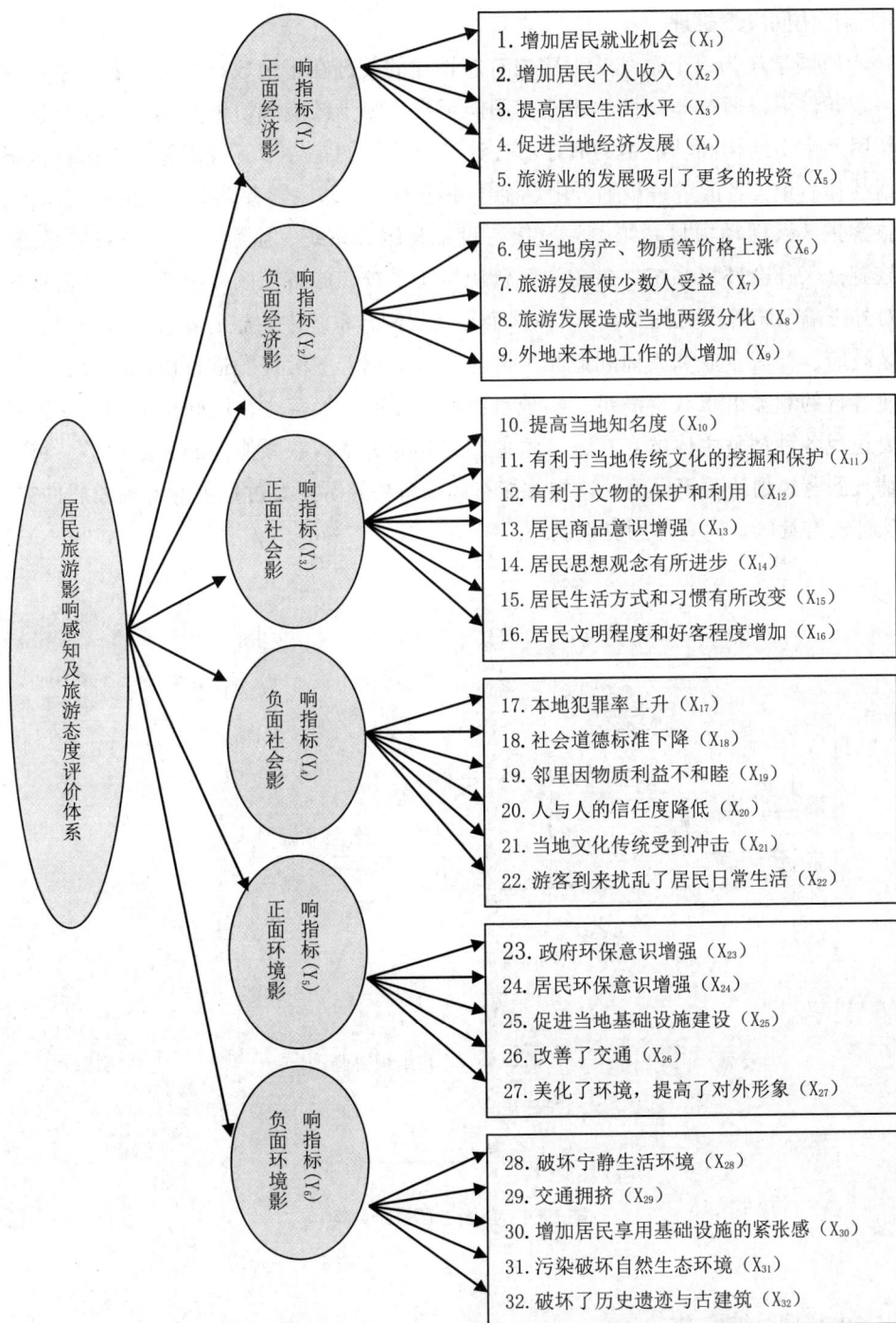

图6-3 居民旅游影响感知与态度评价模型

正面经济影响指标(Y₁)

1.增加居民就业机会（X₁）
2.增加居民个人收入（X₂）
3.提高居民生活水平（X₃）
4.促进当地经济发展（X₄）
5.旅游业的发展吸引了更多的投资（X₅）

负面经济影响指标(Y₂)

6.使当地房产、物质等价格上涨（X₆）
7.旅游发展使少数人受益（X₇）
8.旅游发展造成当地两级分化（X₈）
9.外地来本地工作的人增加（X₉）

正面社会影响指标(Y₃)

10.提高当地知名度（X₁₀）
11.有利于当地传统文化的挖掘和保护（X₁₁）
12.有利于文物的保护和利用（X₁₂）
13.居民商品意识增强（X₁₃）
14.居民思想观念有所进步（X₁₄）
15.居民生活方式和习惯有所改变（X₁₅）
16.居民文明程度和好客程度增加（X₁₆）

负面社会影响指标(Y₄)

17.本地犯罪率上升（X₁₇）
18.社会道德标准下降（X₁₈）
19.邻里因物质利益不和睦（X₁₉）
20.人与人的信任度降低（X₂₀）
21.当地文化传统受到冲击（X₂₁）
22.游客到来扰乱了居民日常生活（X₂₂）

正面环境影响指标(Y₅)

23.政府环保意识增强（X₂₃）
24.居民环保意识增强（X₂₄）
25.促进当地基础设施建设（X₂₅）
26.改善了交通（X₂₆）
27.美化了环境，提高了对外形象（X₂₇）

负面环境影响指标(Y₆)

28.破坏宁静生活环境（X₂₈）
29.交通拥挤（X₂₉）
30.增加居民享用基础设施的紧张感（X₃₀）
31.污染破坏自然生态环境（X₃₁）
32.破坏了历史遗迹与古建筑（X₃₂）

居民旅游影响感知及旅游态度评价体系

1. 协同决策机理

协同学认为一个系统从无序向有序转化的关键在于组成该系统的各子系统在一定条件下，通过非线性的相互作用能否产生相干效应和协同作用，并通过这种作用产生出结构和功能上的有序。在这种方法论的指导下，我们发现旅游社区根据其利益相关者的进一步细分由 9 个子系统构成，即旅游者系统、社区居民系统、旅游景区及活动项目系统、旅游接待设施与服务系统、旅游社区经济发展系统、旅游社区社会环境系统、旅游社区资源生态系统、旅游社区政府系统、旅游社区对外影响系统等（见图6-4）。在这个复杂的耦合系统中，旅游者、社区居民、社区政府、社区企业和其他利益相关群体只有围绕着旅游开发进行协调配合，才能使各自的利益诉求获得满足，实现自我良性循环。换言之，协同决策的实质就是要正视各种利益主体的存在，分清他们之间的关系，兼顾他们的合法利益，将其纳入旅游规划的决策层面，这样才能有利于解决旅游开发过程中的各种矛盾冲突，保证旅游社区走向有序的良性循环。

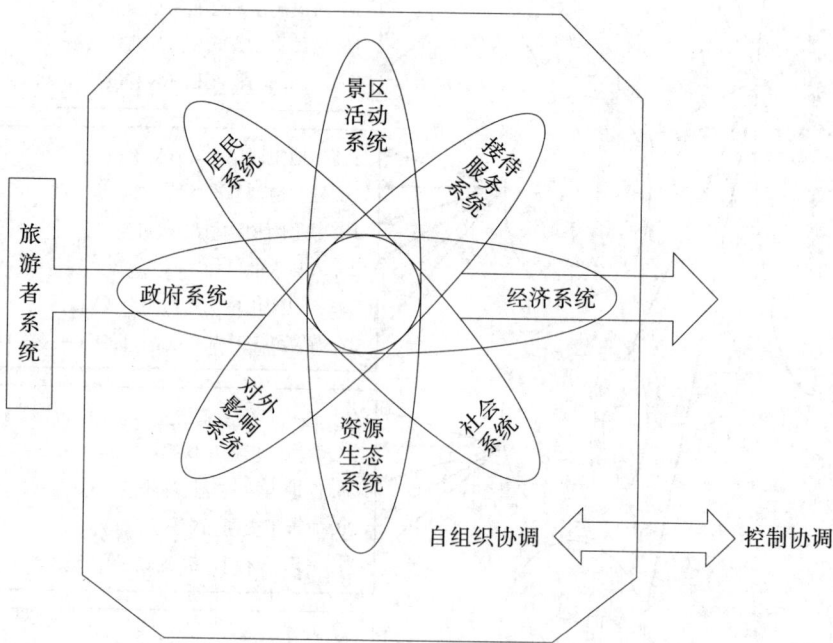

图6-4 旅游社区系统结构

2. 协同决策模式

协同决策是联合乡村旅游社区的主要利益相关者，搭建一个平等对话的平台，就其旅游规划的宏观战略目标进行协同定位的一种方法。通过这种方法制定出来的战略目标一方面涵盖了多方利益主体的创造性观点，更富于有效性和包容性；另一方面社区真正参与到旅游规划的决策，才有可能在战略地位上保证其有资格进入旅游规划的实际操作层面。因此，本书所构建的协同决策模式具备"承上启下"的功能，即承接第一个阶段的研究成果，同时保障第三个阶段的操作具备可行性。具体来说，包括如下 5 个步骤（见图 6-5）。

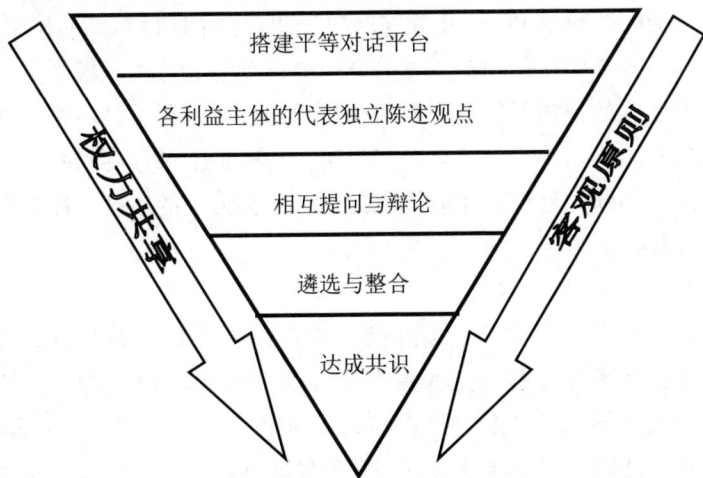

图 6-5　协同决策模式

步骤一：搭建平等对话平台

这个平台的搭建首先需要政府的主动引导，将权力下放，保证每位参与者在公平对等的前提下对话；其次，这个平台除了保证自组织协调外，还需要来自第三方的中立团队，监督整个过程的公平性。在自组织协调无法进展时给予适时的调解与控制，根据我国目前的国情，这个中立的力量通常来自旅游规划界；再次，针对参与的主体而言，由于每个人的立场不同，必然会产生矛盾与冲突，因此必须事先制定一定的"平等"对话标准，即客观对事不对人原则；最后，"对话"方式有很多种，但由于协同决策本身所具有的性质，本书认为最为合适的是采用非正式的圆桌会议。这个源于英国公元 5 世纪的会议形式，本身就意味着与会者不分上下尊卑、一律平等、共同协商，而所谓"非正式"就是希望在轻松、愉快的氛围里进行。

步骤二：各利益主体的代表独立陈述自己的观点

进入陈述阶段必须明确两个关键性的问题，首先其代表必须涵盖各大利益主体，既要包括宏观层面上通过社区感知调查形成的各大类别，又要包括微观层面上旅游社区系统中所涉及的各个部门，并且代表可以由"毛遂自荐"和"公平选举"相结合的方式产生，这样才能使后期的决策具备一定的有效性和可信度；其次，与会的代表必须相互独立，独立代表各自的类别与部门、不在利益上重叠，独立陈述自己的观点、不受他人影响。

步骤三：相互提问与辩论

与会代表是相互独立、平等的，有权对其他人的观点提出自己的看法和意见，但必须遵循一定的客观原则——将人与问题分开。整个阶段氛围的控制极为重要，此时来自第三方独立团队的规划学者一方面要调动与会者的积极性，让他们群策群力，以本土专家的视角就旅游规划的决策问题进行探讨；另一方面规划学者还要就其中出现的矛盾与冲突进行调解和控制，保证整个过程不间断。在这个阶段与会者只有经过不断的磨合，才能体现出"协同决策"的本质，使整个规划朝着有利于社区的方向发展。

步骤四：遴选与整合

这个阶段主要是将形成的成果进行一定的汇编，列出初步达成共识的观点，并对其中存在的问题重复步骤三的操作。当然，重复操作要注意"度"的把握，切忌陷入一种混战状态。此时经过良好训练的第三方的作用是对团体进行指导，特别是开发有关处理滞留问题的新方法，如投票制、个别协商等，让与会者明白整合的目的不是为了一方利益而压制另一方的利益，而是为了朝着一个共同的目标而奋斗。

步骤五：达成共识

经过上述4个阶段的陈述、辩论、协商与控制，最后将进入达成共识阶段，也就是出台最终的旅游规划战略目标。该战略目标必须对旅游社区的未来走向具有宏观性的指导作用，如旅游开发过程中的资金来源、开发的时间与空间顺序、旅游社区的性质定位、目标市场的确定及经济、社会和环境目标等。当然，战略目标要想获得所有旅游利益相关者群体的"衷心支持"是不切实际的，萨斯坎德曾把共识分为三个级别，即参与者强烈支持的解决方案、参与者可以"忍受"的解决方案、一些参与者不支持但同意不否决的解决方案。由此看来，明智的做法不是追求理想化的结果，而是与会者都可以"忍受"的解决方案。

（三）构建社区参与三维体系

社区参与的旅游规划思想一经提出便受到了国内外旅游界的广泛关注，但多年来其研究一度因为实施的可操作性而备受质疑。源于西方的参与方式虽然具有一定的借鉴性，但由于意识形态、生活方式、组织体制等限制使这些创意无法本土化，因此致力于本土的社区参与体系的构建尤为重要。一方面有助于提高社区居民参与旅游规划的有效性，从而使当地居民作为旅游开发的主体获得长足的经济、环境和文化效益；另一方面社区作为旅游开发的重要载体与资源，只有在居民参与的情况下才具有活力。因此，社区参与三维体系的构建不仅能促使居民的参与行为进入实际的可操作性阶段，同时能在内在根源上保障社区成长为一个有竞争力的旅游目的地。结合我国目前的实际情况，笔者认为旅游专项规划阶段的社区参与体系必须从广度、深度和可行度的三维体系角度进行构建（见表6-2），针对不同的参与内容选择不同参与方式、控制合理的参与层次，才能避免笼统不加区别的照搬模式，从而使旅游社区走向长足的发展。

表6-2　旅游专项规划阶段的社区参与三维体系

参与内容	参与层次	可选参与方式
参与旅游资源的挖掘	代表参与	实地访谈、头脑风暴法等
参与旅游产品的开发	大众参与	问卷调查、矩阵排序等
参与旅游营销	大众参与	行为参与等
参与配套设施的建设	普遍参与	资金及劳动参与等
参与旅游社区的管理	代表参与	居民旁听、公众会议等
参与环境的维护	普遍参与	意识培育等
……	……	……

1.参与的广度

要改变我国社区居民参与面较窄的问题，就必须突破社区居民仅仅被当作规划客体的被动性的参与局面，而应以主人翁的姿态积极参与到旅游规划的各个方面中。

（1）参与旅游资源的挖掘。以往的资源考察模式通常是"政府引导＋规划专家主导"，当地居民仅仅是作为旅游资源的客体形式而存在，并未上升到主人翁的姿态。事实上，当地居民与旅游资源本身就是一个巨大的矛盾统一体。首先，当地居民作为"土生土长的专家"最熟悉本地的资源状况，他们的参与有利于各级资源的挖掘；其次，参与资源挖掘的过程本身有利于当地居民树立一种文化上的认同感；最后，参与的过程让居民从另外一个角度认识到资源的保护范围，从而减少破坏性的掠夺。

（2）参与旅游产品的开发。社区参与旅游产品的开发更能体现旅游产品的真实性、体验性与互动性。首先，当地居民的日常生活本身就是一种鲜活的旅游产品，以一种易于游客接触的形式呈现于游客面前有利于体现旅游活动的真实性；其次，形成的"社区参与型旅游产品"，如家庭旅馆、民俗表演等能提供给游客一个体验的平台；最后，社区参与到旅游产品的开发，与游客以一种互动的形式进行旅游产品的交易，能在不断的反馈信息中实现旅游产品的可持续发展。

（3）参与配套服务设施的建设。如果说社区参与旅游产品的经营是以一种直接的方式获取旅游收益，那么参与配套设施的建设就是一种间接的方式广泛获得旅游收益。一直以来，社区在旅游利益中的分配是极度不平衡的，外来的企业、集团占据了大量利润份额而将过高的成本留在了当地。如果居民直接获取旅游收益的权利受到一定的制约，那么以间接的方式参与到食、住、行、游、购、娱的配套设施建设中，是调整其不合理的利益分配体系的一种重要手段。

（4）参与旅游营销。通常的旅游营销模式只是采取传媒的方式将社区居民当作营销的客体之一，而本书所倡导的社区参与旅游营销是从实际服务中，让社区展现出良好的设施形象、服务形象、环境形象和文化形象，从符号的角度增强受众感知，以争取更多的回头客。

（5）参与社区环境的维护。这里所说的社区环境不仅包括自然的生态环境，还包括人文的社会环境。它既是社区居民生活空间场所，也是社区旅游发展的物质载体。因此，社区居民首先要在意识上认同环境维护的重要性，其次还应身体力行地加入实际的维护行动中。

（6）参与旅游社区的管理。管理模式的滞后是社区参与无法落到实处的一大制约环节，国际上通行的后发展地区资源管理模式——社区共管，在东南亚、非洲、墨西哥等地的渔业、海岸资源、森林和国家公园管理等方面取得显著成效。该模式以村委会为基础建立包含多个利益相关者的共管委员会，一方面能按照预期的目标对旅游社区的规划、执行与后期管理进行全面的监控；另一方面又能以"亲民"的共管形式获得社区群众的广泛支持，有利于后期管理工作的顺利开展，从而实现旅游社区的自我发展。

2. 参与的深度

要改变我国社区居民参与层次较低的问题，就必须突破参与人数的限制，采取代表参与、大众参与和普遍参与相结合的方式。根据我国的实际情况与国民素质，参与人数和参与的层次并非呈简单的正向关系，必须具体问题具体分析。

（1）代表参与是指在某些问题上只需与居民选举产生的代表或群众中威望较高的资深人士进行协商，如旅游资源的挖掘、旅游社区的管理等。只有代表参与的情况下，才能保证其参与的效率与可行性。

（2）大众参与是指社区的大部分居民必须参与进来才可体现其价值与有效性，才能体现社区旅游产品区别于其他旅游产品的独特之处——真实性、体验性和互动性。

（3）普遍参与是指社区居民全面主动地参与到某些旅游开发过程中才能体现参与的公平性，有效地实现旅游社区的可持续发展，如全体居民只有参与到旅游配套基础设施的建设中才能公平地获取旅游收益。只有全体居民参与到旅游环境的维护中，才能实现旅游社区的可持续发展。

3. 参与的可行度

要改变我国社区居民参与困难的问题，就必须突破模式单一化的局限，针对不同人群的特点与素质，采用适合当地习惯、群众喜闻乐见的表达方式。在借鉴国外研究成果并结合我国实际国情的基础上，本书总结归纳了如下几种参与方式。

（1）信息参与，即社区居民以决策参与者的身份参与旅游规划的编制。由于当前我国的民主化进程牵制了社区的主动参与意识，同时信息参与又不与社区居民的旅游收益直接挂钩，因此在大多旅游社区不受关注。基于此点必须采取相应的参与技巧来激发这种行为，具体包括如下几种。

①实地访谈：是一种利用实地观察与非结构性访谈相结合的方式，就某一主题与被访者进行的自由式交谈。这种方式的最大特点是能发挥访谈员与访谈对象的积极性、灵活性，操作简单，普遍适用。

②问卷调查：是利用问卷来收集有关参与者态度的主观性数据以达到调查目的。这一方式的重点是问题的设计必须紧紧围绕所研究的问题和所要测试的变量来进行。

③矩阵排序：第一，向参与者展示排序的清单、评分标准及打分准则；第二，准备矩阵表，在矩阵表的顶部是对象，左边是不同的标准；第三，让关键信息人根据每个标准对调查对象进行排序。例如，下列问题的顺序将有助于访谈：哪个最好？哪个次最好？哪个最差？哪个次最差？剩下两个哪个比较好？这种方法首先限制了排序对象的数量，最好在 10 个以内；其次对参与者的素质要求较高。

④居民旁听：居民以旁听的身份参与到重要问题的决策讨论中，但不参与讨论。这种方式一方面保障了当地群众对政府重大决策的知情权，提高了透明度；另一方面又提供当地居民一定的监督权，拓宽其反映愿望与要求的渠道。

⑤公众会议：属低成本风险投入，为向公众提供信息和接受代表性观点提供了很好的机会。然而，其对制定新方案并无助益，而且武断、有组织的团体可能会完全压倒其他利益相关者的声音。

⑥头脑风暴法：在小组内快速开发一个没有限制的、没有评估的主题，利用集体智慧进行讨论，鼓励参与者提出自己的想法，注重其数量而不是质量。这种方法较为灵活，可用于各种目的。

（2）行为参与，即社区居民以表演者的身份参与旅游项目规划。旅游社区要想成为具备核心竞争力的旅游产品，必须通过社区居民的行为参与来彰显其独特的文化内涵。当地居民作为社区文化的创造者与维持者，具备与生俱来的表演天赋，一般来说其行为参与主要体现在三个方面：一是展示其日常生活状态；二是民俗节庆期间的自发表演；三是专门的民俗演绎活动等。

（3）资金及劳动参与，即社区居民以投资者的身份参与旅游配套服务及设施的建设。大多数旅游社区由于受当地市场经济的发育程度和本身的商品意识影响，其投资模式仅限于土地投资（即出租土地获得租金）和劳动投资（即从事服务性的工作），个人的资金参与行为相对匮乏。考虑到社区居民资金的有限性，可以以股份有限公司的形式增强个人资金投入，投资构成可以是"公司＋社区＋社区居民"，也可以是"公司＋社区居民"或者"政府＋社区居民""协会＋社区居民"等形式。

（4）意识培育，即社区居民以资源环保者的身份加入生态环境、社会环境和文化环境的培育中。这是一种潜在的参与行为，社区居民只有从意识形态上认识到社区与旅游的共存关系，才能在实际行动中认同自己的文化、保护自己的环境，创造友好的氛围，使目的地社区走上可持续发展的道路。

（四）构建差距分析模型

传统意义上的旅游规划大多终止于其规划文本的评审，且许多内容流于形式，操作实施与既定目标存在巨大的偏离。而基于社区的旅游规划将社区的利益放在中心位置，必须注重规划的参与性、过程性和互动性。特别是规划实施以后，其利益相关者所期望的既定目标与规划结果之间的差距会严重影响旅游社区的可持续发展。换句话说，如果这种差距过大，基于社区的旅游规划方法不仅不能为当地社区的发展寻求一条合适之路，相反，这种落差在当地居民中形成的阴影会成为一种严重的破坏力，冲击到社区本身的自然状态与功能。因此，这种缩小差距的后续研究显得尤为重要，一方面真正保证了规划目标与规划结果的一致性，另一方面真正把社区的利益放在中心位置，以增加当地居民的满意度，实现社区与旅游的和谐发展。

1. 规划实施质量评价的概念模式

帕拉休拉曼、泽坦、贝里将服务质量定义为顾客对服务的期望与顾客实际感知到的服务间的差距，即服务质量＝感知的服务－期望的服务。这种将服务质量概念化的分析工具已经广泛运用到医疗、教育、环境及接待行业。套用这个模式，如果我们将"社区—旅游（业）—游客"看作一条服务利润链，那么游客并非旅游业的唯一顾客。作为从业人员的社区居民同样可以看作旅游业的内部顾客，他们对旅游规划是否满意，主要取决于感知到的成果与预期成果之间的差异（满意度＝感知成果－预期成果）的大小。从图 6-6 中可以看出，AOA' 表示社区的满意度高低，OA 方向表示社区满意度增加，OA' 表示社区满意度降低，OB 表示社区期待水平，TT' 表示旅游规划实施后旅游发展阶段，以时间为单位。社区居民在 0—1 时间段，对旅游效应的期待和实际体验基本持平，社区基本满意；在 1—2 时间段，社区期待高于实际体验，因此不满意度增加。从 2 时刻开始，分为两种情况，沿 DE 方向，社区实际体验越来越好，满意度不断增加；沿 DF 方向，实际体验越来越差，社区满意度递减。还有一种情况，沿 OB 线方向，表明社区期待与实际体验基本持平、基本满意，当然这种情况较为少见。可见，该概念模式反映了规划实施状况与社区居民的满意度之间存在重要关系。

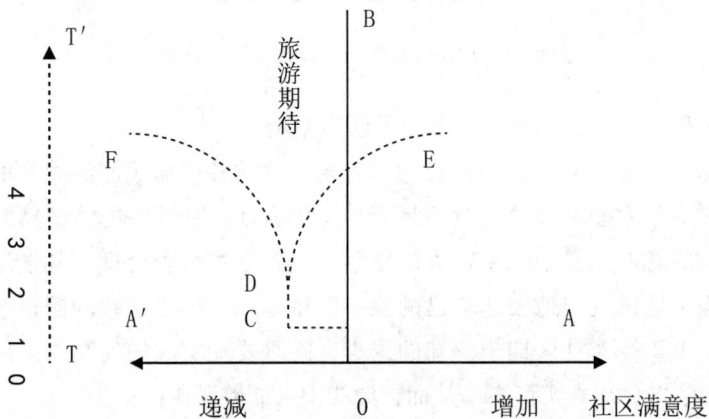

图 6-6　规划实施质量评价的概念模式

2. 差距分析模型

如图 6-6 所示，旅游规划实施以后，社区的预想成果与其实际体验是存在差距的，如何弥合这种差距，实现旅游规划目标与规划结果的一致性是后续规划所要解决的突出问题。对此，帕拉休拉曼等人提出的差异模型（Gap Model）为我们提供了一个很好的分析工具，该模型最早是用于评价消费者的需求期待与消费后的实际体验之间关系的一种方法。在借鉴其原始模型的基础上笔者构建了旅游规划实施质量评价的差距模型图（见图6-7）。通过差距模型可以分析出社区期待与旅游规划之间客观存在的差异及其形成原因，从而为进一步修正旅游规划提供理论依据。

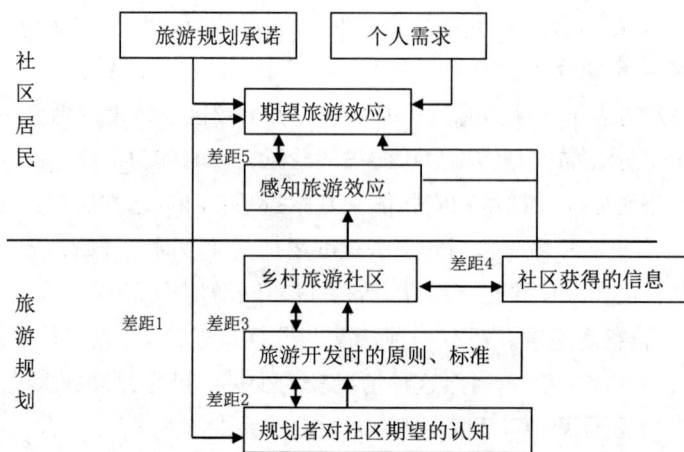

图6-7　旅游规划实施质量评价的差距模型

（1）差距1：社区期望——规划者期望差距

尽管本书所倡导的旅游规划思想一开始就注重社区居民旅游感知的调查，但其中仍存在一些问题，如调查对象是否具有代表性，其反映的旅游感知是代表了一小部分人的意愿还是绝大多数人的意愿；调查方式是否合理，其选用的模式是否有利于当地居民真实地表达自己的旅游期望等。在识别这些问题以后，我们不仅要在理论上重视对社区期望感知的调查，同时要在实践的反馈中运用灵活的手段使获得的数据更加真实可靠，从而在源头上遏制差距1的扩大。

（2）差距2：规划者对社区期望的认知—根据认知设计出来的规划实施标准差距

一旦识别出社区居民对旅游发展的期望，面临的挑战将是如何根据这些期望制定出符合当地居民利益的规划标准。尽管我们制定了政府主动赋权、社区自主参与、规划者提高操作性、注重过程性等一系列标准保障规划实施的质量，但由于体制的限制、资金的短缺和内部协调的复杂性等导致规划的实施标准过于笼统，未能很好地体现社区的需求，从而导致差距2的产生。客观因素无法在短时期内获得改变，但主观上我们应该加强各部门的培训与教育，让规划的实施标准更加贴合社区居民的实施范畴。

（3）差距3：旅游开发标准、原则—根据这些原则设计出来的旅游社区（旅游产品）差距

初始的差距分析模型中将此差距称为服务传递差距，即服务人员往往无法按照原先设计的服务标准提供服务。无可否认，任何标准转换为执行的过程都会存在一定的误差，如在旅游规划的协同决策期间领导小组无法严格地执行权利共享和客观原则；在旅游产品的开发讨论中，没有从三维参与体系中考虑社区居民的参与等，这些都导致最终形成的旅游社区偏离当地居民的设想。

（4）差距4：内部沟通差距

社区在整个旅游发展过程中虽然是具有高影响力和高利益的群体，但由于信息的不对称性导致其处于较为弱势的地位。特别是在旅游发展的内部市场中，依然存在许多过度的承诺和重要信息没有与当地居民分享，这种沟通上的差距造成社区与政府、社区与旅游企业、社区与游客、居民之间的矛盾是显而易见的。

（5）差距5：社区期望旅游效应—社区感知旅游效应差距

差距5与前4种差距之间存在着一种函数关系：如果前4种差距逐步扩大而没有得到控制，社区感知到的旅游效应小于预期效应，社区将对规划的实施质量感到不满意；如果前4种差距逐步缩小而得到了有效控制，社区感知到的旅游效应等于预期效应，社区将对规划的实施质量感到基本满意；如果前4种差距完全不存在，社区感知到的旅游效应大于预期效应，社区将对规划的实施质量感到非常满意，但这只是一种理想状态。

（五）构建社区参与的实现机制

乡村旅游社区要想成为多方共赢的旅游产品（见图6-8），就必须强调当地居民的广泛参与，但作为一种以人为本的规划哲学理念，它不会自动地贯彻到各个阶段的实施中。从我国目前的实际情况来看，大多数能发展旅游业的边远社区在观念形成上是极其匮乏的，因此社区参与的过程是社区居民与当地政府、旅游企业、规划专家及非政府组织相互协调合作的过程，必须有相应的促进机制来保障这些合作的顺利实现。

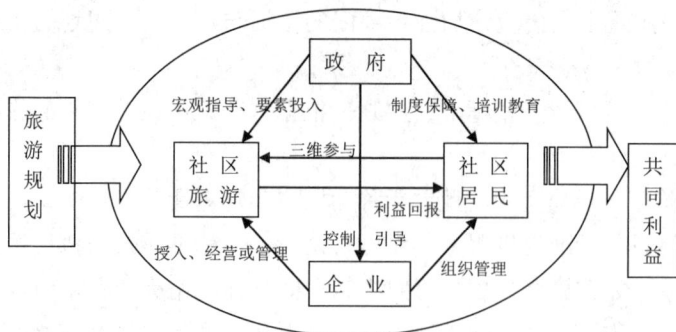

图 6-8　社区与旅游共赢模式架构

1. 体制完善机制

（1）完善社区民主制度

政府在社区参与旅游规划的过程中发挥着关键作用，在我国这种作用更加明显。长期以来，我国"大政府小社会"的发展模式导致当地居民习惯执行性地参与旅游规划，要改变这种被动的模式，政府必须加强社区的民主制度建设。要坚持开好居民代表会议，健全居民会议制度，充分发挥居民代表会议的沟通和监督职能，加强与广大居民的经常性联系，健全民主监督和制约机制，充分发挥社区协商对话、信访、举报、民意测验以及大众传媒等监督渠道和手段作用，为广大居民自觉主动地参与社区旅游规划提供积极的政策动力，开辟优越的制度环境。

（2）完善社区组织结构

社区组织，是指直接从事社区民主选举、民主决策、民主管理、民主监督活动，以实现自我教育、自我管理、自我服务、自我约束功能的各种组织的总称。社区组织包括四大类型：社区党组织、社区自治组织、社区中介组织、社区专业服务组织。本书所倡导的适合基于社区的乡村旅游文化产品规划的旅游社区大多只存在村小组与村委会，缺乏为居民服务的第三类组织。因此，要积极培育和发展社区内居民的社团组织，如文艺表演队、旅游行业协会、旅游咨询委员会等，发挥它们在沟通信息，交流感情、维护权益等方面的作用，为社区居民开辟一个广泛的参与渠道与空间。

（3）理顺社区的旅游管理体制

在我国，作为旅游载体的景区通常分属建设部、文物部、林业部等多部门管辖，这种多头管理的现象不仅造成人力资源的浪费，而且各部门之间的权力牵制与扯皮制约了社区参与旅游规划的行为，导致居民的意见得不到良好的反馈与回应。因此，本书认为社区必须建立一个有居民代表参与的旅游共管委员会，直接对旅游发展中的相关事宜负责，同时明确政府在社区旅游管理中的宏观调控职能，为居民参与旅游规划提供一个对等的平台。

2. 法律保障机制

目前，中国的旅游进入大众发展阶段后出现了许多问题，特别是旅游开发忽视了相关利益主体而导致的利益纷争，很大程度上是由于法律法规的缺位造成的。国家相关部门已经加大立法管理，如中华人民共和国国家质量监督检验检疫总局于 2003 年发布的《中华人民共和国国家标准·旅游规划通则 [GB/T18971-2003]》要求"旅游规划的编制过程中应当进行多方案的比较，并征求各有关行政管理部门的意见尤其是当地居民的意见"。再如，国家质量技术监督局和中华人民共和国建设部于 1999 年联合发布的《中华人民共和国国家标准·风景名胜区规划规范 [GB51294-2018]》中的"专项规划"部分确立了"居民社会调控规划"，规定凡含有居民点的风景名胜区，应编制居民点调控规划，还指明了居民社会调控规划编制的基本原则及所包含的内容。然而，无论《旅游规划通则》还是《风景名胜区规划规范》对如何在规划中体现社区参与，以及社区居民的旅游参与方式、途径等并没有进一步的规定。

因此，在出台全国性的法律之前，可以先根据各地的特点和发展情况制定一些地方性法规作为起步；也可先由社区在不违背国家法律的前提下，自行制定一些具体的社区旅游的管理条例与规章制度。在旅游规划的实施中，要想使社区参与规范化、合法化，必须制定出专门针对旅游发展中各利益主体及活动的相关法律规范，尤其明确社区在旅游规划中的法律地位、关系和权责范围，制定社区参与旅游规划的实施标准及原则，使居民的参与行为有法可依。

3. 意识培育机制

根据社区旅游规划所涉及的相关群体，意识培育的对象应包括政府、旅游企业、规划专家及社区居民[①]。

（1）政府

长期以来，许多社区的旅游发展走的是党政领导决策之后动员群众执行的权力精英主导模式。这种模式下，受政绩评价机制的影响，不少行政领导不顾社区居民的实际需要而创造业绩、制造"亮点"，形成了家长制、一手遮天的弊病。这种情况下，旅游社区要想切实根据内部需求走可持续发展之路，政府部门就必须改变传统观点，重新进行角色定位，切实贯彻中央"有所为，有所不为"的主张，

---

① 部分社区还涉及非政府组织（NGO），但这些非政府组织的核心通常是基于公民精神和宗教关怀的志愿精神，它们是社区参与的支持者、推动者，故不在意识培育的范围内。

进行权利下放，给予居民更多参与决策权。

（2）旅游企业

像西双版纳傣族园这样的"公司＋农户"的社区旅游开发模式，企业因为资金投入在社区旅游开发中占有主导地位，其对利润的最大追求往往会忽视当地居民的参与行为。这种情况下，就必须从可持续发展的角度让企业意识到，只有与当地社区和谐统一相处，才能达到旅游开发的双赢目的。因此，应该鼓励企业多与当地居民进行交流与互动，以减少旅游开发过程的矛盾与冲突。

（3）规划专家

规划专家作为具备专业知识的旅游工作者，对整个规划过程的拿捏起到了非常重要的作用。作为社区利益相关者的中立者，规划专家能协调各方利益，以更客观的态度处理弱势群体与强势群体之间的关系。若要做到这些，则必须强化旅游规划专家的社区参与意识。目前，我国的规划人员层次不齐，许多非科班出生的"专家"一不能深入实地调研考察，二不能博采众家之长，缺乏向邻近学科学习的气度，如此更谈不上站在社区的角度进行规划。为此，必须改变规划队伍较单一的知识构成，将实现社区利益最优的理念引入规划领域，提高规划师的素质，并强化其对社区居民旅游感知的认知。

（4）社区居民

在大多数旅游资源丰富的欠发达地区，当地的旅游经济发展水平和市场发育程度过低，依靠居民自身素质提高而自觉形成参与意识的过程尤为缓慢。因此，对居民的社区参与意识进行培育就显得尤为重要，其手段有如下几种。

①举办动员大会：召集所有居民聚集在某一场所，陈述参与旅游开发的决策、实施是每个居民应有的权利，鼓励参与行为。

②分发宣传手册：通过文字的宣传与表达进一步加深居民的参与意识；

③媒体宣讲：通过地方广播、电视广告以及宣传横幅的形式进一步从视觉、听觉上加强受众的感知；

④提供咨询服务：组建咨询小组，为萌生这种意识的居民提供深入的咨询服务。

4. 知识引导机制

知识引导机制是针对社区居民而言的，主要是通过对当地居民进行一定的培训与教育，让其对旅游的相关知识与技能得到广泛的认同和掌握，并让其在不断的理论熏陶中萌生操作运用的想法。短期的培训与教育通常成为当地社区居民参与旅游规划的技能保障，其培训的内容包括如下几个方面。

（1）社区居民的从业技能培训。例如，进行导游服务、礼仪接待、客房打扫培训等培训，帮助直接从事旅游服务的居民能更快更好地从业上岗并发挥自身的价值。

（2）社区居民的旅游专业知识培训。通过组织专家讲座、旅游培训班的形式，向村委会、村小组和有志于加入社区旅游管理队伍的居民传授旅游专业知识，如旅游规划的基本含义、旅游产品的开发设计、旅游市场的运作原理等。

（3）社区参与技能培训。国际的 NGO 组织通常致力于发展中国家社区居民在参与技能上的培训，如世界自然基金会便提供了一套由美国高山研究所（TMI）开发的以社区为基础的生态旅游规划培训资料，作为发展中国家社区参与人员的培训课程。因此，我们应加强与这些 NGO 组织的合作，借助其在资金、信息、人才等方面的优势，为社区居民的参与行为储备更多的知识信息。

5. 经济促进机制

经济上的促进行为虽然不占主导地位，但它是居民参与最有效的刺激因素。本书所研究的乡村旅游社区通常是经济欠发达地区，旅游开发同时兼具旅游扶贫的效应，因此在经济行为上应有适当的倾斜机制，以鼓励当地居民广泛参与旅游规划。例如，可以优先考虑社区居民的旅游就业问题，对于新兴的本土旅游企业采取一定的税收优惠，对于在旅游开发中将本土文化体现得较为充分的给予一定的经济补偿等。

第四节　实证研究

根据本书所构建的基于社区的乡村旅游文化产品规划方法体系，本书选取了西双版纳曼景法旅游社区作为典型案例点。研究其社区参与旅游规划的过程，并对如何实现其社区与旅游的整合发展提出规划设想。

选取曼景法旅游社区作为研究对象，主要基于如下几点原因：

首先，曼景法旅游社区是依托城市和景区的特色傣寨，作为社会主义新农村建设的示范点，在滇西及滇西南一带具有典型的代表性。无论从其本身的社区状况，还是从旅游发展的实际需求看，都呼唤一种成熟的基于社区的乡村旅游文化产品规划模式。

其次，曼景法旅游社区在一定程度上代表了当地的社区旅游发展模式，即由当地村委会带领社区居民自行开发的，其经验与教训对其他旅游社区具有一定的借鉴意义。

最后，曼景法旅游社区还处在开发的初级阶段，许多社会现象、事物关系相对简单，利益主体清晰且冲突较少，便于研究。

一、背景资料

（一）基本概况

曼景法村寨是云南省西双版纳傣族自治州景洪市嘎洒镇曼弄枫村委会管辖的一个自然村，位于澜沧江与流沙河环绕的翠绿田野中，距景洪城区仅 2 千米。该村寨共有 40 户、197 人，民族结构单一，绝大部分为傣族。

2004 年，曼景法村民紧紧抓住景洪城市扩容和西双版纳旅游度假区二期开发的契机，全面兴起了社会主义新农村建设的热潮，使村寨面貌焕然一新。在村委会的统一领导下，该村把景洪城市扩容的征地补偿费集中统一用于村民建房、路网建设和绿化美化。新建成的曼景法，既有浓郁的傣家气息，又体现了社会主义新农村的现代化气息。2005 年底，为使丧失耕地的村民获得经济生活的可持续发展，该村凭借优越的区位条件、优美的田园风光、多彩的民族风情等优势，积极引导村民进行旅游开发，并由村支书岩毛带头试点经营，仅在当年泼水节和五一节期间，岩毛自家楼下的 3 间标间就为他带来了 3 000 多元的收入。2006 年，在村支书的示范带动下，全村群众（除了在建的 5 户）家家户户开辟"傣家乐"。该活动一经推出便备受好评，仅在当年泼水节期间就接待游客 330 人次，实现旅游收入 19.8 万元。伴随着前期良好的口碑效应及社区基础设施的进一步完善，自驾车散客和小型旅游团队成为其主要客源，2009 年全村实现旅游收入 30.37 万元。[①]

（二）曼景法的旅游社区特征

1. 具有以南传佛教文化和新型傣族村落景观为核心的吸引物综合体

首先，曼景法村距南传佛教文化苑（正在建设）仅 500 米，该佛学院是西双版纳旅游度假区二期开发建设的重点项目之一，集傣族历史、宗教、民俗、生态等为一体，集中展示南传上座部佛教文化和贝叶文化，建成后将会提升西双版纳对外的品牌效应，作为依托该景区的曼景法村必然会吸引游客驻足停留。其次，曼景法作为首批州里重点建设的新农村示范点，其新型的建筑风格、优美的田园风光、别致的傣家庭院、古老的佛塔佛寺、亚热带的植被景观、淳朴的民风民俗、好客的傣家村民等对游客具有极大的吸引力。特别是统一风格的第三代傣楼，在建筑外形上保持了傣族传统民居干栏式、屋面小片瓦的建筑风格和特色；在建筑

---

① 邹媛莹.云南丽江纳西族文化变迁的思考[D].昆明理工大学，2013.

功能上除保留传统生活习俗的平面布局外，还营造了现代化的室内居住环境；在建筑结构上采用具有良好抗震性能的整体预应力装配式板柱结构，满足了版纳地区抗震设防的要求；在建筑材料上既节省了木材，保护了森林资源，又符合国家节能的环保要求。这些既体现了绿色乡土建筑的可持续发展，又展现了传统聚落的新颜新貌，成为西双版纳州民俗旅游的新亮点。

2. 有一个为游客提供"傣家乐"服务支持的社区

目前，曼景法村不断加强基础设施建设，以完善游客"食、住、行、游、购、娱"的配套服务。社区道路为水泥铺设，车辆可以直通各家各户；39栋傣楼每栋楼下设有3个标间，可提供234个床位；每家每户可以提供配餐服务，游客可以品尝到地地道道的傣族风味小吃；村中的妇女重拾傣锦工艺，并尝试加工民族工艺品以满足游客的购物需求；社区内的凉亭、广场及灯光球场等，既满足了当地居民的休闲需求，也为游客提供了一个与当地居民进行互动的娱乐平台，如广场既是村民集会议事的场所，又是游客体验傣族歌舞风情的互动空间。

3. 社区成员在傣族制度文化上具有强烈的认同与归属感

在文化上，曼景法继续"保持着以村寨为载体的整体组合，并不只是一个个分散的居民点，而是以'村社'为核心的人文社会"。例如，在生产系统上，尽管村民丧失了一部分土地，但仍保持着农耕文化，每年的"关门节"就是在农忙的三个月要求人们约束自己的行为，处理好生产与其他社会活动的关系；在家庭系统上，傣族民间常用一棵树上的枝叶或一根藤上的瓜蔓来比喻同一氏族成员之间的关系，正是有了这种强烈的认同感和内聚力，才使曼景法以血缘关系为纽带获得了稳定的发展，同时仍然保持着"女娶男嫁"的习俗；在知识系统上，保持着傣文及贝叶文化"传男不传女"的习俗，并且当地居民往往把进寺庙当和尚看作学习文化知识、接受传统文化教育的机会；在宗教系统上，保持着南传上座部佛教和原始宗教共存的信仰行为，村中保留着寨神庙、寨寺，并且寨寺位于入村口较为明显的地方；在民俗系统上，认同一切傣族传统的风俗与习惯，如村民的日常交流为傣语，村中妇女大部分仍穿着傣族筒裙，泼水节期间举行隆重的龙舟赛等。

二、社区参与旅游开发的现状

（一）社区居民的特征

了解曼景法旅游社区居民的特征，有利于后期采取针对性的措施促进当地居民进一步参与旅游开发与规划，使当地社区发展成为一种更为成熟的旅游产品。通过访谈和深入观察，笔者发现该社区居民具有以下特征。

1. 传统的就业方式正在发生变化

2004 年以前，曼景法村民的收入主要来源于种植水稻、冬早蔬菜及橡胶。由于胶林在其农作物构成中所占比例较少，故与曼弄枫村委会所辖的其他 8 个自然村落相比，其村民生活较为贫困落后，每户收入约在 3 000 元 / 年。征地以后，村民丧失了绝大部分耕地，其收入除了少量来自胶林以外，相当一部分为旅游接待。同时，村委会积极发展第三产业，如商贸服务、民族手工艺加工及餐饮服务等，以解决村民的就业问题，2010 年村民人均收入达到 5 348 元 / 年。由此看来，从事旅游及其服务行业将成为村民未来生活收入的主要来源。①

2. 民族结构单一

全村共 197 人，其中汉族 6 人、哈尼族 1 人，其他村民全都为土生土长的本地傣族人。这种单一的民族结构致使本土文化保存得较为完好，如村民之间的日常交流为傣语、随处可见身着筒裙的妇女等。

3. 受教育水平较低

通过与村民的交流访谈发现，50 岁以上的老人大多没有上过学，且听不懂汉语；30—50 岁之间的中年人中有 14 人上过小学及初中，基本能用汉语进行交流；30 岁以下的年轻人有少数上过中专及职业技术学校，但他们并不认为读书能给自己带来多大的改变。

4. 居民的生活方式正在变迁

由于临近景洪市，受其城市化进程的影响，特别是丧失耕地以后，居民的生活方式正经历着都市化的渗透。以前"日出而作，日落而息"的劳作方式不复存在，仅有 17% 的村民从事农业生产，绝大部分村民要转向旅游接待及服务行业。访谈中有 6 户人家的家庭成员外出打工；90% 以上的妇女不会织锦、傣舞等传统艺术，目前的傣舞老师也是从外村请过来的；年轻人已经不会识别和书写傣族文字；一些传统的工艺，如竹编、榨糖、制陶、制茶等已经渐渐淡出人们的视线。

5. 居民的思想观念传统朴实

由于当地生活节奏较慢，再加上受佛教思想的影响，村民大多形成了悠闲、婉约、柔和、多情的民族性格。长期以来，村民一直恪守着与人为善、和睦相处的信条，几十年来从未发生过一起治安、刑事案件。勤劳致富、注重学习、讲究卫生、移风易俗、尊老爱幼等良好风尚正成为村民们的自觉行动。在访谈的过程中笔者发现，

① 邹媛莹.云南丽江纳西族文化变迁的思考[D].昆明理工大学，2013.

村民的观念依然传统而朴实，"我们不会因旅游发展引起的利益纷争而争吵"，"村主任会公平合理地进行利益分配"，"游客即使不住我家也会热情款待"。

（二）社区参与旅游开发的现状分析

1. 参与旅游规划决策

曼景法旅游社区是在村委会的统一领导下将新农村建设与旅游开发结合在一起的，属于社区自办旅游。村委会在考察了泰国、老挝和国内其他地区的社区旅游发展概况以后，提出了将村民的征地补偿费统一使用，开办"傣家乐"的旅游规划设想。这一设想前后经历5次村民代表大会的讨论与投票才获得了通过，可见这种自主的开发模式使社区对旅游的发展具备了完全的控制力，能较好地反映村民的意愿，究其原因主要在于：一是投资的资金来源于村民自身，故他们对旅游的开发决策具备一定的发言权；二是当地村领导具有较高的威望，能对村民起到极大的动员作用；三是该村是全镇"管理民主"的典型，凡涉及村民整体利益的大事均由村民大会或村民代表大会讨论决定，这种互相信任的关系致使当地居民参与旅游决策行为的意识较强。

2. 参与旅游项目开发

要想丧失耕地的村民获得可持续发展，就必须使曼景法从传统的农业社区向新型的旅游社区发展，而旅游业的兴起改变了当地村民的收入水平及结构。这种收入模式的变化使全体村民参与旅游开发的积极性较高，但目前曼景法旅游社区主要处于旅游开发的初级阶段，其作为旅游产品并不成熟，主要项目有以下几类。

（1）家庭旅馆。全村39户都按统一风格建成了家庭旅馆的建筑模式，每户可提供3个标间、6个床位、共234个床位。

（2）餐饮服务。每户都可为入住的游客提供就餐服务。

（3）民俗表演。村中妇女有组织地在广场表演傣族歌舞，以增强与游客的互动氛围。

（4）民居建筑考察。统一风格的第三代傣楼建筑，木栅栏围建的别致庭院，郁郁葱葱的热带果树，已经成为州建设局力推的绿色乡土建筑考察示范点。

（5）农家乐。主要包括干农家活、采摘热带水果、垂钓等活动。

3. 参与旅游利益分配

曼景法旅游社区一开始就进入有组织的旅游开发阶段，而非个人的自发经营，因此在旅游接待上采取统一价格、轮流接待的模式。这种模式较好地避免了居民之间因利益分配不均衡而引起的纠纷，并能将大部分的收益留在当地社区，较为公平合理。调查中常常听到村民这样评价："我们不会担心游客只住他家而不住我家，因为村主任会统一分配。""旅游发展给我们带来了经济实惠。""以前靠种地、割胶，我们的收入在 3 000 元 / 年左右，现在单靠泼水节及三个黄金周期间的旅游接待，我们的收入就能增长到 8 000 元 / 年左右，很划算。"

4. 参与旅游社区环境维护

这种自办旅游的模式让村民看到了实惠，尝到了甜头，并认识到旅游开发与社区环境的重大关联，因此在旅游社区的文化和环境保护上村民表现得较为积极主动。例如，村民自己动手引进树种，身体力行地参与村寨的绿化与美化工程；每天清晨村民除了收拾好自家庭院外，还自觉地承担村寨的公共卫生；旅游旺季期间，村中会成立由村民组成的巡逻队，以确保车辆的停放秩序和游客财产安全；特别是认识到本土文化对外来游客的吸引力，开始有意识地保护村寨中的佛塔佛寺。

（三）存在的问题

通过上述分析可以看出，社区自办旅游的形式能调动广大村民参与的积极性，让旅游朝着有利于社区居民利益的方向发展，将更多的旅游收益留在当地并造福本土，但是也存在如下问题：

首先，由于村民自身素质与能力的局限，很难在一定高度上把握旅游社区的性质及定位，并对其做出系统的规划。目前还处于开发的初级阶段，居民对旅游可能带来的消极影响缺乏认识，笔者通过对 39 户居民的随机访谈发现，部分老年人由于自身身体条件和能力有限，对旅游开发持中立态度；少数年轻人看到旅游发展的负面影响，对旅游开发持理性的态度；绝大数居民看到旅游带来的积极影响，对旅游开发持狂热的支持态度。

其次，曼景法旅游社区还处在旅游开发的初级阶段，作为旅游产品还远未成熟。如何让其成为有竞争力的旅游目的地，彰显出其核心的吸引力，为游客提供丰富的旅游产品仍然是其面临的突出问题。

最后，曼景法在由传统农业社区向新型旅游社区转变的过程中，缺失旅游管理结构及配套服务机构。目前主要由村委会承担旅游业的管理职能，负责旅游开发过程中的一切相关事宜。由于权力过于集中，分工不够明确，导致其旅游社区功能不完善。

三、构建基于社区旅游规划的基本思路

尽管曼景法旅游社区是由当地村委会提议策划的，社区关怀体现得较为充分，但社区自办旅游，缺乏一定的理论高度及专业人才，导致其竞争力不足。为了避

免曼景法像其他村寨由于缺乏深度开发而走向萧条，笔者提出基于社区的旅游规划纲要，以促进当地社区成长为一个有活力的旅游目的地，并在内在根源上实现社区自身的可持续发展。

（一）识别利益主体及旅游需求

根据利益相关者原理，曼景法旅游社区所涉及的利益群体包括西双版纳州政府、曼景法村民、游客及周边社区。由于各利益主体在旅游发展中承担的角色不同，其旅游诉求也不同，从而决定了其后期的旅游参与内容和行为也不同。

（1）西双版纳州政府：致力于西双版纳州旅游产品的完善与构建；关注社区旅游所带来的乘数效应；注重当地文化的传承与环境的保护等。

（2）曼景法村民：关注就业与收入的增加，生活水平的提高；希望生活环境得到改善，特别是自身居住环境和整个社区环境不断优化；渴望与外界的交流与沟通，提高自身的素质等。

（3）游客：希望获得满意而真实的旅游体验；受到热情周到的服务与款待；购买到丰富的旅游产品等。

（4）周边社区：与曼景法同处在西双版纳旅游度假区二期开发范围内的还有曼弄枫片区的其他8个自然村落，包括曼弄枫、曼养广、曼贺纳、曼贺蚌、曼景勐、曼贡、曼英、曼庄些，这些周边社区希望能与曼景法在旅游规划过程中更好地分工合作、协调开发，分享旅游收益。

（二）明确旅游规划的战略目标

战略目标的制定对社区未来的发展具有宏观上的指导作用，它指明了旅游社区的未来发展走向，在某种程度上明确了实现这种目标所要采取的方式与手段。通过前面的利益相关者分析和该社区所具有的特点，可以从以下几个方面来明确其战略目标。

（1）旅游社区定位：以休闲、度假和文化体验为主的傣家乐。

（2）目标市场：自驾车游客、散客及小型团队。

（3）经济目标：明确当地村民作为旅游开发受益主体的地位，增加村民的收入，解决就业，使其成为村民增收创利的主导产业。

（4）社会目标：通过旅游开发传承传统的文化，让当地村民树立民族文化的认同感与自豪感，向游客展示傣族文化的精髓；同时在旅游开发中完善社区功能，促使村民在与外界的接触过程中实现自身的全面发展。

（5）资源目标：保护自然和文化资源，实现可持续利用。

（6）开发计划：如规定前期应完善基础设施、旅游形象和旅游配套功能建设；后期丰富旅游活动项目，并提升其竞争力。

（三）社区参与旅游专项规划

1. 社区深度参与旅游项目与产品规划

作为村寨型旅游产品，近距离感受和体验绚丽多姿的民族文化是其对游客的最大吸引力所在。目前，许多村寨产品大多局限在千篇一律的歌舞表演，缺乏对民俗文化的深度挖掘，因此曼景法旅游社区必须在现有的旅游项目的基础上，加强对其文化的阐释力度，要根据村民的意愿与特长，有组织地分工协作。例如，有舞蹈特长的妇女可以提供参与型旅游项目；具备民族工艺技术的老者可以提供体验型旅游项目；素质较高、通晓本民族文化的村民可以从事深层型旅游项目；技能一般的村民从事观赏型旅游项目。

（1）观赏型旅游项目：主要包括参观第三代傣楼的建筑风格与布局，特别是曼景法作为社会主义新农村建设示范村的新风貌；参观居民的日常活动及家居特色；观赏傣族的服饰特点；种植热带的瓜果、蔬菜、花卉及树种，让游客感受到真切的田园风光和自然生机。

（2）参与型旅游项目：提供游客可以参与的民俗娱乐活动、节庆活动、民族歌舞等，如傣族的孔雀舞、马鹿舞、戛光舞、吁拉呵、傣拳、刀舞等。

（3）体验型旅游项目：体验傣族特色饮食与之相关的原料、烹饪方式及食用方式；亲自采摘瓜果蔬菜；体验村民的劳作过程；再现传统工艺的制作过程，其主要制作项目如表6-3所示。

（4）深层型旅游项目：向游客解读第三代傣楼与传统傣楼之间的风格与特点；挖掘村寨史、民族渊源、社会结构、村落选址、形态布局、地域特点、营造技术、族规、村规、家法等人文精神的内涵；解析村寨居民行为模式中表现出来的民风、礼仪、宗教信仰和道德理念等。

表6-3　传统工艺制作、展示项目表

项　目	内　容
铁器制作	打刀、打农具、打武器等
金银器制作	打制各种装饰品、包装各种刀鞘以及小件随身纪念品
纺织衣物	表演纺织的过程，制作布匹、长条经幡、彩色筒裙等

项 目	内 容
雕刻绘画	表现傣族传统图案、传统吉祥物、传统故事等
制作陶器	自行设计开发陶器，既可观赏陈列又具有使用价值，便于游客携带
制作乐器	如象脚鼓、铓锣、葫芦丝、筚铃短、傣族小三弦、玎胆、玎哦等
制伞	如绘制彩伞
造船	船是水居民族的主要交通与生产工具，可展示龙舟文化
造纸	展示造纸原料、造纸过程以及绵纸书写的经卷、唱本和文献
竹编手艺	现场编制竹筐以及可供观赏的竹制纪念品
榨糖	牛拉木榨，具有观赏和研究价值，产品可出售
酿酒	表演米酒制作过程，游客可品尝购买
制茶	把制茶和烹茶品茗结合起来
刻写贝叶经	表演制作过程和展示贝叶经典
制作高升	泼水节期间演示火药制作过程和配制，搭制高升架，组织放高升
木碓舂米	可以制作新米竹筒饭、毫洛索等
傣医傣药	傣医治病和傣药制作
文身漆齿	结合傣族民俗解释

2. 完善旅游社区的解说系统规划

旅游解说系统规划本质上是一种人本主义的考虑，是对旅游者旅游行为的一种关怀。通过文化信息的传递，反映目的地的历史文脉，说明景点的独特内涵，不但可以增添旅游社区的魅力，提高其文化品位，而且可以满足旅游者精神上的需要，活跃环境氛围。按照趣味性、协调性和特色性的原则，曼景法可以从如下几个方面进行构建其解说系统。

（1）目的诱导型解说物。布置在主要人流集散地、交叉路口、重要景点、主要休息点处，其表示的内容通常为曼景法旅游社区的名称和方向，从所在地到曼景法的距离，可以标有到达的方式和途径。

（2）说明型解说物。主要是对曼景法的建筑景观、村寨历史、民俗传统等进行概括性的介绍与说明，使游人能够认识与了解其概况及文化上的重要性。

（3）环境地图型解说物。主要标示整个旅游社区的道路、服务设施、旅游项目分布点等状况，具有可确认旅游社区事物的位置，以及与现在所在地位置的关系的功能。

（4）警示型解说物。主要是以保障安全与维护社区环境与空间秩序为目的而设置的，具有提示、告诫或督促旅游者行动的功能。例如，标示"禁止……""注意……"等具体内容。

3. 培育社区旅游组织结构

为了完善曼景法作为旅游社区的旅游功能，并让其在后期的运作过程中实现良性循环，必须培育以下旅游组织：

（1）游客服务中心：为游客提供基本的介绍、咨询等服务。

（2）旅游服务小组：如歌舞组、织锦组、制陶组、手工艺品组等。

（3）旅游管理委员会：在村委会的基础上，吸收部分觉悟较高的村民，对旅游涉及的"食、住、行、游、购、娱"分门别类的管理。

（4）创建旅游基金：从社区的旅游收益中提出一部分作为旅游基金，主要用于后期旅游活动的创建、村民培训及社区环境的维护等。

4. 加强旅游营销

在明确其目标市场定位的基础上，紧紧围绕"新型傣寨"的形象理念进行营销，如通过旅行社宣传促销；利用泼水节促销；采用互联网促销；举办摄影、绘画大赛等活动促销等。需要明确一点，社区居民在参与旅游营销中所要做的工作是提供优质良好的服务，彰显特色的民族文化，以形成良好的口碑效应，吸引更多的回头客。

5. 与周边社区联动开发

曼景法与周边的许多村寨同处于西双版纳州旅游度假区的二期开发范围内，在空间范围存在着一定的竞合关系。与周边社区的联动开发可以减少无序竞争，避免旅游产品和项目的重复开发，还能加快区域层次旅游目的地的形成和完善，增强区域旅游产品的综合竞争力。在旅游活动及项目的开发上，可以通过与周边社区分工协作，提供更加丰富多彩的旅游项目。

（四）弥合旅游规划目标与实施之间的差距

虽然前三个阶段所形成的规划方案可以成为曼景法旅游社区的行动指南，但是如果缺乏恰当的后续规划，这些行动可能得不到恰当的落实。对于曼景法旅游社区而言，规划实施过程中的任何一项误差，都可能导致目标与实施之间的差距。因此，曼景法应建立游客信息调查制度和居民感知调查制度，由社区的旅游管理委员会负责定期地反馈游客与居民的意见，以此评价旅游规划的实施质量。通过差距模型分析法，找到旅游规划实施过程中可能出现的差距，以此对曼景法旅游社区的规划实施状况进行监督与管理。

（五）建立社区参与的实现机制

曼景法旅游社区要想在旅游的开发过程中实现多方共赢，使当地村民成为受益的主体，传统文化获得传承，游客获得真实满意的体验，目的地成为有竞争力的产品，就必须在其开发规划的各个环节充分考虑社区参与。尽管曼景法的村民在村委会的民主管辖下具备了一定的参与基础，但仍缺乏相应的实现机制来保障居民参与到旅游规划的决策、设计、实施及管理评估中。因此，根据曼景法旅游社区所涉及的主要利益主体，本书按照权责明确的原则制定了社区参与旅游规划的实现机制（见表6-4）。

表6-4　曼景法社区参与旅游规划的实现机制

主体实现机制	西双版纳政府	曼弄枫村委会	曼景法村民	周边社区
体制完善机制	完善社区基层民主制度、完善社区组织结构等	组建旅游管理委员会等		
法律保障机制	加快相关立法进程，包括《村寨旅游规划纲要》《村寨自然和人文保护草案》《村寨环境保护条例》《村寨经营者上岗管理条例》《村寨旅游质量和责任事故处理条例》等	制定《村民公约》《伦理公约》《经商公约》《待客公约》《资源保护公约》《游客行为规范》等		
意识培育机制	提高民主意识、进行权力下放	强化社区参与意识、政务公开	激发村民的民主意识、强调主人翁观念、提高文化认同感	提高合作意识

主体实现机制	西双版纳政府	曼弄枫村委会	曼景法村民	周边社区
知识引导机制	举办专家讲座、开办辅导班加强居民的教育培训	举办社区工艺学习项目、鼓励社区青少年学习本民族传统文化	加强自身在旅游从业技能、旅游专业知识和社区参与技巧上的知识储备	加强自身在旅游从业技能、旅游专业知识和社区参与技巧上的知识储备
经济促进机制	税收优惠政策、经济补偿	采用轮流制、分工制均衡利益分配		

四、结论与讨论

少数民族地区旅游资源富集，随着我国"社会主义新农村建设"战略的提出，村寨旅游作为推动民族地区农村经济发展的重要方式，将成为新的经济增长点，而社区参与旅游规划无疑是实现当地"社区利益"和"社区旅游"双赢的必由之路。曼景法旅游社区作为社区主导型的旅游发展模式，由于社区居民在经济上的控制权，使其在参与旅游规划决策上具有充分的话语权，在参与旅游项目开发上具有高度的积极性，在参与旅游利益分享上具有相当的公平性。但是，这些都源于曼景法旅游社区目前还处于旅游开发的初期阶段。随着社区旅游的深度发展，伴随外来资本的进入或者"社区旅游蛋糕"的做大，源于利益争夺的社区混乱既不利于当地居民的利益分享，又有损于社区旅游的可持续发展，这是当前许多旅游社区面临的共性问题。为此，曼景法旅游社区要想成为多方共赢的旅游产品，首先，必须识别其利益主体，即西双版纳州政府、村民、游客及周边社区；第二，在此基础上明确其在社会、经济、环境上的战略定位；第三，以此作为指导方针，鼓励社区居民深度参与旅游项目与产品规划、参与旅游营销、参与旅游组织的构建、参与周边社区的联动开发；第四，定期通过游客感知调查弥合规划执行与规划目标的差距；最后，各方努力共建社区参与旅游规划的实现机制，从体制、法律、意识、知识和经济层面共同推进曼景法的社区参与。

当然，社区类型不同，其参与模式不尽相同。如何探寻符合当地居民自身特点的有效参与方式，加大社区参与旅游的深度和广度，促进社区参与旅游相关制度法规的建立和完善，不断丰富类型多样的社区参与旅游规划的案例式应用研究，这些都需要在未来的研究中不断深入和拓展。

第七章　旅游人类学视阈下的乡村旅游文化载体建设

在社会主义新农村和美丽乡村建设过程中涌现出大量实证案例，尽管国家和地方相关政策、目标诉求和总体要求很好，可是在操作过程中往往采取行政化手段开展乡村美化运动，过度注重形式上的村容整治改造，忽视了内涵上的文化保护与价值提升，导致"美了村貌"但"没了文化"，违背了美丽乡村建设的初衷。实践证明，没有文化内涵，旅游就没有生命力；没有旅游载体，文化就失去表现力；没有表达手段，文化就缺乏感染力。要想传承乡村文化，留住乡愁记忆，让游客更好地感知和体验文化，就必须在科学保护乡村文化的基础上，加强文化载体建设和文化空间建构，适度活化和有效表达文化，以旅游为载体彰显文化灵魂、激活文化记忆、传承文化精神、增强文化魅力和繁荣文旅产业。

第一节　乡村聚落旅游景观建设

一、乡村聚落景观的旅游人类学价值

乡村聚落景观是一个空间组织体系，是由聚落空间、经济空间、社会空间和文化空间共同组成的有机整体。乡村聚落景观的旅游文化价值主要体现在聚落的空间结构功能、聚落的经济功能、聚落的社会功能和聚落的文化功能上。

（一）空间价值

乡村聚落空间分布结构是乡村聚落景观体系中的核心部分。我国乡村聚落在结构、形式上存在着较大差异，从本质上说，是人地关系和地域文化影响的结果。我国国土面积大，南北、东西跨度大，自然地理环境复杂，地带性差异明显，人地关系复杂，地域文化丰富多样。仅就南北乡村聚落来看，在结构、形式上就有

很大差别。例如，华北乡村聚落大多以四合院、三合院为主，聚落的规模大、密度稀，这与华北地区地势开阔及农耕方式有关。华北主要是旱作物，作物受到的管理照料要比水稻田少得多，村庄可以远离耕地，并集中聚居。而江南丘陵地区的乡村聚落则规模小、分布散，主要是因为丘陵地区地表破碎，广大山区耕地分散，为了种植的便利，形成许多分散的小聚落，仅在一些河流冲积平原和盆地有较大村落分布。可见，自然环境对聚落的分布产生了直接影响。同时，乡村聚落的差别也是地域文化影响的结果。例如，江苏乡村聚落独特的

"小桥流水人家"景观，不仅得益于江苏水乡泽国的地理环境，也是吴文化"儒雅、小巧、精致"的建筑理念的真实写照。正是这些风格各异、结构功能差异巨大的乡村聚落，造就了我国丰富多样的乡村旅游资源，成为乡村旅游产品中的亮点和看点，从而使乡村旅游市场得到蓬勃发展。

（二）经济价值

经济活动是乡村居民的主要活动形式，以特殊的方式、方法和表现形态参与到乡村聚落景观体系中，构成乡村特有的经济空间。从旅游开发的角度分析，乡村经济空间的旅游价值表现在两个方面：一是农事活动的参与性。农事活动是一种比较松散、悠闲的自然型生产活动，很适合城市人的放松需求，旅游者参与到耕锄、种植、采撷、捕捞等农事活动中，获得一种轻松、愉悦的旅游经历；二是经营景观的观赏性。乡村经营景观是生产活动成果的形态表现，如水稻梯田、莲田、麦地、果园、花卉园、水产养殖地、牧草地等，这些都是农民长期劳动耕作的成果，对乡村聚落起着非常重要的景观再塑造作用。它的特点是规模大，景观的季相变化明显，观赏性强，既是乡村聚落景观体系中不可缺少的组成部分，也是乡村聚落的重要背景资源。我国以经营性景观为主要资源开发的乡村旅游类型有：观光农业、观光果园、观光花卉园和休闲渔业等。

（三）社会价值

社交活动是人与人相互联系、相互交往的一种重要手段，其形式有以群体为单位的社交活动和以个体为单位的社交活动。这些社会交往活动以某种表现形态参与到乡村景观中来，如传统聚落中的宗祠就是宗族成员活动、交往的场所；乡村戏台是居民逢年过节、迎神赛会时进行交往和看戏的地方，形式多为宗祠戏台和庙宇戏台，即使没有庙宇的小村，也利用祠堂里的万年台兼作戏台；还有农村集市和街区，是乡村居民以商品买卖活动为形式的一种社会交往场所。这些社交活动以各种形式渗透于聚落的每一个地方，成为乡村聚落景观体系中最具活力的

要素。比如江苏周庄，尽管人们对它的商业活动颇有看法，但是不得不承认，这些繁荣的商业气氛对这座古镇历史风貌的烘托和再现起到了一定的作用。因为商业活动的繁盛原本就是江南六大水乡古镇周庄、同里、角直、南浔、乌镇、西塘的特色。

（四）文化价值

文化是乡村聚落景观体系中的灵魂思想，是乡村旅游特色产品创造的源泉。它以有形或无形的方式融入乡村聚落、经济、社会等各个部分，形成特有的文化地域，其旅游学价值概括起来有两个方面：首先是聚落文化，是指凝结于聚落建筑中的文化，包括建筑理念、布局思想、艺术装饰、文学作品等，是聚落建筑旅游观赏的主要凭借。比如北方蒙古包聚落，广泛流行于蒙古、哈萨克、柯尔克孜、塔吉克等民族中，聚落的形态、结构和内部装饰等都反映出游牧民族逐水草而居的游牧文化；其次是农耕文化，农业生产虽然是一种经济活动，但其中蕴涵着丰富的文化内涵，如南方的水稻梯田，反映了南方农民精耕细作的耕作文化，以及对丘陵山地土地资源充分利用的经营思想。

二、当前乡村聚落景观的变迁

随着工业化、城镇化、旅游化的进程不断加快，近些年我国乡村聚落景观存在较大变迁，主要表现在以下几个方面。

（一）乡村景观整体缺乏活力

这主要表现为乡村人口外迁、青壮年劳动力流失和人口老龄化。乡村地区青壮年劳动力外出务工经商，老人、小孩留守成为日常景象。

（二）乡村聚落整体布局形态向过境道路两侧延伸变化

中国传统乡村聚落为水道所环绕、沿水而筑、自然生长的格局被改变，乡村聚落的发展更依赖于现代道路交通的便利，因此村落新建房屋开始沿原有村落外围的国道、省道等过境道路而分布，原有的旧宅院逐步被废弃。长此以往，乡村住区中心空废、环境恶化、整体形态结构松散，形成所谓空心村现象。

（三）乡村自宅建设缺乏有效规划，新建房屋外观风格取向不明

乡村地区青壮年劳动力大多常年在外务工经商，其收入往往用于自宅的建设。

乡村自宅的建设分为拆除旧建筑原址重建和在批准划拨建设用地上进行新建。前者置于乡村聚落的大环境中看，是一个有机更新的过程；而后者，当乡村对新建住宅用地的批准划拨缺乏有效规划时，呈现的景象就是沿着过境道路两侧排布着房屋，一座挨着一座，相互之间只留下滴水缝的空隙，密不透风。

（四）乡村新区建设向城市住区变化

一方面，村镇对新建住宅用地的批准划拨缺乏有效规划，另一方面，有些村镇采取统一划拨集中住宅建设用地的方式，对原有乡村聚落进行整体搬迁。较之自发无序的自宅建设，这一类村镇实现了居住、生产的功能分区，其新区建设往往会由专业的设计单位进行规划，在基础设施建设方面亦会有明显的提升。不过，有学者对这一类乡村新区进行研究后指出，有的新区建设照搬城市住区规划，不符合乡村住民日常行为活动的特征，而兵营式的建筑排布使单体房屋缺乏可识别性，公共活动空间利用率低。此外，新区往往缺少配套服务设施。

三、乡村聚落景观建设原则

（一）保护自然生态的原则

保护自然生态是乡村聚落景观建设的基本原则。我们对乡村景观进行改造设计的最终目的是对自然环境的顺应和运用，并不是人为的创造和颠覆，是希望通过设计使环境更加舒适，生态更和谐。

（二）元素统一性原则

中国建筑风格因地域辽阔而丰富多变，每个地区都有自己的建筑风格和固有元素。福建有土楼，敦厚圆润，展现出大家族生活的团结繁荣；北京有红墙琉璃瓦的故宫、富有生活气息的民居四合院；苗族有依山靠河的木质建筑吊脚楼，古香古色，因此，在进行乡村聚落景观建设时，要与当地所处大环境的聚落元素保持统一。

（三）地方性原则

一是要传承当地的历史文化。一个场所的设计是否有灵魂，取决于它是否有自己的历史、是否传承了本地文化和地方特色。二是要选用当地材料。因为本地材料不仅适应当地的自然特征，而且易于管理和维护，选择本地材料能够更好地凸显当地特色，贯彻地方性原则。三是要选择本土生物。设计过程中涉及的植物、水体、土壤、光照等元素，多用本地植物更适宜生态发展。

（四）功能性原则

乡村聚落景观的构建旨在为村民在习以为常的生活习惯中，添加更多的便利和舒适感，所以要遵循功能性原则，保持原有的农业生产区域，如农田、鱼塘。乡民常走的道路多为乡间小径，不必刻意修改交通路线，造成乡民生活不便。在保障乡民使用功能的前提下，对乡村聚落景观进行设计。

（五）技术可行性原则

乡村旅游景观设计和大都市里的商业设计有所不同，讲求经济、实用，以最少的投入获得最大的自然化的回报。因此，要充分考虑技术可行性原则，多考察实地情况，在设计时要多采用当地易获取的材料和已掌握的施工技术，具体的设计细节要以现场的实际情况来决定，及时和乡政府沟通设计方案，不能将设计停留在图纸上，实际解决乡村聚落景观建设中出现的问题。

四、乡村聚落景观建设模式

（一）传统民居

我国村镇聚落形式多种多样，由于文化的差异及自然环境的不同，各地的古村落都有自己独特的空间场域和文化特征。例如，徽州地区的徽州聚落、山西的堡寨聚落、黄土高原的窑洞村落等，都体现出各不相同的聚落空间风貌。

1. 南方地区传统村落景观特征

我国南方地区河网密集，村落多沿河流呈带状分布，传统聚落依水而建、因水而兴。司马迁称"东有海盐之饶，章山之铜，三江五湖之利"（《史记·货殖列传》），古书记载苏州同里"诸湖环抱于外，一镇包涵其中"（《同里志》），昆山周庄"镇为泽国，四面环水……咫尺往来，皆需舟楫"（《贞丰拟乘》）。江南水乡因水成市、因水成街，形成了极具地域特色风貌的户户同舟、家家临水的亲水居住模式，建筑刻意亲水、前街后河，聚落空间纯净简约、婉约迷人。水系的形态对水乡聚落的总体规划布局有重要的影响作用，水道最密集的地方一般也是人口最集中的地方，一些寺庙、文塔、道观等受山水布局影响，一般为临水、环水而建，或者靠山而居。蜿蜒曲折的小河上散布着形态各异起着交通联系作用的木桥或石桥；民宅临水而建，有水墙门、水桥头、水榭、楼台甚至水巷穿宅而过，水巷中有小船穿梭，形成了极具韵味的江南水乡聚落空间风貌。而湘西的乡村聚落，或依山而建，建筑沿山坡布置、错落有致，民居随地形起伏，建筑形成了富有特色的马头墙以及粉墙灰瓦的面貌；或缘水而建，村落沿河带状分布，村内散布着各式各样的小桥以及临河的吊脚楼。在聚落形态上出现了以宗祠为核心形成的节点式的公共活动中心。例如皖南黟县西递村，四面环山，两条溪流从村北、村东经过村落在村南会源桥汇聚。西递村按照血缘关系划分为九个支系，以祠堂为中心进行布局，各据一片领地，每一支系又分别以支祠为副中心布置于村落周围。聚落形态的中心性反映出不同层次的宗族结构关系，从而使自发形成的聚落形态具有一定的秩序。

2. 北方地区传统村落景观特征

北方地区气候与南方相比较寒冷，地形平坦，民风淳朴、粗犷。村落的规模相对较大，一般呈团聚型、棋盘式的布局，村落和民居宅院规整、方正。北方地区除平原型的聚落以外还有广阔的黄土地带，梁峁起伏、沟壑纵横，地形变化万千。窑洞聚落一般沿着梁峁沟壑的等高线依次布置，潜隐在土塬下，依山沿沟、层层叠叠、自由参差高低起伏。窑洞自身不显建筑的体量，最大限度地融入黄土大地，统一在黄土质感和黄土色彩之中，显露出北方村落风韵的古朴粗犷。在北方地区，戏台、庙宇等开敞空间经常会成为人们交往活动的中心。聚落内大量的公共活动都围绕寺庙进行，而戏剧作为人们主要的精神娱乐方式，自然成为这种公共活动的组成部分，寺庙内部或周边就成为最容易聚拢人气的表演地点。除此之外，还有打麦场、水井等，既是人们农耕劳作的场所，也是最容易产生行为活动、促使交流产生的地点。

3. 少数民族地区传统村落景观特征

宗族对少数民族传统聚落空间形态影响最为显著。一般宗教场所位于聚落"中心"位置，影响着住屋布局、建筑单体风格。以血缘宗族聚居方式组织的村落布局，受到宗族制度以及文化信仰的影响，在内部空间布置上形成井然的秩序感与等级制度。祖宅作为宗族中具有重要象征的建筑，是宗族向心力之所在，一般位于村落的中心。宗祠多分布于祖宅周围，是家族中各分支的公共性建筑。除了祭祀祖先之外，还是家族议事、族人聚会、举办红、白喜事的场所，作为村落的中心，起到统领全村的作用。少数民族一些传统习俗对乡村聚落的空间布局也有直接的影响。例如，壮族的特有风俗"赶歌圩"，民居建筑围绕歌圩舞场这个空间场所布置，构成了壮族村落整体布局的特点。又如，侗族聚族而居，鼓楼作为其明显的标志，一般设立于聚落中地势较高的地段，这样就在空间上统领全村，常建在村寨的中心，形成议事和文化娱乐的活动空间场所。

（二）公共建筑

乡村聚落中除传统民居之外，还有大量的公共建筑。这些公共建筑在营造过程中，除受到自然环境和风水思想的影响外，还深受宗法观念、宗族礼制等因素的影响。这种礼制公共建筑起着维系、规范、教化乡民的作用，主要建筑景观有宗祠、牌坊、名宦祠、乡贤祠、忠烈庙、先师庙等。

1. 宗祠

宗祠建设是我国独有的经久不衰的文化现象。"公卿祠堂"最早见于汉代文献。民间建宗祠始于宋代，至清代已遍布城镇以及聚族而居的村落。宗祠即宗庙，是同宗同族人祭祀先人、商讨决定本宗族重大事务、对族人进行教育的场所，是宗族权力的象征、宗法组织的物质体现。它以同宗同族人为纽带，以血缘亲情为基础，以忠孝为思想核心。宗祠文化讲究孝亲、血统、出身，以孝亲、修身、治国平天下的伦理观念教化族人。古村落中的宗祠往往处于村落的核心地带，是全村族人的精神中心。每一座宗祠不仅是家族的迁徙史、创业史，更是一部家族文化史。宗祠的构思、策划、择地、设计、风格、构造、牌坊、戏楼、神龛、对联以及祭祀活动等，无一不是以文化教育为基础，最后又以文化形式来体现的。

2. 牌坊

牌坊也称牌楼，是传播礼制思想的重要建筑，是封建社会最高的荣誉象征。它不同于民居，民居是住人的；也不同于祠庙，祠庙是供神的；它是一种门洞式的、纪念性的、独特的建筑物。通常用作纪念某人或某事，以嘉功前人、效法后世。牌坊采用石料或木材做成，规模大小视空间形态而定，主要类型有功名坊、功德坊、节孝坊等。牌坊在皖南古村落中最多，构成古村落比较独特的景观。徽商是中国明清时期十大商帮之一，朝廷对徽商恩宠有加，徽商于是进入了"以商重文，以文人仕，以仕保商"的良性发展轨道。浪迹天涯而发迹的徽商为了光宗耀祖，他们奏请皇上恩准荣归故里，兴建牌坊，旌表功名、义寿、贞节……树碑立传，以求流芳百世。

3. 塔

塔最初是佛教专门的建筑，流入民间之后，其价值和作用产生了转化。古村落中有调节风水的"风水塔"，景观构成上起到点景、借景作用的"景观塔"，以及为纪念名人或大事记的"纪念塔"。此外，在以耕读为主要内容的古村落，还有根据民间传说中魁星主宰文运而建造的"文风塔"。由于塔的功能价值不同，形成了各种造型丰富、用材考究、做工精致的塔式建筑。

中国历史发展中，古塔文化有着强大的生命力，沿袭几千年，久久而不衰。人们可以通过它的存在了解过去，又可以通过它的存在验证未来。例如，抬梁、穿斗、干阑、斗拱方法等可用来研究当时的营造水平，通过塔身、塔形的艺术形象可研究中国古建筑的思想、哲理和标志，通过塔身内外装修可了解用材质地（如紫檀、花梨、楠木等），通过绘画的色彩可了解我国古建筑装饰及其风格，通过古塔营造位置的布局可分析和判断其政治地位的高低。

我国最早的塔是木塔，但木材易遭虫蛀腐蚀，塔筒类似烟筒，助燃力强，容易起火。所以，唐代以前建造的诸多豪华壮丽的木塔，没有一座能留存下来。我国现存最早的木塔——山西应县木塔，是辽道宗清宁二年（1056年）建造的，至今依然屹立于北国原野，熠熠生辉，可以说是人间奇迹。应县木塔内的辽代雕塑，生活化、世俗化倾向非常明显，佛门中各类人物几乎全部登场，佛国世界的神被塑成了凡间的人。其中，观音的雕塑尤为精彩动人。观音菩萨端坐于正中莲花台上，罗汉分列左右两旁，三角形构图如孔雀开屏，正是十八罗汉朝观音。木塔上的楹联十分引人入胜，木塔二层外檐南面楹联为"拔地擎天四面云山拱一柱，乘风岁月万家烟火接云霄"。三层外檐南面楹联为"点检透云霞西望雁门丹岫小，玲珑侵碧汉南瞻龙首翠峰低"。两副楹联气势磅礴、文辞优美、有景有情、寓意深刻，勾画出木塔及周围环境景色的特征。

古塔的建筑艺术形象充满矛盾，既引导人们崇尚佛国神圣，又在一定意义上寄寓着人生的理性情调；既是对神圣佛性一曲响彻云霄的颂歌，又是人情世俗大气磅礴的挥写。今天塔的艺术魅力依然是巨大的，千年古塔正在放射出更加灿烂的光辉。它唤起的不仅是对佛的崇高感，还是一种普遍可传达的心灵深处的震撼，对先民们追求真、善、美精神的缅怀，对历史与文化的追思。

五、典型乡村聚落景观案例分析

（一）案例简介

安吉是浙江北部一个极具发展特色的生态县，近年来在美丽乡村建设中，不断探索农业生态文明建设特色模式，全力打造长三角农村建设样板示范区。目前已建成"美丽乡村精品村"164个，12个乡镇（街道）实现全覆盖，创建总覆盖面达到95.7%，其中在建和已建成的"精品示范村"达到21个，呈现出一村一景、一村一韵、一村一品的总体格局。以安吉县鄣吴镇鄣吴村为例，目前该村已经成为具有典型明清风貌、极具山区个性的古村落，地理区位条件优越。村落发展较成熟，村内保留有众多的住宅、店铺、人工水渠、古桥等，建筑类型丰富，其中有部分建筑质量较高。特别是郭吴村保留有完整的明清时期的村落形态，以及别具一格的街巷格局和村内水系统。现存各类历史文化遗存记载着古村发展的印记，见证了郭吴村的文化脉络，对子孙后代与社会发展有着不可或缺的重要地位。

（二）乡村聚落景观设计

1. 核心街巷系统保护型改造

（1）整体保护，合理调整

郭吴村的街巷基本保留原有"九弄十二巷"的整体格局，保持原有的街巷界面，根据不同情况对不协调的建筑采取修补、立面改建、拆除等措施，保持原有的空间尺度，保持门楼通畅。改造还原了曲折进退具有地方特色的传统街道街面，在历史风貌协调区内和文物古迹改造控制地带，建造尊重传统建筑尺度型制的新界面。郭吴村御史巷在改造前存有建筑立面风格不协调、街巷肌理缺失、公共活动空间缺失等问题，改造中首先以拆除违章乱建部分入手，重新打造街巷公共活动空间，在适当位置以竹从引导行人，建筑立面重新刷白墙，墙裙以青砖贴面，窗户加檐口，旧屋加门头。

（2）主次结合、加强引导

以铁笔弄、牌楼巷、百花弄、葛藤窠巷、苏州弄、按察司巷、五凤巷和穿村小溪旁街巷为主要步行道路系统，在地面铺装、标识等方面与其他步行小道相区别，如主要步行街巷铺有石板加卵石的铺装，其他较次要小道有卵石铺装，改造加强了整个街巷系统的引导性。

（3）点线结合、街水相依

改造对主要街巷空间进行保留，利用街巷稍大的闲置空间布置小型广场，形成节奏多变、可游览休憩的街巷空间，降低了直来直往的行进路线的乏味感。改造还发掘了现有的明沟排水功能，通过整治和修建，完善核心区内的明沟排水系统，结合街巷道路的布置，形成行中有水、水边有景的多层次空间。在古朴的街道中增添流水潺潺的听觉景象，丰富游览感受。

2. 重点历史建筑"场所精神"与"时间感"的保留改造

（1）吴昌硕故居大院是明代建筑遗址

吴昌硕故居大院占地 6 000 平方米（含两边的展馆、碑廊以及大门前的艺术广场），系吴昌硕明代祖先所居。通过对这座遗址的保护性展示，为研究明代山区民居建筑提供了弥足珍贵的实物依据。其中，两旁的小院落已分别改建成为展示馆和吴昌硕艺术碑廊，以配合大院东北隅的吴昌硕故居充分展示吴昌硕的生活轨迹和艺术成就。

（2）吴昌硕故居属清早期建筑

吴昌硕故居位于吴昌硕故居大院东北侧，为明末清初建筑。清道光二十四年（1844 年）吴昌硕即诞生于此，占地 232 平方米，建筑面积 350 平方米。该屋为二进小院砖木结构，前进为三间平屋，系太平天国战后利用倒塌大屋木料所建，为单檐硬山顶梁架形式。后进为三间楼屋，以两厢与前进小屋相连，中有一小天井。从建筑结构分析，前厅构架简洁，柱径达 280 毫米，略显粗壮；后柱形小抹角，檩下用细木，有明代遗风，曾经历代维修。后楼虽保存完好，但梁柱用材纤细，瓜柱剖面呈扁状，视觉上较大，明显是为掩饰其已趋寒酸的家境，这种做法在晚清时期较为常见。吴昌硕故居于 1987 年收归国有后，于当年即按"修旧如旧"的原则进行了第一次维修，1999 年和 2002 年先后两次维修，因而故居保存完好。修复当年即对外开放，每年接待成千上万的中外参观者，吴昌硕故居已成为安吉县对外文化交流的重要窗口。①

（3）胡家大屋属清末建筑

胡家大屋毗邻于吴昌硕故居大院边，座北朝南，建筑面积 460 平方米二层木结构。楼屋通高 8 米，面阔五间，长 16.8 米。进深 13.6 米，前院面积 84 平方米，总占地面积 300 平方米。原屋后有占地约 66 平方米的辅屋，现已拆除，作为过道并入故居大院。整个胡家大屋处于大院东南，显然原是大院的一部分，不过是晚清时重建而已。胡家大屋虽经近百年的变迁，几易其主，但除了木地板和隔间的板壁在农机厂时期被损坏外，基本保持完好。② 近年来政府十分重视该屋的保护和利用，通过数次维修，已和吴昌硕故居大院连为一体，成为故居大院的一部分，分担着故居的日常管理、弘扬昌硕文化、对外展览交流等功能。

郘吴村的历史建筑在改造中遵循场所精神与时间感的保留，古代遗留建筑是先人文明的见证，是联系古今的桥梁，拥有打动人心的力量。郘吴村营造"场所精神"的手法是采用复原外观的思路建造遗址保护型建筑，多在遗址上直接复原，同时还原旧时景观风貌，以新技术还原旧场所，人行其中仿佛时光回溯，在时间上保留对古老空间的感受，最大程度地保留原先建筑的文化内涵。

3. 人居乡土建筑特色引导改造

郘吴村在乡村建设改造中对人居乡土建筑进行了特色引导改造，改造后的建筑不受各种文物保护条例和法规的限制，更能满足村民当代生活的要求，具有更大的自由度。人居乡土建筑特色引导改造对于保持乡村特色具有重要的价值，同

① 刘忠超 . 乡村旅游目的地形象塑造与实证研究 [D]. 曲阜师范大学，2017.

② 刘忠超 . 乡村旅游目的地形象塑造与实证研究 [D]. 曲阜师范大学，2017.

时保持了乡村魅力。

（1）屋顶

改造沿用传统建造方式的坡屋顶，简化屋脊和屋顶，使用亮度暗的色彩和不发生光反射的材料。屋顶材质应与墙面形成明显对比，选择深灰色青瓦或相近的色彩材质，使自然背景与建筑相和谐，建筑更显稳重，更能融入自然环境。

（2）墙体

利用丰富多彩的墙体形式，在符合总体色彩和材料的基础上，围合院落形成半虚半实的空间，使较小尺度的建筑部件也能体现人居建筑的丰富性、村落的多元性和个性。在临道路一侧的墙体和道路之间留有一定的空间（不小于 1.5 米），村民自发在此空间中布置绿化。

（3）勒脚

勒脚是建筑物外墙的墙脚，即建筑物的外墙与室外地面接触墙体的加厚部分。勒脚的作用是防止地面水、屋檐滴下的雨水的侵蚀，从而保护墙面，保证室内干燥，提高建筑物的耐久性，使建筑的外观更加美观。郈吴村多用清水泥砂浆或外贴当地石材等有地方性的防水耐久的材料重做房屋的勒脚。

（4）门窗

郈吴村民居门窗以铝合金、塑钢门窗为主，全村铝合金颜色和玻璃颜色进行统一。一些居民采用竹材制作窗户的竹制遮阳百叶，使用效果和视觉效果都很出色，体现了自然建筑材料的特点。

（5）装饰

装饰内容主要包括雨棚、窗檐、装饰窗、气窗、墙面装饰条、檐口等。郈吴村存在少量门窗木雕艺术。浓重的乡土气息和独特的地域文化都从郈吴村民居建筑中的木门窗雕刻中彰显出来。

（6）环境

郈吴村的环境改造主要包括建筑的垂直绿化、建筑的院落围墙、建筑庭院绿化等内容，主要是从建筑院落、村落整体考虑改善环境、增强景观效果，营造舒适的人居生活环境。

4.点带结合的绿化体系

郈吴村以村庄两侧的山体绿化为轮廓，形成自然生态景观绿化带，以及青山绿水的总体绿化景观意向。绿化结合改造特点，逐步种植完善规划范围点带结合的绿化体系，包括内宅间绿化、沿河绿化、沿街绿化等。其中，道路绿化沿主要道路形成景观绿化带，根据传统街弄的绿化层次，采用行道树和花灌木结合的绿化形式，道路两旁种植当地普遍树种；强调宅间绿化以亲切尺度设计种植，单株乔木与成丛灌木合理布局，吸引村民自发进行种类各异私家庭院绿化，提高村民生态方面的意识，使乡村更加生机盎然；强化河流水系两岸绿化，形成溪岸沿河绿化带。

5. 保留为主、因地制宜的细节改造

（1）保留为主，整补为辅

保护穿村郭吴小溪，定期进行修缮和疏浚。拆除部分阻挡小溪的民居，使整个溪边道路形成连续通畅的步行系统，发挥小溪的引导作用。对小溪沿岸的民房进行整治，对于层数过高的建筑进行降层处理，对影响小溪整体景观的建筑物进行改造。

（2）线面结合，因地制宜

石板街巷上散落布置盆栽，取材简单，成效较快，能适应街道空间需要进行移位或更换。街巷沿路小空地和小型场地集中种植灌木和树种，形成线状街景与面状绿化相结合的景观。街巷上分散布置少量的观赏性盆栽，沿街内院种植多季节性灌木和开花树木，通过花种色彩与植株高低丰富整体的生态景观。

6. 非物质文化资源的重构实践

（1）传统文化的实体化寄托

历史文化保护型乡村的传统文化在自然、历史、人文等多种综合因素的作用下产生，在改造中以实体物质、场所或传承人为媒介来展示和流传，通过传统文化的实体化寄托，将文化具化成为人们可体验互动的存在。依托昌硕文化，郭吴的扇文化在历史发展的大潮中不断得到升华。从北宋末年文人墨客们赋诗斗酒时把玩的扇子，到如今国内市场上 90% 以上的扇子都是产自郭吴。如今，郭吴几乎家家户户都有从事扇产业的，有办扇企的、卖扇工艺品的、手工制扇的、画扇面画的……扇产业带领着郭吴镇百姓走过了几个世纪的变迁。如今，郭吴镇年产扇子 3 000 多万把，产值超过 2 亿元，是名副其实的"扇子之乡"。扇产业的蓬勃发展带动了一大批民间艺人的成长，郭吴村民间有大量的农民书法家、农民画家、古法制扇者。很多人白天在农田劳作，晚上就习字练画，互相切磋学习。郭吴镇玉华村建成了女子书画院、农民书画院等多种学习交流、艺术创造平台。昌硕文化、扇文化和书法绘画三者有机结合，相互依托、相互促进，逐步形成以昌硕文化为核心，以扇文化为依托，以书法绘画为提升点的郭吴文化发展新格局。将扇子的制造、展览、销售等环节结合起来，沿街的扇子制造作坊可以供游人参观、互动，同时可以销售。扇子式样和内涵的创新，使其与书画等文化活动结合得更为紧密。

（2）特色文化的叙事性重构

许多历史文化保护型乡村都具有区别于传统历史文化之外的当地特色文化发

展，如在非物质文化遗产基础上发展的"舞龙文化"、基于现代新生活旅游方式的"帐篷文化"、革命圣地的"红色文化"等，这些特色文化的基础不如传统文化深厚，在新农村建设的改造中往往以多个同主题景观节点彼此串联重构而成，具有起承转合的叙事性。鄣吴镇景坞村的"知青文化"，便是以具有叙事性的景观规划方式进行重构串联的。人们首先在集散广场集合，走过知青桥，途经街道中心，走进重新翻修的知青大院，观文化博物馆游知青乐园，在知青农场忆苦思甜；然后在知青剧院观看红色样板戏，逛人民公社创意街；晚上在知青大院观看露天电影，学习知青文化。叙事性的规划方式充分挖掘了知青文化的文化魅力，对内唤起村民的旧时回忆，对外吸引游客。第二届浙江景坞泛长三角知青文化旅游节邀请了上海、杭州、嘉兴、安吉等地知青200余人参加，此次活动受到了一致好评。

（3）产业迁移、重组与提升

历史文化保护型乡村将村内污染较重的工业厂房迁出村外进行重组，其工业用地性质调整为村庄建设用地，以保护乡村环境不受污染，便于村庄产业向第三产业提升。老石坎村迁并整合西部居住环境不佳、交通状况不好的自然村，重建了产业提升引导区域，迁入现有的制造企业进行技术改革，进行产业转型升级，开发高新科技技术产品。鄣吴村将原制衣厂、穿村小溪旁三处民宅所在地调整为商业金融用地，为鄣吴村的旅游开发提供住宿、餐饮等必要设施。同时，将昌硕文化街两侧商业金融用地延伸至狮子台门楼所在区域，将整条街打造为风格统一、特色鲜明的传统商业街区；将鄣吴大队大会堂（现已改造为扇子博物馆）、吴昌硕故居后侧住宅用地、金氏民居用地、余氏门楼所在住宅用地等调整为文化设施用地，为将来村内兴建博物馆、展览馆等文化设施提供空间。

第二节　乡村农业旅游景观建设

一、乡村农业景观的旅游人类学价值

乡村农业景观资源是人类生产、生活后改造的自然、文化综合景观，其最初形成是以生产和生活为目的。在漫长的农耕历史文化发展进程中，田园、牧场、渔场等农业景观融合并顺应其自然环境逐步发展，与周围自然环境融合在一起，表现出人与自然和谐共处的形态，体现了生产、生态与审美的合一，具有重要的地域文化和历史价值，甚至还代表了一个国家或一个地区的国土景观，形成一种大地艺术。我国自古就有保护自然的优良传统，并在长期的农业实践中积累了朴

素而丰富的经验，数千年的农耕文化历史，加上不同地区自然与人文的巨大差异，形成了种类繁多、特色明显的农业景观资源，如都江堰水利工程、坎儿井、砂石田、间作套种、淤地坝、桑基鱼塘、梯田耕作、农林复合、稻田养鱼等。在西欧，大部分国家几个世纪延续圃制农业，以耕种、休耕、放牧来循环使用土地，创造了黄或绿的庄稼地、绿色的草场和褐色的休耕地交替出现在连绵起伏的低丘陵上的美丽农业景观，表现为均匀的斑块状土地格局，形成地区独特的风景。

（一）农业景观的"乡村振兴"功能

农业景观是人们为适应环境所形成的直接结果，是社会与文化的直接载体，讲述着人与土地、人与人以及人与社会的关系。它记载着一个地方的历史，富含着地域发展的历史信息，也是在乡村地域的地理、气候、土壤、水文等自然环境特征基础上，与当地的历史、社会、经济、文化等人文地理特征综合叠加的土地形态。数千年来，"农本思想"成为中国古代社会的主导思潮，贯穿于中国社会生活的各个方面，历代统治者都以农业为基本治国方略。统治者在祭祀时举行的"社稷"大礼，是对土神、谷神的顶礼膜拜。许多农业生产机械、器具，驰名中外的农学典籍，数以千万计的农事诗和农谚；千姿百态的农业民俗风情，都是极具开发利用价值、珍贵的农业文化遗产。农业景观的特质性既体现了人类和乡村社会所独有的多样性生存智慧，也折射了人类和自然协调一致的内在联系，是自然和农业文化有机结合的结晶和见证，其蕴含的自然和文化多样性是乡村旅游开发的活力源泉。合理的保护、开发和利用农业景观特质性，对发展乡村旅游产业和乡村振兴具有重要意义。

（二）农业景观的"三生"功能

农业景观从发展阶段来看，可分为传统农业景观和现代农业景观。传统农业景观是建立在一个自给自足、自我维持和人地矛盾不突出的农业生产系统基础上的；而现代农业景观是建立在新品种、新技术、新设施、新管理农业生产系统基础上的，其景观格局变化更为频繁，景观异质性更趋复杂。无论是传统农业景观还是现代农业景观，均具"三生"功能特质性，即生产、生活和生态。首先是生产，农业景观的形成源自农业生产，是农业生产过程中的自然和农业文化有机结合的结晶和见证；其次是生活，农业景观包含农业生产者生活居所村落建筑以及长期生活形成的非物质文化遗产农耕文化，这是通过长期积淀和发展形成的，具有鲜活生命力的生活形态；最后是生态，农业景观的生态是整体、协调、循环、再生思想体现的人工生产生态系统，代表一个区域或者国家千百年来对土地的实用形态，甚至是永续利用的生态形态。农业景观是具有"三生"功能（生产、生态、生活）的有机景观体系，"三生"功能有机融合，而不是简单叠加。例如，云南元阳哈尼梯田，不仅仅是游客"凝视"的壮美景观，在这农业景观中，蕴含着深刻的生态、人文特性。森林—村寨—梯田—江河构成完整的生态系统，山上的森林是梯田的水库，山下的江河是森林水源，其内在生态机理紧密联系，生物物质流循环保持了梯田千百年肥力不减退，在这样的环境下，哈尼梯田中的传统水稻品种种植百年遗传特性不变，生物多样性非常显著。在长期的梯田历史发展中，形成了特色哈尼村寨、分水制度、丰富的农耕节庆等。这就是一个农业景观系统特质性的综合表现，若其中某一环节被破坏，就有可能发生系统崩溃。

（三）农业景观的教育功能

旅游者在农业旅游过程中，不仅能领略田园风光，而且能直接参与农耕活动，亲身体验农业生产过程，体味农村生活。垂钓、躬耕、牧养、采菊、摘果，都是都市旅游者倍感兴趣的旅游项目，也是旅游者融入自然、体验生活乐趣的轻松旅游方式。旅游者通过参与农业生产活动，既能体验到田园生活之闲情逸趣，也能陶冶情操、净化灵魂，体会中国传统文化中反映乡村生活之艰辛的艺术作品，更加珍视农民的劳动成果。在现代的生活环境下，都市人更加希望到农村用身临其境的方式教育后代，促其健康成长。

二、农业景观的旅游开发模式

农业景观旅游在乡村旅游开发形式中，起步早，发展速度快。总体而言，农业景观旅游发展形式从简单到复杂，科技含量从低到高，投资额从小到大，从最早的果园到现代的生态农园，从田园风光到高科技农业园。目前，农业景观建设的模式主要有以下几种模式。

（一）高科技农业园区

农业高科技园是农业生产力和科学技术水平发展到一定阶段的产物，是农业产业化经营机制的重要创新，是农旅结合的平台，它打破了传统农业低效封闭的格局，对于转变农业增长方式，实现农业现代化具有重要的推动作用。

（二）生态农业园

生态农业园是目前一种较普遍的农业旅游模式。园区具有原始自然的植被，有完美的自然山水，形象的地形地貌，众多的石景，多种野生动物资源，是自然风光与田园风光完美结合的产物。生态农业园景观具有自然性、高品位性、靠近大城市等特点，如无锡生态农业旅游模式。

（三）主题农业园

主题农业园是从主题公园延伸而来的。主题农业园作为农业旅游的模式之一，它所展示的是农业景观之美。与生态农业旅游区相比，一般不需要具有很好的自然景观和丰富的自然资源。它以人造景观为特色，把农林牧副渔、东西南北中的特色农业，以一个个主题园的形式，展示农业生产方式和形式，供游人参观。因此，它是一部鲜活的农业教科书，如苏州丹桂苑主题公园。

（四）参与体验农园

参与体验农园是以农业生产为主、旅游为辅，内容包括林场、农场、牧场、果园、茶园、渔场等。景观展示以农林产品为主体，寓旅游景点于其中，让游客在观光中了解农业和农业生产，体验农业生产和农村生活，品尝农村的风味食品，领略农村田园风光之美。这种模式的主要特点是在农业产业功能区合理布局的前提下，穿插"小品"景点作为点缀，以增强可观赏性，同时供游人休息，如上海三林现代化农场。

（五）农业文化遗产

农业文化遗产是人类在进行农业生产并使自身适应环境的改变而逐渐产生的一种独特的遗产类型，它见证了遗产地人民辛勤劳动的成果，代表了杰出的地域文化，体现了"天人合一"的哲学思想。2002 年，联合国粮农组织、联合国开发计划署、全球环境基金等国际组织联合启动"全球重要农业文化遗产"（GIAHS）行动，在世界范围内掀起了一股农业文化遗产保护与申报的热潮。2012 年，我国农业部（现农业农村部）正式启动了中国重要农业文化遗产发掘工作，使我国成为世界上第一个开展国家级农业文化遗产评选与保护的国家。截至 2018 年，农业农村部（原农业部）公布了 4 批共 91 项中国重要农业文化遗产。其中，第一批中国重要农业文化遗产 19 项（2013 年 5 月 21 日）；第二批中国重要农业文化遗产 20 项（2014 年 5 月 29 日）；第三批中国重要农业文化遗产 23 项（2015 年 11 月 17 日），第四批中国重要农业文化遗产 29 项（2017 年 6 月 28 日），如表 7-1 所示。

表7-1　中国重要农业文化遗产分类

主　类	亚　类	典型代表
传统农业景观	粮食作物类	江西万年稻作文化系统、湖南新晃侗藏红米种植系统、云南剑川稻麦复种系统、云南广南八宝稻作生态系统、北京京西稻作文化系统、辽宁桓仁京租稻栽培系统、黑龙江宁安响水稻作文化系统、广西隆安壮族"那文化"稻作文化系统、吉林九台五官屯贡米栽培系统、江苏高邮湖泊湿地农业系统、新疆伊犁察布查尔布哈农业系统
传统农业景观	经济作物类	河北宣化传统葡萄园、辽宁鞍山南果梨栽培系统、新疆哈密市哈密瓜栽培与贡瓜文化系统、甘肃皋兰什川古梨园、吉林延边苹果梨栽培系统、浙江仙居杨梅栽培系统、四川苍溪雪梨栽培系统、云南漾濞核桃-作物复合系统、浙江绍兴会稽山古香榧群、陕西佳县古枣园、天津滨海崔庄古冬枣园、河北宽城传统板栗栽培系统、宁夏灵武长枣种植系统、北京平谷四座楼麻核桃生产系统、山东枣庄古枣林、山东乐陵枣林复合系统、河南灵宝川塬古枣林、福建福州茉莉花种植与茶文化系统、云南普洱古茶园与茶文化系统、浙江杭州西湖龙井茶文化系统、福建安溪铁观音茶文化系统、湖北羊楼洞砖茶文化系统、广东潮安凤凰单丛茶文化系统、湖北恩施玉露茶文化系统、四川美姑苦荞栽培系统、贵州花溪古茶树与茶文化系统、云南双江勐库古茶园与茶文化系统、辽宁宽甸柱参传统栽培体系、宁夏中宁枸杞栽培系统、四川江油辛夷花传统栽培体系、甘肃岷县当归种植系统、甘肃永登苦水玫瑰农作系统、山东夏津黄河故道古桑树群、江苏泰兴银杏栽培系统、浙江庆元香菇文化系统、河北迁西板栗复合栽培系统、河北兴隆传统山楂栽培系统、山西稷山板枣生产系统、吉林柳河山葡萄栽培系统、江苏无锡阳山水蜜桃栽培系统、浙江德清淡水珍珠传统养殖与利用系统、安徽铜陵白姜种植系统、安徽黄山太平猴魁茶文化系统、福建福鼎白茶文化系统、江西南丰蜜橘栽培系统、山东章丘大葱栽培系统、河南新安传统樱桃种植系统、湖南新田三味辣椒种植系统、广西恭城月柿栽培系统、海南海口羊山荔枝种植系统、重庆石柱黄连生产系统、四川名山蒙顶山茶文化系统、陕西凤县大红袍花椒栽培系统、陕西蓝田大杏种植系统
	复合共生系统	贵州从江侗乡稻鱼鸭系统、浙江青田稻鱼共生系统、甘肃迭部扎尕那农林牧复合系统、浙江湖州桑基鱼塘系统、安徽休宁山泉流水养鱼系统、江西广昌莲作文化系统、湖南花垣子腊贡米复合种养系统、海南琼中山兰稻作文化系统、四川盐亭嫘祖蚕桑生产系统、云南腾冲槟榔江水牛养殖系统、宁夏盐池滩羊养殖系统

主　类	亚　类	典型代表
农业景观	地方特色类	内蒙古敖汉旱作农业系统、新疆奇台旱作农业系统、江苏兴化垛田传统农业系统、内蒙古阿鲁科尔沁草原游牧系统、黑龙江抚远赫哲族鱼文化系统、内蒙古伊金霍洛农牧生产系统
	梯田文化类	福建尤溪联合梯田、湖南新化紫鹊界梯田、云南红河哈尼稻作梯田系统、河北涉县旱作梯田系统、江西崇义客家梯田系统、广西龙脊梯田农业系统、浙江云和梯田农业系统
	灌溉文化类	新疆吐鲁番坎儿井农业系统、安徽寿县芍陂（安丰塘）及灌区农业系统

资料来源：牟娅，于婧.中国重要农业文化遗产空间分布特征研究［J］.湖北农业科学，2018,57（19）:103-107.

三、乡村农业景观的衰退

（一）农业生产景观的衰退

过去半个世纪，特别是最近几十年以来，农田面积和农业人口在全国范围内持续衰退。快速城市化进程下，乡村被城市吞并，变成城市腹地或成为"城中村"，大量乡村农业用地被占用，转化为郊区和远郊区，乡村景观整体性地消失；乡村的工业发展占用农田、耕地，乡村农业景观的整体性被破坏；工业的污染、农药和化肥的使用以及生活垃圾的随意丢弃，使良好的乡村农业景观被破坏。中国城市化进程的加快、城市的无序蔓延与扩张，使传统农村变成城乡接合部、"城中村"；"拆村并居""让农民进城上楼"运动，造成乡村数量锐减，改变了乡村原有生活形态与产业结构；外出务工、定居村民数量的不断增加，村民慢慢减少，年轻人对城市生活的向往，加剧了乡村的衰落速度，造成"空心村""老龄村"；乡村公共设施的落后与不完善、农业生产的经济效益较低，加剧了村民离开的念头，村落持续衰退，部分村庄自然消亡。无人的乡村、不种田的农民、不愿意从事农业生产的年轻人，都使乡村农业生产衰退，乡村农业景观衰退。

（二）农业景观乡土特色的丧失

中国传统村落是一个相对稳定、有一套自身运行机制的共同体。乡村经历5000多年的发展，在农业生产、乡村文化生活、与自然和谐共处等方面，逐渐形成了适应当地气候环境条件、充分利用自然资源条件、适合人民生产和生活方式的乡村景观，并经历一代代村民的传承与发扬。具有乡土特色的乡村农业景观应具有地域特色，在生产方式、种植种类、耕作场景等方面拥有地域特征，展现乡土农耕文化、劳作方式等。乡村农业景观在旅游介入中，发展成农家乐、观光园等类型，但大多数农业园照搬前人模式，不考虑当地自然条件及地域性差别，同质化严重，产品单一，无法树立良好的乡土农业景观形象。

（三）乡村农业景观规划理论体系的缺失

"村治"是我国乡村建设运动的起点，早在 1904 年乡绅米迪刚的"翟城村治"就开始探索乡村建设，100 多年来，国家和大量学者致力于研究乡村及乡村景观规划建设的理论，虽富有成效，但还未形成严谨的乡村景观规划建设理论体系。近年来，我国加大了对乡村规划建设的政策支持力度和资金投入，但广大的乡村景观规划建设因缺乏理论指导，仍处于无序的状态。当前，我国的景观规划理论体系建设主要集中在城市建设方面，对于乡村景观的理论体系、行业标准、国家技术规范等较为缺乏，导致乡村景观规划建设实践盲目建设。而现有的乡村景观规划理论方法体系，已不能满足于快速城市化、信息化、工业化等共同作用推进下的乡村景观规划建设实践。

（四）乡村农业景观活动内容的雷同

农业景观的特质性就表现在其复合的生态、生产种养模式，具有丰富的水系、植被以及四季变化，蕴藏着深层次的历史、文化信息，是高层次的人工生态系统。当前农业旅游产品基本可以概括为农事体验（蔬果采摘、垂钓等）、餐饮（吃农家饭）、休闲（住农家、棋牌乐等），乡村旅游发展项目雷同，重复建设若干观光园、农家乐，这种单一模式已经成为乡村旅游发展的瓶颈。在这种单一化的发展模式下，很自然地将农村建设为城市的"休闲后花园"，忽略对当地农业景观特质性的开发和利用。大多数农业景观园区的营造模仿其他园区，缺乏园区特色，忽略了当地地域文化与农业文化，导致园区游玩内容千篇一律，活动项目相似，景观异质性较弱，难以吸引大量游客前来，不能引起游客的共鸣，游客缺乏对园区的文化认同感与归属感。而相似园区过多的建立，加剧了彼此间的恶性竞争，对游客的吸引力较弱，园区发展陷入瓶颈期。

（五）农副产品安全问题

化肥和农药的发明与使用改变了传统农业生产方式，取代了传统农家肥的使用。现代农业生产中对化肥、农药的过度使用和泛滥，造成了生态平衡破坏、生物多样性减弱、土地硬化、肥力降低，农药超标、食品安全无法得到保障等问题。滥用的农药和化肥造成乡村生态环境破坏，影响了土地和水资源，影响了乡村农业景观的安全性及美观性。随意排放的生活、工业污水，生活垃圾，废弃电池、金属等，污染了土壤和水系，对农作物的种植产生巨大影响，造成农作物重金属超标等问题。

四、乡村农业旅游景观建设原则

党的十九大提出乡村振兴战略，美丽乡村建设成为新时期农村建设的核心旨向。在美丽乡村理念下，乡村农业旅游景区规划应着力实现从"形态美"拓展至"规划美"，"一时美"延伸至"一片美"，"外在美"深化为"内在美"。这些需要始终立足于乡村，把握乡村意向，打造乡村特色，具体应遵循如下原则。

（一）核心资源的原则

农业景观的旅游开发，要以核心资源为基础。所谓核心资源，是指居于核心主导地位、能形成核心吸引力和卖点的客观物质条件，如花乡旅游资源、渔乡旅游资源等。

作为核心资源，能有力地吸引两部分人：一部分是投资商，吸引他们投资兴办旅游度假设施；另一部分是旅游者。只有充分利用核心资源，把其转化为核心引力，才能赢得市场。因此，农业景观旅游开发，不能一哄而起，搞"家家点火，村村冒烟"，只能在具备核心资源的乡村进行。

（二）突出主题的原则

中国农业有 5000 年的文明史，从刀耕火种、种子培育、家禽养殖、野兽驯养一直到现在的基因技术，内容丰富多彩。农业景观的旅游开发，要突出一个主题，并附之以魂。通过主题来打造独特的品牌，突出个性优势，才能在市场竞争中争得理想的份额。

农业旅游资源种类多样，依农业结构分为旅游种植业资源、旅游林业资源、旅游畜牧业资源、旅游渔业资源、旅游生态农业资源、旅游农副产品资源等 6 种，每一类型的农业资源品种多，地区差异大。若按农业旅游服务方式，农业旅游资源又可分为观赏型、品尝型、购物型、务农型、娱乐型、疗养型和度假型等类型。

（三）原汁原味的原则

农业旅游除具有农业的一般特点外，还要求具有旅游环境的清洁美观性。许多农业旅游依托自然、半自然的农业环境，农产品达到"绿色食品"质量标准，但由于过分强调环境的清洁，使乡村生活城市化，失去了农村文化环境氛围，导致旅游吸引力下降。

由此，农业旅游要保持传统乡村住户、乡村环境和乡村文化的本来面貌，成为吸引游客的内在力量的源泉。即通过传统农具和农家用具展示，游客吃住农家，和农民一起种地、锄草、采摘，以最"土"的方式，把原汁原味的乡村文化呈现于城里人面前。事实证明，这样的农业旅游地是备受城里人青睐的。

（四）主客交流的原则

农业旅游活动的重要特色，就是游客与村民之间的交流沟通和交友。因此，农业景观的旅游开发，要注重情境空间的打造，创造主体和客体互动的环境，让旅游者和当地村民进行接触和交流，实现一种精神层面的感情诉求和亲合。

（五）体验参与的原则

参与是体验的载体，体验是参与的结果。农业旅游是体验旅游，只要把参与项目搞得丰富多彩，就能收到理想的体验效果。把农事活动安排得丰富多彩，使游客通过民居、民饰、民艺、民食、民事、民庆等诸多内容，感受村民感情的纯真，体验乡村的民俗风情，学习新知识，进行生理、心理、智力极限的考验和锻炼，从而使旅游过程集知识性、趣味性、游乐性于一体，收到启迪智慧、愉悦身心的效果。

五、乡村农业景观旅游开发案例分析

（一）案例简介

兴化垛田是江苏中部里下河地区独有的农业生态景观。垛田是当地人在湖荡沼泽地区或河网低湿地区，用开挖深沟或小河的泥土堆积形成的，总面积达到6 000多公顷，以拥有3 200公顷垛田的兴化地区最为集中，下辖垛田镇保存1 600公顷，是兴化垛田保存最为完好、最为集中的地区。垛田由湖荡河沟地带众多大小不等、形状各异的土坝不断抬高，再经历代兴化农民农耕作用而形成。每块垛田面积在0.01公顷到0.2公顷之间，垛面高出水面1.5米左右，四面环水，就像海面上的一座座小岛，所以人称"千岛之乡"。垛田地势高、光照充足、排水良好、土壤肥沃，适宜各种旱作物的生长，尤其适合生产瓜果蔬菜。每到油菜花盛开的季节，垛田就呈现出一片壮丽的金黄色，让中外游客对此旖旎的景色流连忘返，所以兴化垛田也有"里下河地区的明珠"之称。江苏兴化垛田传统农业系统作为首批中国重要农业文化遗产和"全球重要农业文化遗产"，是江苏省最具代表性的农业文化遗产，是历代兴化农民在漫长的历史发展过程中为适应生活环境而逐渐形成的丰富、独特的农业文化遗产资源。

（二）兴化垛田的旅游价值

兴化垛田是中国里下河地区历史地理和农业生态系统变迁的活化石，不仅因为它是传统生态农业和可持续发展的典型，而且它万岛耸立、千河纵横的独特地貌和景色，在全国乃至全世界都是唯一的，具有极高的地理历史、科研价值和文化旅游价值。

1. 生态价值

中华民族是一个智慧的民族，总是能够根据所处的生态环境，或合理利用，或创造性地加以改造，从而孕育出了辉煌灿烂的中华农耕文明，垛田就是一个经典例证。它是当地先民为适应生态环境变迁，因地制宜创造出来的一种抗灾减灾的土地利用方式。就其本身而言，垛田是一个和谐、科学的农耕系统，是人与自然完美结合的产物，充分代表了中华农业文明中天人合一、和谐自然的传统哲学思维。具体体现如下：首先，垛田利用沼泽湿地堆垛而作的农耕方式，是当地民众长期改造恶劣环境并与之相适应的结果，因其显著的地貌形态逐渐构成了具有农业特质的生态圈和耕作体系；其次，垛田具有独特岛状地貌的特征，彼此间形成有效的空间隔离，使田地通风好、光照足，四面环水，容易浇灌又难有水渍，为瓜果蔬菜生长提供了绝佳条件；最后，垛田地区千岛耸立、万河纵横，其秀丽景色在中国乃至世界都是独一无二的，自古就有"两厢瓜圃、十里菱塘、胜湖秋月"的垛田三景。

2. 科研价值

垛田见证了当地从走千走万不如淮河两岸的鱼米之乡，到黄河南下的洪水走廊，再到因地制宜田水相依的垛田奇观，所以垛田是研究当地生态环境变迁和土地利用方式转变的一件珍贵标本，也是我国先民聪明勤劳智慧的经典结晶。更为难能可贵的是，几百年来垛田地区基本保持原有的地貌特征，田间劳作无舟不行，家家有船，户户荡桨成了一道罕见的风景。另外，由于垛田地理地貌的独特性，现代化的耕作方式在这里一直无法全面推广和普及。至今，垛田的核心地带还大量保存着原始古老的农耕方式，使用自然肥料，如罱泥、扒苲、搅水草等。唯一能派上用场的机械是抽水机（原本消防器材，垛田乡民移作他用），装在小舟之上，漂浮喷水，以供农田果蔬之需，堪称一绝。所以说垛田是里下河地区最具典型意义历史地理变迁的活化石并不为过。

3. 文化价值

垛田在当地已有 600 多年历史，它体现了一种"因地制宜"和谐统一的思想观念，对当地的民间文艺、风俗习惯、饮食文化等社会生活的各个方面都有着深厚的影响。兴化地区早先受楚文化的滋养，后又融入吴文化的内涵。深厚的文化积淀，造就了众多文人雅士，也孕育了丰富的民间艺术。这里既曾留下大文学家施耐庵的足迹，又是郑板桥的出生之地，晚清还有"琼林耆宿"大儒王月旦。得益于此，垛田的民间文艺可谓根深叶茂。2002 年，垛田镇成为苏北地区唯一被省命名的"江苏省民间艺术之乡"。其主要文艺形式有高家荡的高跷龙、垛田歌会、垛田农民画等，都有鲜活的地域特色和垛田风情。除此之外，垛田自身的耕作体系和生态系统本身就是一种富有特色的地域农耕文化，"河有万弯多碧水，田无一垛不黄花"既是对垛田美景的真实描写，也是对垛田农耕文化的诗意写照和最好赞美。

（三）兴化垛田面临的问题

1. 农业生态系统面临蚕食与破坏的威胁

与 40 年前相比，垛田这一独特的地貌景观和生态系统已经发生了较大变化。近些年来由于治淮效益的逐渐显现，水涝灾害显著减少，当地农户已不再需要依靠垛田来抗洪防涝。为了扩大耕地面积、方便耕作，他们对原始的垛田进行了大规模改造，将原先高高的垛子挖低，所挖的泥土向周围的水面扩展，或将两个垛、三个垛连成一片。于是，原有的垛田普遍变矮了，大多成为高出水面 1 米多的样子。与此同时，垛田的面积大多变大，河沟的数量和水面面积减少了，原先那种高低错落、大小不等、绿水环绕的风韵大为减少。当地农民为追求经济效益最大化，争取蔬菜高产，往往大规模地施用和依赖化学肥料，传统的罱泥、扒苲、搅水草等汲取自然肥料的方式逐步减少。同时，由于河道间缺乏原先经常性的疏浚，致使河水富氧化现象较为严重，垛田水环境逐渐恶化。此外，随着乡村工业的发展，一些原本的农业土地被改造成工厂企业等。随着人口规模的扩大和生活水平的提高，不少当地农户还普遍占用垛田来建造房屋，不仅导致村庄建设向田野扩展，而且破坏了垛田的整体地貌与景观。垛田核心区域地处兴化市城郊，随着城市建设规划的南扩东移，近年来城乡接合部的几千亩垛田耕地陆续被征用、开发建设。加上近年来干线公路、通村公路建设占用了不少土地，垛田的面积已大为减少，并有继续被蚕食、破坏的倾向。

2.传统耕作方式面临丢失的危险

垛田作为一种独特的土地利用方式，与之相适应的有许多有特色的传统耕作方式与农业文化，随着工业化、现代化的浪潮冲击，它们也面临消亡的危险，最典型的就是罱泥扒苲和戽塘技术。因为传统的垛田菜农们一直喜用有机肥，所以他们经常在星罗棋布的湖荡河沟间罱泥扒苲（音 zhǎ，淤泥和水草的混合物），即把河沟间疏浚掏出来的泥浆堆积覆盖在垛上，一年数次，垛田便以每年几厘米十几厘米的速度渐渐地长高，而且土质肥沃，利于生产。20 世纪 60 年代之前的垛田一般都是很高的，低的两三米，高的有四五米。高耸的垛田除了顶端的平面，还有四周的坡面，都可以栽种作物。由于垛田较高，所以在垛身上每隔五六米就开挖有一组浇灌系统：顶部平面处是一道流水槽，称为"灌槽"，灌槽口垂直向下，每隔一米多的高度，在坡面上挖一个小坑，称之为"戽塘"，最高的垛有四五层戽塘。浇水时，每层一人，最下边的人将河水舀到第一层戽塘里，第一层的人再把水舀进第二层，逐层传递，直至上面的灌槽，有时需要六个人一溜站开，上下协同，斗来瓢往，蔚为壮观。20 世纪 60 年代以后，新中国治淮渐显成效，原本是洪水走廊的兴化地区日趋安宁，更为重要的是人口的迅速膨胀给原本人均耕地不足半亩的垛田地区带来了新的难题。为了生存，有人发明了扩大种植面积的办法——"放岸"，就是把高垛挖低，将垛与垛之间的小沟填平。垛田于是变得更加矮平，变成现今所常见的一米多的高度，随着垛田高度的降低，与之相应的是传统的罱泥扒苲和戽塘技术在今天垛田的绝大部分地区已经绝迹。

3.垛田保护与现代生活方式的矛盾

垛田作为一种独特的农业文化遗产，不仅包括地形地貌，也包括当地传统的耕作技艺以及与之融为一体的农民生活方式。但随着社会的进步与现代化浪潮的来临，要求农民依然停留在百年前的耕作与生活方式中无疑是自私的也是不现实的，当地农民也向往现代的生活方式。为了配合垛田的保护工作，当地农户的小企业扩大再生产与建房已停批一年多时间，个别农户的住房紧张问题得不到解决，村民有一定想法。随着劳动力机会成本的不断增加，当地那些掌握垛田传统技术而又专心在家务农的村民在迅速减少，祖祖辈辈传下来的老传统已经渐渐地远离他们的生活，农村劳动力特别是青壮年向城市流动甚至出国务工，以获得更大的经济收益，原来从事传统农作的人为了谋求更高的劳动力价值而改变先前的劳作模式，甚至放弃原有的劳动技术，这为垛田的传承带来很大的难度。

（四）兴化垛田的旅游开发对策

1. 深度开发旅游资源，突出特色提高知名度

兴化垛田资源丰富独特，具备深度发展旅游的基础条件。在开发旅游过程中，应该充分利用垛田独特的地理地貌特征，少见的传统农业生产方式，突出垛田的农业特色，以传统农业观光游为基础，从整体上做好规划，开发以传统农业生活体验和农业特色旅游产品消费为卖点的旅游产品。此外，整合兴化其他旅游资源，如李中水上森林公园、桃花岛农业生态观光园、乌巾荡、上方寺、郑板桥故居等进行联合开发和整体营销，形成规模效应，提高整体知名度。

2. 保持原有农业生态，建立开放性生态博物馆

兴化垛田独特之处在于其自身的耕作体系和农业生态系统。在旅游开发过程中，应以当地农耕文化为基本内容，以原汁原味的地域特色和垛田风情为展示重点，建立融传统农业文化与自然、集传统保护与动态发展于一体的开放性生态博物馆。即在不破坏原有的农业文化环境和不干扰当地居民的生产生活方式的前提下，通过提升居民素质和文化传承意识，将特定区域的遗产保存于原生环境中，实施农业文化遗产旅游可持续发展模式。

3. 重视居民参与度，提高保护积极性

农业文化遗产旅游以农村为背景，以农民的生产活动为核心对象，以当地居民的生产生活方式为旅游吸引物，居民的生产生活方式将影响农业文化遗产保护的积极性。在旅游开发过程中，应重视兴化垛田居民的参与度：包括参与垛田的保护和旅游规划决策，即形成以政府为主导，以规划单位为主体，当地居民尽可能参与和最大限度满足居民利益的规划和决策模式；包括参与旅游收益的分配，即在收益分配上兼顾政府、遗产保护开发商、居民等多方利益，建立健全公正合理的收益分配机制，提高居民的主动保护意识，推动垛田文化的有益保护与传承。

第三节　乡村民俗旅游文化建设

一、乡村民俗文化的旅游人类学价值

民俗文化作为重要旅游资源，已逐渐发展成为乡村旅游的重要依托。民俗文化即民间风俗文化，它是由一个国家或者地区、民族创造出来，用于人们日常生活需要和传承的文化，涉及物质方面主要包括生产模式、生活习惯、民俗组织等，精神方面主要包括民俗节日、民俗信仰、民俗语言、民俗艺术以及娱乐活动等。习近平指出，"要提升国家文化软实力，展示中华文化独特魅力，要系统梳理传统文化资源，让收藏在禁宫里的文物、陈列在大地上的遗产、书写在古籍里的文字都活起来"。存活在各地民众生活、生产活动中的民俗文化就是中国传统文化资源的重要部分，文物、遗产、文字经过民俗文化的衬托和渲染才能更加生动。深入研究、挖掘乡村民俗文化蕴含的优秀思想观念、人文精神、道德规范，充分发挥其教化民风、凝聚人心、有效减贫的重要作用，对于树立民俗文化品牌、实现乡村振兴大有裨益。

（一）教化民风，焕发乡风文明新气象

法律法规用"铁拳"约束人们的行为，而民俗文化则用"和风细雨"在潜移默化中改造规范人们的思想。美国学者本尼迪克特在《文化模式》中指出："个体生活历史首先是适应由他的社区代代相传下来的生活模式和标准。从他出生之时起，他生于其中的风俗就在塑造着他的经验与行为。"民俗文化是一个约定俗成的道德规范，其教化功能体现在人们生活的方方面面。一些人们耳熟能详的民间故事用通俗的语言、曲折的情节传达出知恩必报、勤俭节约、孝顺父母、诚实守信等美好品德。传统戏剧中也有"辕门斩子""程婴救孤""清风亭"等剧目，把忠、义、孝这些理念糅进精彩的戏剧表演中，起到教化人心的作用。要建设"乡风文明"的现代化新农村，就必须移风易俗，剔除传统民俗文化中的迷信糟粕，摒弃风俗习惯中的封建陋俗，让民俗文化在现代社会去伪存真、去粗存精，重新建立起健康积极的生活方式。民俗文化能够以贴近民众的方式弘扬践行社会主义核心价值观，传承具有"正能量"的优秀民俗文化，最终达到培育文明乡风、良好家风、淳朴民风的总目标。

（二）凝聚人心，营造乡村振兴良好氛围

民俗文化具有强烈的地域色彩。俗话说"十里不同风，百里不同俗"。即使是在同一个县域内，不同的村落之间也有着不同的民俗文化。拥有共同民俗文化的民众之间形成共同的心理素质，从而拥有强烈的文化认同感，并在此基础上产生了民族凝聚力。民俗文化承载着独具特色的地方传统文化，并随着时代变化而不断变迁，持续发挥着影响力，起到凝聚人心、提升自信的功效。民俗文化是凝聚力的核心所在，如传统春节民俗，通过贴春联、吃饺子、打扫房子等具有仪式感的活动来营造节日氛围，同时加强了民众间的社会交往，在外打工的人、出嫁

的姑娘都要回家团聚，亲戚好友间互相拜访，都是民俗文化凝聚力的体现。

（三）有效减贫，增强村落群众获得感

民俗文化资源具有鲜明的民族性、地方性、艺术性，可以与当地的自然环境、人文景观、生产活动结合起来，科学设计民俗旅游线路，发展民俗旅游，实现文化和经济的双重价值。民俗文化是一种无形的资本，通过合理的利用就能够形成巨大的经济效益。各种民俗消费活动都是建设在民众文化认同感的基础之上，如婚丧嫁娶消费、节日消费等，通过合理规划引导，就可以形成比较有规模的民俗经济。开发民俗文化资源的综合潜力，整合民俗文化和旅游产业，带动村落民众的积极性，通过旅游业的带动实现经济收入水平的大幅提升，可以为村落脱贫攻坚工作奠定坚实的基础。

二、乡村民俗旅游景观开发模式

乡村民俗旅游属专项旅游，乡村民俗旅游资源开发也系专门旅游资源开发。因而，在开发的内容上，既要照顾面，又应强调专。乡村民俗旅游景观开发是乡村民俗旅游开发的中心工作，是旅游地形成接待力的基础。

（一）农家乐

"农家乐"以其距市区近、耗时少，消费低，环境清幽，轻松闲适的特点适应了城市居民消闲度假的需求，很快就在各地得以迅速发展壮大起来。以"吃农家饭、品农家菜、住农家院、干农家活、娱农家乐、购农家品"为特色的成都"农家乐"闻名海内外。2006年4月12日在首届中国乡村旅游节开幕式上，国家旅游局（现文化和旅游部）授予成都"中国'农家乐'旅游发源地"称号。但是，"农家乐"是一种简易的旅游接待模式，它消费低廉，但是接待的档次也低，虽有一定民俗文化元素，却缺乏挖掘与提升的空间。它之所以能一度兴盛，是因为当时厌烦了喧嚣的广大城市人群急于寻找一份宁静，而它恰好能及时提供，且消费价位又能为普通市民所接受。

（二）乡村酒店

乡村酒店，在西班牙以古城堡为依托，叫城堡旅游；澳大利亚以林园为依托，叫绿色旅游；法国以老式庄园为依托，叫庄园旅游；中国台湾以具一定规模、品位的民居建筑为依托，叫民宿旅游。这种乡村酒店所处的位置在乡村，有供游客

进行乡村旅游活动体验的特色乡村景点，有反映乡村文化特色的旅游活动，有供游客进行乡村生活体验的活动场地，并提供相应的服务。能够以天为时间单位，向客人提供配有餐饮、组合休闲活动、住宿及相关服务的酒店、度假村、俱乐部等，所以称之为乡村酒店。

乡村酒店具有独特的文化个性，有着其特殊的文化符号，在旅游接待上注入了人文内容，而且主客共同参与这些文化活动。乡村酒店具有鲜明的人文性、主体性、独立性、主动性。其中，有的是以庄园文化、古堡文化见长，满足旅客怀古寻旧的愿望；有的是以收藏古玩见长，主客共享鉴赏珍品的乐趣；有的是以花卉园艺取胜；有的是以私家菜吸引客源。

（三）民俗文化村

主题文化村落是在原有的古老村落基础上改造而成，开发一系列的复古怀旧产品。此类度假村的住宿环境均为古厝所整修，或是以古建筑的式样为设计蓝图，还可以搭配古董家具或是展示古老的农具、古意盎然的景观环境及古朴陈旧的家居设计。它是对现已消失的民俗文化通过信息搜集、整理、建设、再现，让游客了解过去的民俗文化。比如，向游客表演用方形的扁担挑水、用原始农具耕作、用独轮车运输等古老的传统习俗以及各种民间舞蹈。这种模式的优点是可以令时光"倒流"，满足游客原本不能实现的愿望。

三、旅游介入下乡村民俗文化的消融与流失

（一）旅游开发带来民俗文化的商业化与趋同化

"日渐繁荣的民俗旅游产业也存在宏观失控、产业结构失调的现象，因政令不一、多头领导、无序竞争引发的宰客、黄赌毒乃至群体性事件也时有所见。"民俗旅游的开发，在一定程度上增强了本地民众对于自身文化的自信心和自豪感，但是在商业利益的驱动下，更多人选择一些利润回报丰厚而投入较少的旅游产品。在商业活动中，民俗文化被现代舞台艺术、表演程序所包裹，失去了原本的"泥土味"。游客走在不同的村落中，却看到同样的民俗文化产品。民俗文化向商业化靠拢，旅游产品向趋同化发展。甚至一些地方为了吸引游客，不惜胡编乱造本不存在的民俗，与地方文化显得格格不入。这些"伪民俗"的混入，给"真民俗"带来了错误的引导，最终将导致民俗的质变。

（二）人口流动带来民俗传承的断层与消融

农村人口流动是制约民俗传承的重要因素。一方面，农村长久以来被冠以"落后"的帽子，城市的"高大上"吸引着农村人口的不断流入；另一方面，走出农村成为脱离贫困的同义词，进城务工人员成为农村人口流动的主要力量，农村成为城市的劳动力后备基地。新生代劳动力的流动导致大量"空心村"出现，留守老人和儿童成为村落的常住居民。"中老年人群转而成为农业生产的主力，乡村游艺民俗不仅失去了创新的最有生力量，也面临着后继乏人、难以传承的窘境。"村落民俗传承的主体是村民，主要传承方式是代际传承、生活习得。"乡村经济生活方式的变化和乡村人口流动性的增强，打破了传统意义上的民俗代际传承机制，代际传承链条出现了裂纹。"珍贵的民俗记忆与知识无人传承，"传承链"断裂，民俗终将消失于历史的舞台。

四、乡村民俗文化旅游开发原则

乡村民俗文化是乡村旅游最具开发价值的资源，利用乡村景观及其传统文化资源，可以开发高附加值的乡村旅游产品，推动乡村旅游产业化发展。随着乡村民俗旅游的迅猛发展，乡村，特别是处于城市边缘区的古村镇的传统民俗文化也受到了巨大的冲击。大量实践证明，只有对乡村的文化资源及其环境采取有效的保护措施，才能实现其可持续发展。在开发乡村民俗旅游景观建设时，需秉持以下原则。

（一）开发与保护协调原则

乡村民俗旅游项目设计过程中，要将保护工作放在首要地位，切实加强保护措施，既要保护乡村旅游区域的自然环境，尽量减少对周围环境的污染，又要保护建筑文化和民俗文化，突出乡村特色；保护的成果又会增加乡村民俗旅游的吸引力。

开发乡村民俗旅游时如果不注意保护，开发超过社会和环境承受的限度，就会造成环境质量下降、资源破坏、社会治安混乱等负面影响，从而影响乡村民俗旅游的可持续发展。

（二）差异性与特色性原则

鲜明的特色是旅游资源的生命力所在，拥有特色，才会吸引游客的注意力。旅游经济本身就是注意力经济，要注意各个乡村民俗旅游设计项目之间的差别性，体现"人无我有"的特色。城乡文化的差异，不同地区、不同民族文化的差异是乡村旅游的重要吸引物，其差异越大，吸引力也就越大。在开发建设乡村民俗旅游项目时，一定要结合当地实际，突出特色文化，用"特色"这块招牌树立形象。

（三）以市场需求为本原则

必须研究旅游市场，适应旅游需求，认真分析研究旅游群体的构成情况、消费层次以及兴趣爱好等，对旅游产品进行调整，开发适销对路、有质量、有特色的乡村民俗旅游产品，并提供优质服务。乡村民俗旅游活动的设计要以兴趣为先导，以参与体验为中心，有适当的知识渗透。一般来自城市的游客中都有体验农家生产生活的潜在需求，在产品设计中要适当引导，利用游客对乡村民俗旅游已有的兴趣，激活潜在的兴奋点，吸引更多的游客。在突出各自主题或重点的前提下，开发具有浓郁文化内涵的乡村民俗旅游项目，追求形式的多样化，提高游客参与程度，以满足不同年龄不同层次游客的需求，保持乡村民俗旅游旺盛的生命力。

（四）增强参与性原则

乡村民俗文化旅游资源开发中的参与性体现在两个方面。一方面，就开发者而言，民俗是种大众文化。人民大众既是民俗文化的创造者，又是民俗文化的载体，他们在现实生活中的一举一动，大多反映和体现着一个地区或民族的民俗文化。民俗旅游开发实质上就是将民众言行所表现的民俗旅游资源转化为民俗旅游产品。在民俗旅游资源的开发中，专家、学者的指导、设计固然很重要，但决定性的构成要件是民俗的载体——民众。如果当中有人配合不到位、投入不够，或者干脆中途退出，小则影响质量，大则项目失败。因此，民俗旅游资源开发不可能像自然资源、历史文化资源开发那样由专业人员独立进行，它必须由专业人员与当地民众共同参与才能完成。甚至可以这样认为，民众的参与是影响民俗旅游资源开发成败与否的关键因素。

另一方面，就旅游者的需求而言，目前大多数乡村民俗旅游主要停留在吃、玩、住等较低层次的休闲娱乐阶段，游客的参与性不足，减少了很多体验农家生活的乐趣。而作为休闲旅游来说，游客在其旅游过程中参与的愿望正变得越来越强烈。因此，在乡村民俗旅游活动中增强参与性，是吸引游客的有效途径。同时，乡村民俗旅游的参与体验活动不应该是单方面的，而应是一种宾主间的相互作用。主人把乡村民俗传达给宾客，宾客再把对乡村民俗文化的理解、情感体验等信息以自身的表情、动作等行为方式反馈给主人，形成交流。所以，乡村民俗旅游要通过对项目活动过程的设计、组织、控制、引导，使游客积极参与各种活动和实践探索，从中感受快乐。

五、乡村民俗旅游文化建设案例分析

（一）案例简介

袁家村位于陕西省咸阳市礼泉县烟霞镇，毗邻举世闻名的唐太宗李世民陵，处在西咸半小时经济圈内，具有较好的区位优势。袁家村周边拥有丰富的历史文化资源，是唐太宗昭陵的所在地，同时袁家村属于关中地区，关中平原素有"八百里秦川"的称号，是组成历史悠久、光辉灿烂的黄河中游文化最重要的一部分。这里汇聚了浓郁的关中文化：陕西特有的饮食文化，关中特有的民俗文化、建筑文化、农耕景观文化以及现代的康体养生文化等。自 2007 年开始，袁家村开始打造以"关中文化体验地"为主题的旅游形象，以乡村休闲、文化体验作为旅游产品的定位。利用复建关中民居、街巷，展示关中乡村生活和生产流程，辅以农家乐休闲、住宿，提供较为完整的旅游服务。如今，袁家村在关中乡村旅游的影响力开始逐渐体现，吸引了越来越多的游客。

（二）案例旅游发展历程

2007 年，通过支部引领、党员示范、群众参与等形式，袁家村集体投资 2 000 多万元，挖掘关中民俗风情文化，建成了康庄老街、宝宁寺以及部分农家乐。精心打造具有传统风情的关中村落，呈现原生态的关中生活图景。康庄老街主打关中小吃、手工技艺等民俗事项，主要以体验关中民俗为目的。

2009 年，村支部先后投资 5 000 万元，扩建了小吃一条街，三步一店铺，五步一景观，古色古香。小吃街整合传统关中饮食文化，主要包括传统酒坊、面坊、醋坊、油坊、布坊、豆腐坊、辣子坊等以地方饮食为主导的民俗作坊，以及具有浓郁关中特色的美食小吃。小吃街和作坊街形成了一条以关中民俗体验事项为特色的民俗街，也成为袁家村民俗旅游区的核心走廊地带。

2011 年，袁家村建成了关中古镇、关中戏楼以及进柿林生态停车场。关中古镇主要是以"吃、住、游、行、购、娱"为一体的综合体验空间，将生态、民俗、文物资源有机整合成多层次、多品味的关中印象体验地。村中投资 3 500 万元建起了关中戏楼，戏楼唤起了人们的乡愁记忆也传承了当地的民俗戏曲。还建成了进柿林生态停车场。由于客流量太大，又规划了临时停车场，可解决 1 000 余车次的停车难问题，为村落提供了良好的交通条件。袁家村发展跃升到了一个新的层次。到了 2012 年，累计接待游客 130 万人次，实现产值 4 600 万元，农家乐户均年收入 30 万元，各类作坊门店接待户总数达 187 户，外来经商和务工人员达到 2 800 人。

目前，袁家村已逐渐形成了以"关中印象体验地"（民俗街）、酒吧街（康庄北街）、农家乐为核心，关中古镇、宝宁寺、文化创作基地为内层景观带，田园别墅群、农业观光采摘园、欧式休闲园等为外部参与区的围合型村落旅游布局模式。2015 年，"关中民俗体验地"再次获得了巨大的成功。十一黄金周，袁家村日均接待游客 18 万，超过世界第八大奇迹"兵马俑"，成为旅游大省陕西最火爆的景区。2017 年，袁家村接待游客 500 多万人次，旅游总收入 3.8 亿元，村民人均纯收入 8.3 万元，集体经济积累达 20 多亿元。除本村村民外，常年有 2 000 多人在袁家村打工，外村经营户已经占到村里经营户总数的 2/3。下一步，村上将乘势而进，以关中印象体验地为依托和平台，建设名人村，开发旅游产品，组织当地群众生产传统绿色农产品和民间手工艺品，满足各个层次的游客需求，不断完善发展乡村民俗旅游。①

（三）案例民俗旅游发展现状

1. 民俗旅游项目日益丰富

袁家村最早开始发展旅游做的是农家乐。随着乡村旅游的不断发展，农家乐乡村旅游逐渐失去吸引力，需要改变原有的经营策略，重新定位。为顺应大众的口味、游客的需求，袁家村将乡村旅游定位为"两轮驱动，相互支撑"。首先，在村民居住的民居上下功夫，借助关中农家四合院的魅力，大力支持村民自发形成特色农家乐，以出售农家饭菜，提供农家宾馆、农事体验、农家特色服务、农家娱乐为一体的乡村旅游，实现农民足不出户的致富路径。其次，学会变通，从打造特色入手，目的在于聚集更多的游客。袁家村打造了以关中传统建筑、作坊、民俗、文化为一体的全新民俗体验模式——关中印象体验地。两者互补，相互支撑，相互促进。还有精心打造的酒吧街、艺术长廊等值得游人流连的项目，加上"陈家班子""王家大院""百年老店""葫图手工坊""老街酒吧""旅迹""如此陶器"等风情各异、特色突出的店铺，让游客充分享受在袁家村的特色时光。为了长时间地留住游客，这里还建起了客栈和青年旅舍。

---

① 刘忠超 . 乡村旅游目的地形象塑造与实证研究 [D]. 曲阜师范大学，2017.

2. 民俗旅游经济效益逐年递增

2007 年，袁家村建立了关中印象体验地。从 2008 年到 2015 年，袁家村乡村旅游实现跨越式飞速发展，接待人次从 10 万增长到 200 多万，年均增长率超过 80%。2015 年春节期间，袁家村共接待游客 78 万人次，比上年同期增长 56%，村民都过上了家家有车、年年旅游的好日子。[①]

3. 民俗旅游板块日益清晰

根据袁家村旅游资源禀赋和发展状况，袁家村旅游业态分为三大功能板块的乡村旅游区：一是以关中四合院为基础发展起来的农家乐乡村旅游圈。围绕村民原居住地的四合院作为依托的农家风味饮食外加农家宾馆接待区域，这一领域归村上指导、村民自主经营，发展接待服务、旅游线路指导的乡村旅游。二是关中印象体验地乡村旅游带。利用新建康庄街、小吃一条街、酒吧街、文化创意与休闲娱乐等绝好的乡村旅游资源，发展集活动参与、文化体验、休闲度假为一体的复合型旅游产品。在这一区域上，实行统一管理模式，村上进行规划建设，吸纳来各式有特色的商户进行自主经营。三是为丰富旅游内容，目的在于为袁家村旅游的整体发展提供配套设施，而布局和建设在上述两区域外的旅游及招商引资的项目，主要包括宾馆饭店、特色观光农业等。这些项目的投资和经营归第三方负责，但是土地由村上提供，需要进行项目审核。

4. 民俗旅游经营模式日趋成熟

袁家村的成功经验，除去"能人经济"因素外，自创的收入分配方式也是一大特色。袁家村独有的"合作社——股份公司"运转模式诞生于乡村基层的利益分配方式，将优势项目股份化，把最盈利作坊的股权出让给村民和商户，他们可以自由入股获得收益，实现"家家有生意，人人能就业"。发展初期，袁家村成立了辣椒、粉条、酸奶、酱油等合作社，均由村委会下属公司进行经营。每个商户都可以参加 5 —10 个合作社。这种相互参股的方式使 20—30 家合作社都达到了 100 多个股东的规模。所有股东每年都可以得到除经营收入之外的分红，这样就避免了某种产业因为利润率高受到过度投资而出现的品质下降、恶性竞争的风险，也通过分红补贴了利润率低的产业，保护了业态的多样性。另一方面，全村参与经营的村民通过合作社的形式被凝结成一个整体，有利于贯彻统一的经营理念和原则。之后，合作社发展成若干股份公司，引入公司的架构进行运营管理。与股份经营公司同时诞生的是袁家村旅游管理公司。管理公司由村委会牵头，从经营各种业态的商户中推选出成员，组成不同业态的协会，义务为其所在协会成

① 刘忠超.乡村旅游目的地形象塑造与实证研究[D].曲阜师范大学，2017.

第七章　旅游人类学视阈下的乡村旅游文化载体建设

员提供服务，各协会共同制定店铺管理规范，决定经营过程中的各种问题。在商户门面显著位置装订"发誓牌"就是管理公司制定的一条管理规范。此外，所有加入协会的商铺一律不直接从游客那里获得营业收入，而是由管理公司的财务部门统一收取，再重新分配给所有成员。这种具有鲜明农村社会组织色彩的管理形式，与现代化的公司企业管理模式配合，得到了所有参会农民商户的认可。

（四）案例评析

首先，对于大多数自然资源相对匮乏的村落来说，从与村民息息相关的第一产业入手可能是解决农村问题的根本途径，二、三产业的发展与一产之间的关系至关重要。规划的关注点，如果从产业逻辑出发，再落实到空间逻辑，其落地的可能性和村民的认可度比起逆向而行会高很多。按照这一思路，传统村落的遗产保护也要纳入大的产业规划里面去，才有可能活下去。2012 年到 2015 年，陕西省内涌现出几十个袁家村的模仿者，但往往经营时间不超过一两年就迅速衰弱。这些村子失败的原因之一，就是当地没有形成稳定的一产，无法支持传统文化遗产持续运营。即使在袁家村，很多在"关中民俗体验地"兴建之初就引入的产业，如客栈，在运营若干年后才真正实现盈利。这从另一个侧面说明培育乡村旅游产业需要长时间、持续不断的投入，袁家村是依靠农副产品的销售成功才具备了支持相关产业的能力。

其次，相对于整治和营造物理环境，维持植入业态的管理和运营显然更加困难。两者就像是"生孩子"和"养孩子"的关系，前者更偏向于短期的投资，而后者更考验新建筑所承载的产业能否和乡村本身的社会经济结构对接，完全依靠外来消费，又脱离本土产业的业态，大概率会由于靠天吃饭而难以为继。袁家村的经营模式，所有民俗展示、酒吧、民宿、艺术街等业态，村里都投资修建场地、免租金招商和适度参与，主要交给外来的专业团队运营，是一种"我搭台，你唱戏"的态度。而对第一产业的投资、管理重心从未转移，这种坚守乡村根本问题的态度，也帮助他们规避了缺乏相关产业经营经验和技能的风险。

最后，官民共治方式下形成的"合作社——股份公司"运转方式是帮助袁家村发展的又一利器。这套基于村规民约的诚信制度，一方面有效约束了以次充好、同类商品价格恶性竞争的发生，另一方面绑定了村民的现实利益，有利于在行动上激发大家共同致富的动力，避免了贫富差距过大带来的不稳定因素。这个系统的建立，在很大程度上得益于村干部对农民的了解和对乡村运行制度的理解。

第八章　主客关系下的乡村旅游形象建设

第一节　乡村旅游形象的概念与内涵

一、乡村旅游形象的概念与分类

（一）乡村旅游形象的含义

乡村旅游是以乡村社区为活动场所，以独特的乡村文化景观、优美的农业生态环境、参与性较强的农事活动和传统的民族习俗等为旅游资源，以城市居民为主要客源市场，融观赏、考察、学习、餐饮、娱乐、购物、休闲、度假为一体的旅游活动。因此，乡村旅游形象，一方面是通过大众传播媒体呈现出的媒介形象和公众形象，另一方面是旅游者对乡村旅游目的地的认识与评价，即乡村旅游目的地在旅游者头脑中的总体印象。乡村旅游形象是某个乡村旅游目的地的旅游资源以旅游产品的形式呈现在游客和公众面前，是社会对乡村旅游目的地特点的概括和总体评价，也是相关公众对该地的识别标志。

（二）乡村旅游形象分类

1. 乡村旅游景观形象

乡村旅游景观不同于城市旅游，主要包括各种自然景观、人文景观、乡村布局、乡村标志等，是乡村旅游的主导吸引因素。不同的主题呈现出来的景观形象差异较大，如以观光农业为主的农业种植景观，以休闲生态为主的休闲农业旅游。

2. 乡村旅游产品及服务质量形象

乡村旅游产品同样包含旅游产品的六要素，即吃、住、行、游、购、娱六方面。围绕着六要素所提供的服务水平、从业人员素养是乡村旅游形象的核心内容。

3. 乡村旅游的社会形象

由于我国城乡二元结构给公众所带来的刻板印象，使乡村在部分公众心目中还停留在落后、偏僻等层面。因此，游客在旅游过程中所体验和感受到的当地社会生活的各个层面的状况，包括基础设施建设、村民的精神面貌、社会风气、风俗习惯和村民对旅游者的态度等反映出乡村整体的生态、文化与文明。乡村旅游社会形象在乡村旅游形象资源中占有举足轻重的地位。

二、乡村旅游形象的内涵与特征

（一）乡村旅游形象的内涵

乡村旅游形象具有多种意义上的两重性。一是具体与抽象的统一，现象是具体的，可感知的，在很多情况下，又往往是抽象的，不可触及的。二是主观与客观的统一，形象是行为主体的言行和表现，体现出行为主体的主观性，但行为主体的表现需要由客观来评价，客观形象同主观形象之间是有差别的，不可能完全重合。理想的结果是通过各种努力尽可能缩小客观实际同主观形象之间的差距。三是内在素质与外在表现的统一，形象往往是其外在形式表现出来的，但外在的表现归根结底取决于内在素质。乡村旅游地的外在现象，取决于内在的本土文明、好客文化，而外在表现则通过易为外界公众看到、听到或感觉到的静态实物或动态言行。旅游者往往是首先通过旅游地良好的外在表现，进而对其产生兴趣，认识其内在素质，逐步形成自己心目中的乡村旅游地形象。

（二）乡村旅游形象的特征

从旅游形象的构成角度看，乡村旅游形象是一种特殊的区域旅游形象，也具有旅游形象的一般特征。

1. 客观性与抽象性

一方面，形象本身是对具体事物的反映，是可感知的；但另一方面，形象是事物在人脑中的反馈，大多数情况下又是抽象的乡村旅游目的地的社会存在决定了其形象，具有客观性和具体性。脱离乡村旅游目的地的现状，便不能构筑起一个可以被人知、信赖和引起人们好感的乡村旅游目的地形象。乡村旅游本身对于在城市生活的旅游者来说，是一种较为陌生的生活方式和体验方式，在没有乡村旅游体验的情况下，只能通过大众传媒或以往的经验判断来感知乡村旅游形象。因而，从这一角度上说，乡村旅游形象又具有抽象性。

2. 整体性

乡村旅游形象是由内外各要素构成的统一体。从内部要素看，它包括乡村旅游目的地文化、资源特征、民俗节庆、农事活动等；从外部看，它包括公众对乡村的认知、兴趣、信赖等。这两者之间密不可分，由此构成了内涵丰富、有机联系的整体的乡村旅游形象。

3. 多样性和复杂性

首先，乡村旅游形象主要是由人去塑造并被人感知的，因而总会受到不同的思维方式影响，认知能力和文化背景的不同，使人产生不同的感知。这也造就了乡村旅游形象的多样性和复杂性。其次，乡村旅游资源的组成既有自然环境，又有物质和非物质成分，由于其内容丰富、类型多样，因而在不同的乡村旅游目的地形象中呈现出多样性和复杂性。

4. 稳定性和可变性

乡村旅游目的地形象一旦形成，在相当长的一段时间内很难在人们心中淡化，形象是一种经验积累和理性认识的过程。某一乡村旅游目的地由于其资源特色与市场定位，使其旅游形象相对稳定。而随着市场的变动，旅游者求新求变的心态，使乡村旅游形象在一定程度上需要主动地稳中求变，带给旅游者新的理念、新的创意，由此吸引和满足不同旅游者的需求。人们的思维、认识也是随着外部环境的变化而变化，思维中的某地乡村旅游形象也会随之而变化，或越变越好，或越变越差。乡村旅游需要不断创新目的地旅游形象，在创新过程中，保持旅游目的地形象的相对稳定性。

5. 传播性

乡村旅游形象需要借助大众传播媒介和渠道进行传播，这种传播一般分为有意识传播（乡村旅游开发主体或旅游企业积极主动的推广与宣传）和无意识传播（旅游者、公众的人际传播、大众媒体报道）。现代社会，人们通过接收大众传媒的信息而感知世界，对乡村旅游形象的感知除了亲身经历体会之外，更多的印象来源于大众传播媒介所传递的信息。乡村旅游形象在传播的过程中建构和形成。

6. 战略性

树立乡村旅游形象的目的是为了提高旅游目的地知名度，从而增加经济效益、社会效益和环境效益，实现这三大目标的过程便是乡村旅游形象战略化的表现。在如今的社会化媒体环境下，口碑和品牌成为企业和地方经济在激烈竞争中取胜的重要因素。乡村旅游目的地要在激烈的竞争中取得良好发展，就必须要着眼全局，提倡战略部署，走乡村旅游形象战略之路。

第二节 乡村旅游形象的设计与传播

一、乡村旅游形象设计

（一）乡村旅游形象设计的作用

乡村旅游形象是旅游目的地的生命，也是不同旅游区之间形成竞争的有力工具。实施形象战略有利于提高旅游地的知名度，同时把握旅游产品开发及其市场发展的方向，为旅游消费者购买决策提供信息帮助，也为旅行社组合和销售乡村旅游产品提供了基础条件。如图 8-1 所示。

> **把握旅游产品开发及其市场发展的方向**
>
> 乡村旅游地形象定位反映了旅游地的资源品级和产品开发的前景，也为旅游目的地市场正确定位提供参考。在各级政府为解决农村问题而鼓励大力发展乡村旅游的情况下，众多乡村旅游地的诞生使不同旅游地存在旅游产品雷同现象，同类旅游产品之间存在明显竞争，只有通过差异化的、特色鲜明的形象设计，乡村旅游地才能发挥持久的魅力，形成各自的竞争优势。
>
> **提供旅游者购买决策的信息**
>
> 许多研究者认为，影响旅游者决策行为的不一定总是距离、时间、成本等一般因素，旅游地的知名度、美誉度、认可度可能更为重要。因此，许多旅游消费者在面对众多陌生的旅游地时常常犹豫不决，旅游地形象的建立则增强了旅游地的识别度，使许多旅游产品被形象、直白地表现出来，为旅游者做出决策提供信息帮助。同时，由于乡村旅游在我国迅速发展的时间不是很长，加之许多资源级别较高且吸引力强的乡村旅游地分布在偏远的乡村，交通和信息传播等极为落后，很大部分乡村不为外界所知，因而旅游者无法对其形象做正确判断，影响了其对乡村旅游产品的购买决策，乡村旅游地形象规划则起到了补充和引导效应。
>
> **为旅行社对乡村旅游产品组合和销售提供了基础条件**
>
> 旅游企业特别是旅行社在组织旅游线路和包装旅游产品时，旅游地形象的建立和推广起着重要作用。旅行社在组织旅游线路时，往往是为满足不同层次和类型的游客需求进行组织，线路是以田园观光为主还是以民俗文化体验为主，或者是两者兼之，这与乡村旅游地形象的建立有着千丝万缕的关系。

图 8-1 乡村旅游形象设计的作用

（二）乡村旅游形象设计原则

1. 地方特色原则

标识系统的设计要从旅游村落当地地方文化中汲取精华，体现地方特色，从而使标识系统的特征具有不可替代性。比如，标识牌的造型设计可以取材于当地特有的装饰符号、生活生产用具、建筑形式等；在材料上选取具有地方特征的原材料，更好地融于环境，体现乡土气息；标识内容也要尽量反映当地的历史、文化等。

2. 综合性原则

标识系统的规划设计是一项综合性的工作。向游客介绍村落环境与文化传统是乡村旅游标识的一个重要作用。为了让游客全面而深刻地认识与感受乡村生活，就需要多学科的合作，包括生态、建筑、旅游、地理、艺术等多方专业人员通力配合。涉及地方民俗方面，还需要当地居民的意见。这样多学科背景下的标识系统才能是科学而全面的。

3. 系统性原则

乡村旅游地标识系统是一项系统工程。乡村旅游地标识系统构成要素之间有一定的层级关系和组织构架，以整体形象展示在旅游者面前，因此在规划设计时要有全局观念，把个体特征统一到整体的风貌形象中去，达到整体上的最佳状态，实现乡村旅游目的地最佳形象设计的同时，要在内容和功能上相互补充，构建一个类型多样、功能完备的乡村旅游标识体系，实现标识系统整体效能优化。

4. 生态美学原则

生态美是近些年才出现的一种新的美学观点，它是建立在生态人文观基础上的一种具有生态哲学意义的美学概念。生态美包括了自然美、生态关系和谐美及艺术与环境融合美，与强调对称、规则的人工雕琢形成鲜明对比。乡村旅游标识设计以自然生态规律和生态美法则为指导，效法自然，尊重乡村旅游地自然风貌，力求使标识系统成为乡村景观的一部分。

（三）乡村旅游形象定位

1. 乡村旅游形象定位原则

乡村旅游地旅游形象定位在遵循整体性和差异性原则的基础上，还必须反映市场需求，体现乡村自然与文化资源价值，同时应与乡村旅游产品的策划相结合。

（1）市场需求原则

旅游地形象是影响目标市场购买决策的主要驱动因素，作为旅游企业运营的一个环节，其本质是一种旅游市场营销活动，而旅游地旅游开发一般是以其整体形象作为旅游吸引因素推动旅游市场，因此旅游地整体形象的塑造也必须紧扣旅游市场的发展趋势和需求。此外，乡村旅游地形象定位除了把握定位的目标市场，还必须做进一步的市场细分，目的是与共享相同目标市场的乡村旅游地在市场方面实行差异化策略，以分流竞争力。

（2）体现乡村自然与文化资源价值原则

乡村的自然和文化旅游资源是乡村旅游地旅游形象定位策划的基础和前提条件。乡村性是乡村旅游的基本属性，这一基本属性决定了乡村旅游地的基本范围和区域特点，同时也体现了由于交通、信息沟通以及物质能量流通缓慢等因素的制约，使乡村地区的民间文化、传统习俗、自然环境等资源保存较为完好、古朴，并极大地满足现代旅游者的审美需求和心现欲望，为乡村旅游开发提供了坚实的基础条件。在进行乡村旅游地形象构建时，地方文脉分析是必不可少也是极为重要的。地方文脉分析包含了乡村的自然和文化价值分析，乡村旅游形象定位必须体现乡村旅游地的自然和文化资源的价值。

（3）与旅游产品策划相结合原则

旅游产品策划在总体上反映了旅游地形象，看似空泛的旅游产品由大量特色旅游产品做支撑。旅游产品策划是旅游区策划的重要部分，一个区域旅游策划的成功与否，除了市场开拓、定位是否成功外，很大一部分因素取决于产品策划。另外，由于旅游产品的不可运动性，决定了产品需要旅游形象的传播为潜在旅游者所认知，并引导旅游者要获得一个什么样的旅游经历来影响旅游者的购买决策。旅游地的旅游吸引物也是一种旅游产品形式，各种吸引物形象的叠加形成旅游地的基本形象。因此，在构建乡村旅游地形象时必须与旅游产品策划相结合。

（4）旅游消费者可接受原则

旅游地形象的传播对象是旅游者，在定位旅游地形象时，受众调查和市场分析是必不可少的环节。旅游地形象的构建目的也是为了更大限度地开发潜在旅游市场，让游客更清晰、方便地了解旅游地的特点及其独特之处，从而诱发旅游动机。乡村旅游地形象定位应当考虑旅游者是否能够接受的心理。

2. 乡村旅游形象定位方法

总体而言，乡村旅游形象的定位方法有领先定位、比附定位、逆向定位、空隙定位和重新定位五种。如图 8-2 所示。

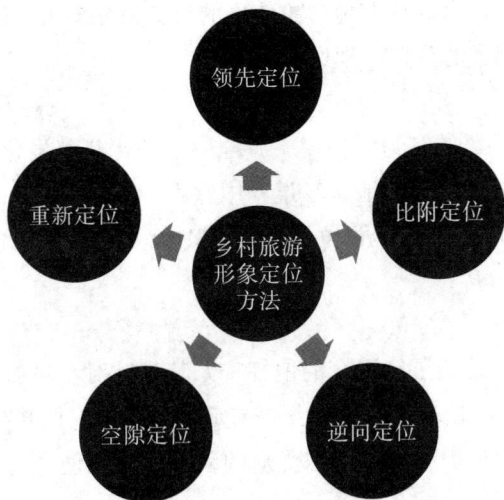

图 8-2 乡村旅游形象定位方法

（四）乡村旅游形象设计的基本过程

乡村旅游形象设计是一项复杂而系统的过程，要求以理念识别系统为核心，行为识别系统为内涵，视觉识别系统为基础。所有的视觉表现需以内在的经营理念为依托，只有对经营理念有充分的理解，才能真正设计出能够反映经营理念的视觉识别系统，凸显乡村旅游的基本精神及独特的个性特点，吸引旅游者。在设计乡村旅游形象的前期必须要有充分的准备工作，如前期研究，包括乡村旅游资源调查、市场调查、受众调查，根据掌握的相关资料进行相应的形象设计。

1. 乡村旅游资源调查

乡村旅游形象设计首先要考虑乡村的旅游资源，包括民俗节庆、民族文化特色、地理优势特点。在乡村旅游地旅游形象的实现过程中，地方文脉分析占重要地位。地方文脉分析主要是对乡村旅游地的资源特色和传统的民俗民间文化或后期形成的乡村社区文化等进行分析，试图寻找区别于其他地区的乡村环境氛围特性并具有代表性的旅游地本质。文脉分析在旅游地形象建立中具有基础性和重要性，因为形象的内容源自文脉。同时，在乡村旅游形象设计中，地方文化的渗透是关键，也是旅游形象的灵魂所在。

2. 市场调查

市场调查分析是指为了在通过文脉分析得出旅游地基本形象后，通过对旅游者关于目的地认识与感知来确定旅游目的地的总体印象，它是选择旅游地形象宣传口号的基础和前提。因为旅游地形象传播的对象是旅游者，通过调查确定形象，目的是满足潜在旅游者的预期心理。

3. 竞争性分析

旅游地竞争分析目的是为了体现旅游地的个性化与差异化。旅游地难免存在竞争，同时旅游者对旅游目的地认知过程中存在"先入为主"的效应。因此，定位乡村旅游地形象时必须进行竞争性分析，以免处在其他同类旅游地的形象遮蔽中。

4. 受众调查

进行受众调查有助于了解受众的偏好，尤其是针对乡村旅游市场的受众，通过了解受众的偏好，对核心受众群的分析与定位，充分挖掘并吸引潜在受众群体。在乡村旅游形象设计过程中充分考虑受众的喜好，才能使乡村旅游形象的传播效果最大化。

5. 核心提炼与理念分析

通过对乡村旅游地充分调查后，在包括对旅游投资者、经营者的意向、旅游地的文化形态、旅游地的各种资源以及内外环境进行周密分析的基础上，提炼出鲜明的口号，确立自己的经营理念和哲学。根据总的定位理念，设计推出一套相关促销口号，对不同景区、不同目标市场推出不同口号，以完善和强化乡村旅游形象，在农民、旅游者以及目标旅游市场上保持一致的形象传播。

二、乡村旅游形象传播

（一）旅游传播与乡村旅游形象传播

旅游传播是以游客为主体的传播活动，旅游活动中的游客和东道主是旅游传播中的主客体，二者之间的关系往往可以互换，但多以游客为主。由于游客从来源地到旅游目的地的空间移动，建立了游客来源地文化与旅游目的地文化之间的关联，其中有信息的交流，也有生活方式、思想观念等方面的影响。

乡村旅游地形象的本质在于田园形象，更多外在的是旅游度假村和古镇的形态。这一形象的树立有赖于适应这一特色的传播方式，通常依靠比较传统的介质进行对外传播，如电视、广播、报纸等立体传媒与平面媒体，通过乡村级别旅游宣传部门等掌握相关重要信息的机构来充当旅游形象的发出方，以此将典型形象展示给接收者群体。它们毫无例外地担任着联系乡村内外、沟通彼此上下的纽带和桥梁，适时动态地传输着广大乡村范围内的旅游目的地形象符号。乡村旅游形象设计的目的在于使人们认知旅游目的地，旅游形象如果不能有效地传播和推广，就失去了其形象设计的意义。因此，如何做好乡村旅游形象的传播与推广，需要我们考虑传播的特性，厘清大众传媒与人际传播的传播特性与路径，以便更好地制定乡村旅游形象传播策略。

（二）乡村旅游形象传播的构成要素

为了进一步掌握旅游形象传播的构成要素，需掌握以下概念。

传播者（信源）：传播者又称传者、信源等，是传播行为的引发者，即在传播过程中信息的主动发出者。在社会传播中，传播者可以以个人的形式出现，也可以以群体组织的形式出现，前者如群体传播，后者如大众传播。乡村旅游形象的传播者可以是乡村旅游地的管理者，也可以是旅游者。

内容（信息）：指的是旅游信息，是旅游活动过程中相互传递的内容，来自于客源地的各种信息。这类有关乡村旅游目的地形象的信息主要来自于目的地所传达的内涵，也包括旅游者的评论。

媒介（渠道）：指的是传播的媒介渠道，包括大众传媒、自媒体、社会化媒体、旅游者口耳相传等渠道。一方面，由旅游主体承担，旅游主体既是传播者又是接受者；另一方面，与乡村旅游有关的部门（如旅行社、旅游交通管理部门等）也会在旅游活动中，间接成为媒介传播的渠道。

受众：乡村旅游形象传播过程中，信息传播的接收者，包括报刊和书籍的读者、广播的听众、电影电视的观众、网民等。

反馈：信息受传者向信息传播者（旅游者）返回信息、消息的过程。

（三）乡村旅游形象传播的特征

1. 目的性

人类在传播活动开始之前就会制订出活动的计划，乡村旅游形象传播也是如此，具有明确的方向性和目的性。比如，某地在电视台做的地方旅游宣传口号，这是一种典型的旅游形象传播活动，希望通过响亮的口号向受众传达某地的旅游形象，取得宣传效果，吸引人群到某地观光游览。

2. 互动性

近些年来，随着旅游业的发展和旅游竞争加剧，旅游信息的传播者和受传者两大要素之间的沟通和交流在增加，在实际的传播过程中，越来越讲究传播者和受传者的互动性，传播者和受传者的角色不断互换，在反馈过程中，传播者变为受传者，受传者变成了传播者。换句话说，传播者既是传播的单向进行的两端，又是双向沟通的回归。双向流动的过程说明了传播活动的互动性和动态性，传播者和受传者在互动中进行沟通和交流、信息共享的活动，失去互动性，传播的意义便不存在。

3. 体验性

"体验"是旅游传播最重要的特征。没有直接体验，旅游就不存在，直接体验是旅游传播最重要的特征。大众传播活动中，报纸、广播、杂志、影视等的传播不能带来真实的感受，旅游却能够，因为旅游活动存在直接体验。一切的深层沟通和理解不能仅依靠文字、图像、声音资料，而必须建立在脚步、目光、耳朵乃至整个血肉之躯全身心地投入才有显著效果。

（四）乡村旅游形象传播策略

1. 乡村旅游符号传播

乡村旅游的理念需要通过一定的符号传递出来，旅游形象需要通过一定的符号加以传递。因此，要设计出有新意的旅游形象标志，旅游特色在图案上的表现要鲜明、简洁。旅游标志的设计需按照主题形象策划方案加以形象化的提炼创意。

2. 口碑传播

在社会化媒体时代，口碑营销传播的影响力不可小觑。现在吃饭、出行借助网友的推荐成为习惯，社交媒体为人际传播提供了良好的平台。因此，乡村旅游形象传播可以借助社会化媒体提高影响力，在借助社会化媒体进行乡村旅游形象传播的过程中，需要重视意见领袖的作用。另外，积极主动地建立自媒体，进行积极的形象传播有利于引导舆论，同时也为受众提供互动和交流的平台。要及时地关注旅游者信息反馈及建议，改进服务与设施，营造良好的乡村旅游形象。

3. 节事活动或公关传播

旅游城市的节事传播其实是旅游目的地吸引受众眼球的一种传播方式，事件的强大号召力可以在短时期内促使事件发生地的口碑获得"爆发性"的提升。节事即指有加强影响力的大型活动，包括国际会议或展览会、重要体育赛事、旅游节事以及其他能产生轰动效应的活动。

（1）举办节庆活动

旅游目的地可以依托旅游、文化等方面的节庆活动，邀请当地以及国内外的媒体记者前来报道，以期提高当地的知名度。南宁的国际民歌艺术节的运作便是很成功的例子，让人们从不知道南宁到认识南宁，从知之不多到被这个城市所吸引。

（2）承办大型活动

大型活动的承办对旅游地的形象传播是大有裨益的。大型活动对区域发展的影响包含经济、社会、文化、环境、形象等方面。

（3）旅游公关活动

公共关系活动是一种协调组织与公众的关系，使组织达到所希望的形象状态和标准的方法、手段。公关事件并不需要给广告媒介付费，但活动本身可以吸引媒体的关注，提升城市的知名度和美誉度，是一种低投入、高产出的传播方式。

4. 整合营销传播

单一的传播方式不足以形成良好的传播效果。以电视、广播、报纸、杂志为主流的大众传播媒体给受众树立了更为可信的传播者形象，因此乡村旅游目的地在进行形象传播过程中可以充分利用传统媒体。然而，传统媒体的传播形式与覆盖面在网络的冲击下使传播效果受到一定限制。社会化媒体的出现降低了传播成本，乡村旅游目的地可以利用社会化媒体形成乡村旅游目的地—传统媒体—旅游者三者互动的平台，实施整合营销传播。

5. 网络营销策略

在互联网大潮的影响下，乡村旅游的营销方式也发生了根本的改变。新兴的网络营销是推广乡村旅游中必不可少的一部分。网络营销需要通过多方法来实现，如网络广告、搜索引擎营销、关键词搜索、邮件营销等。

游客在做出旅游决策前，会通过各种网络渠道提前了解景区或景点的相关信息，经过严谨的对比然后做出选择。而游客能搜索到的信息往往通过各种网络渠道来呈现，包括个人博客、各类门户网站和弹窗广告等，这些信息都能影响游客的出游选择，因此乡村旅游做好这方面的网络营销工作就尤为重要。

回顾近年来乡村旅游的发展，我们可以看到物联网、云计算等电子信息技术的运用，对乡村旅游进行了全方位、立体化的智能化升级，打通了智慧乡村旅游的新通道。

在浙江大地，一个个乡村智慧旅游基础服务系统，结合各乡村旅游景点的特色，为游客们提供了低成本、高效率的智慧服务模式，促进了一体化、全方位的旅游新体验，一定程度上提升了乡村旅游的品质化水平。临安旅游局与国内知名OTA（在线旅行社）展开特色目的地专项合作，与携程、同程平台达成一致，将临安的酒店、景区等产品整合形成"临安旅游主题页"，网罗境内优秀的乡村旅游资源。游客只需动动手指，就可轻松订购到临安范围内所有的景区门票、酒店、民宿和农家乐。奉化创建了以奉化旅游商务网、WAP网、手机App客户端为网络支持的智能平台，乡村景点怎么走、玩什么、吃什么、住哪里，游客都可以通过手机一览无余，同时还能对乡村景点提供的服务进行评价或投诉。"浙里好玩"旅游综合服务平台的建立，也是依托互联网大数据、人工智能等技术，做好重点旅游资源的整合、旅游活动发布、旅游产品推荐等，为浙江省搭建"好玩、玩好"的互联网共享平台，以有效服务游客，提升游客的满意度，为深入乡村旅游的"最后一公里"贡献力量。

互联网让乡村旅游更加"触手可及"。不仅提供了全方位的智能化体验服务，还开辟了乡村旅游发展的新空间，释放了新动能，让人们对于乡村更加向往。

第三节　乡村旅游形象建设中的文化内涵

一、乡村旅游中好客文化的建设

乡村旅游中的好客文化的核心是乡村接待礼仪、社会风气和乡村景观。其中，接待礼仪和社会风气是好客文化的人文载体，它是好客文化最为直接的载体，是旅游者获得好客体验的主要和直接渠道。而乡村景观则是好客文化的物质载体，它是构成好客背景，从视觉上营造好客环境的第一印象性因素。接待礼仪包括村民对外来者的基本态度和观念，接待旅游者的基本礼节和仪式，接待旅游者的餐饮内容与方式等。而社会风气包括村民的道德素质、意识和伦理观念，乡村经济的市场化和商业化程度等。乡村景观主要包括乡土建筑形式，乡村的自然构成要素，村民的服饰和装束等。三者相辅相成，相得益彰，相互制约，共同构成乡村旅游好客文化的核心。

（一）乡村好客意象的塑造

与旅游关联的"意象"一词最早源于美国著名城市规划与设计专家凯文·林奇出版的《城市的意象》一书。作者指出，城市对大众来说，具有"可印象性"和"可识别性"特点，城市所具有的这种独特的感觉形象，即是所谓的城市"意象"。而作为与城市相对立的另一种地区域单元——乡村，毫无疑问，也应该具有自己的意象。同样，乡村好客意象中应该具有"可印象性"和"可识别性"特点，并且能够得到大多数人的普遍认可。乡村好客文化意象是乡村在长期的历史发展过程中在人们头脑里所形成的"共同的心理图像"，乡村好客意象的形成是好客文化成功运作的标志。因此，塑造乡村好客意象是乡村旅游中好客文化建设的重要内容。

乡村里的民风淳朴，人们热情好客，为乡村旅游提供了良好的旅游感应气氛。与城市相比，乡村的经济发展相对滞后，人们的商业意识尚不突出，尤其是乡村的世居民族性情豪爽、朴实厚道、真诚待客，能给旅游者带来纯朴、清新、好客的感觉。因此，好客文化建设中所包含的乡村旅游的感应气氛的营造是至关重要的。

乡村旅游中的好客文化是无形的，是精神层面的。因此，乡村旅游中的好客文化的建设必须通过一些载体的物化的方式来实现，即好客文化的表现和推广，能让旅游者可感知、可体认、可觉察、可触摸、可学习。乡村旅游中的好客文化的物化形式主要以乡村自然景观和人文景观为载体来进行。乡村景观主要由乡村田园景观、乡村聚落景观、乡村建筑景观等组成；乡村人文景观则主要由乡村历史文化景观、乡村农耕文化景观和乡村民俗文化景观等构成。

（二）乡村旅游好客精神的培育

美国佛罗里达大学旅游人类学家努尼斯认为在旅游业中文化涵化进程是最引人注目的。当两种文化在某一时期内发生碰撞，其中一种文化通过借鉴的过程而变得多少像另一种文化，这种涵化过程就开始发生。在文化涵化过程中旅游者不易从东道主那里借鉴其好客文化，而东道主很容易受到异质文化的影响，特别是旅游作为文化霸权和文化帝国的一种形式，这种类型就更容易发生。因此，培育乡村旅游目的地人们的好客精神，增强其民族自豪感和民族自信心就是十分必要的事情了。

从根本上讲，任何旅游目的地好客文化都源于该地传统的社会文化。对这些传统社会文化的传承和弘扬是培养目的地好客文化和好客精神的根本途径。然而，影响好客文化的因素很多，因此好客精神和好客文化的维持是有条件的。根据对好客文化的概念以及影响好客文化因素的分析，旅游目的地对其好客文化培养和维护应注意以下几个方面。

第一，在扩大发展乡村旅游的同时，注意提高乡村旅游目的地民众的生活水平和生活质量，使其成为发展乡村旅游的切实受益者。这就意味着当地政府应通过有关政策和措施，保障和扩大当地民众对发展乡村旅游的参与。例如，在选择和决定乡村旅游的发展方案时，应确保其目标与当地村民追求的长远利益一致。

第二，消除过度商品化短见，追求长远的稳定性收益，以保证当地乡村旅游业的良性发展。世界各地的很多研究以及实践经验都表明，将旅游者来访期间开展活动的每一环节都实行商品化的后果是极其可怕的。尤其是纯朴的乡村旅游一旦出现对市场经济歪曲理解和追求即时收益的短视行为，其结果不仅毁掉乡村旅游目的地好客的人文基础，而且还会使当地旅游业的发展埋下自我毁灭的种子，最终将毁坏该旅游目的地形象。

第三，广泛宣传教育。针对旅游者和当地民众这两个群体实施文化的接触前教育，似乎是促进旅游者与当地民众积极交往的良好手段。文化涵化很大程度上表现为乡村旅游目的地的居民好客表现会因来访者的素质表现而变化。为了减少因缺乏了解而可能造成的误解和冒犯，旅游管理者和有关接待部门，包括导游人员等都应当以各种可能的途径，预先告知旅游者在当地活动期间应注意文化差异问题以及应当遵守的行为准则。通过这些宣传教育工作，虽然无法保证肯定能解决问题，肯定能避免主客冲突，但这种预防性的宣传教育无疑是必要的，至少促使双方对彼此之间文化和价值观的差异有所了解，从而使旅游者在旅游中的行为有所规范。

第四，维护和弘扬乡村旅游目的地的历史文化传统，培养当地民众的自豪感。民族传统文化的真正传习，是离不开本土文化生存环境的，也是应该由当地民族自我完成的。让乡村旅游目的地的广大民众系统全面地了解和学习自己民族传统的地方性知识，使他们增强对本土文化的信心，由此培养起他们对本民族传统文化的自豪感，增强社会凝聚力，从而有助于当地民众自觉地从东道主而非商业性服务者的心态展现当地社会的好客文化。

第五，培育和维护诚信无欺的社会环境。乡村旅游目的地的村民在与来访旅游者的交往过程中，诚信无欺是好客文化最起码的底线。如果抛开这一底线或者置这一底线于不顾，热情的接待和主动的服务都有可能成为获取纯粹商业利益的手段，而不再是好客文化的体现。事实上，有不少旅游目的地都有过类似的案例，为了诱使旅游者高物价购物，有关人员可谓极尽"热情"之能事。最初旅游者还为如此殷切的好客精神而感动，然而当事后发现上当受骗时，愤怒之情可想而知。重要的是，在这种情况下，旅游者所怨恨的不只是某个旅游目的地和某些相关人员，而是会造成对该地社会乃至整个传统文化的负面评价。可见，对乡村旅游目的地的村民进行诚信、热情、乐于助人等价值观念的培养，形成良好的个人道德素养，进而维护良好的整体道德氛围是十分重要的。

第六，防止将好客文化作为旅游产品中的一种廉价商品加以出售。好客文化作为一种旅游产品或其附属，人们出于经济、政治和价值观等目的而把东道社会的文化过度商品化、造成好客文化的被动涵化、变迁甚至消失。而这种涵化、变迁和消失使得好客文化的发展不是按照"优胜劣汰"，甚至"优汰劣胜"的原则逆向发展。好客文化具有较强的地域性和特定的时间性，并按照传统规定的内容和方式呈现出来。但是，许多好客文化活动随着乡村旅游的过度开发和曲意包装逐渐被过度商品化，为迎合旅游者把地方传统文化肆意"舞台化"，将"好客文化"当作获取最大经济利益的手段，从而完全失去了传统文化层面上的意义和价值。这正如美国康纳尔大学旅游人类学家格林·伍德所说的那样：把文化当作商品展示，这对政府来说只需要花几分钟的时间，而这一做法把具有几百年甚至几千年的历史传统毁于一旦。

二、乡村旅游形象建设中的文化内涵

旅游是本土文化与外来文化碰撞与交汇的窗口，乡村旅游地的本土文化向外来的异质文化趋同问题在乡村旅游地尤其突出。现代文明已发展到工业文明和后工业文明时代，与传统落后的农耕文化相比，都市文化无疑具有难以比拟的先进性。被都市旅游者青睐的乡村旅游区域，多是比较封闭、落后的农村。旅游者与接待地居民在物质生活、精神生活等方面差别巨大，都市文明对处于农耕文化保留区的农民具有难以抗拒的诱惑性和影响力，一旦农民放弃特色浓郁的农耕文化"据实"而向都市"文化"投降，则乡村旅游赖以依托的文化资源必将消失，乡村对都市旅游者的吸引力也就到头了。为了使乡村旅游具有可持续发展的动力和后劲，树立起旅游特色鲜明的形象，可从以下两方面增强乡村旅游形象中的文化内涵。

（一）培养村民对农耕文化的优越感和自豪感

农耕文化的社会发展阶段相对来说是"落后"的，但其"人与自然和谐共存"的生存形式却是人类共同向往的。美国社会学家阿尔温·托夫勒曾对第三次旅游热潮中现代科技与农耕文化奇妙重叠的时代特征论述道："……这种奇怪的一致性，将使今天许多第一次浪潮的国家，可以不搞全套照搬，不完全牺牲他们的文化或者不首先通过第二次浪潮发展阶段，就带有第三次浪潮文明的特点。"发达国家和地区经历了第一次农耕文明和第二次工业文明浪潮的席卷后，已进入第三次浪潮席卷期。托夫勒在这里所指的"第一次浪潮文明"即"农耕文明"。农耕文明中的"天人合一"的"人与空间的关系"正是第三次浪潮文明阐述的人类"诗意栖居"的理想所在。与此同时，人类空前地渴求返璞归真，亲近泥土。这是一种现代人追求的生存质量，又是一种生活时尚。在这种现代人类的双重探求中，城市和乡村都将找到需要获取的物质利益和精神满足。都市人之所以钟情于乡村旅游，正源于他们梦中的"香格里拉"不在城市，而是在乡村。西方发达国家是"有钱人住乡下"，乡村人的生活环境和生活方式，在"第三次旅游文明"中被推崇，被推广，农耕文化的精华部分将在更高的社会阶段上重现光芒。乡村旅游地居民应"身在宝山更惜宝"，对自己栖居的自然环境抱有优越感，对自己的传统农耕生活抱有自豪感，在培养现代意识、吸收都市文化精华的同时，珍视并保持农耕文化的鲜明特色，千万不要在甩掉贫困帽子的同时，也丢弃了农耕文明中最亮丽的文化特色。

（二）努力使农耕文化与现代文化"和谐融洽"

都市文化属先进文化，其对传统文化的吸附与冲击力可想而知。旧难敌新，现代文化的魅力难以抗拒，也不应抗拒，要发展就得接触新事物，乡村旅游业也不例外。关键是乡村旅游从业者虽身居农耕文化环境中，却又超越农耕文化社会阶段的现代意识，既是农耕文化"戏中人"，又是农耕文化的"导演"，使其分宾主，有主次地熔铸于乡村旅游天地。

汽车是工业文明的产物，乡村旅游不可能没有汽车奔驰。为了不失农耕场景的整体美，可对车辆进行隐性处理，可设计成"麦秸垛"，使停车场呈现"麦场文化"，也可设计成拱顶绿坡，还可荫蔽于豆棚瓜架之下。加油站、汽车医院都可以如此处理。

乡村饭店的菜谱也应有别于都市餐饮文化。"故人具鸡黍，邀我至田家"的鸡黄黍，颇具诗意。"夜雨剪春韭"，客人也可以。院里瓜果桌上呆，现摘现烹，绿色环保。

乡村旅游可吸取现代旅馆的管理方式及内部设施，但外形宜竹篱笆茅舍，要有庭院文化，要有田畦园圃，尽量使居所被绿色环抱，"苔痕上阶绿，草色入帘青"，"开轩面场圃，把酒话桑麻"，使旅游者充分融入自然之乐。乡村旅馆的待客之道也要体现淳朴厚道，尽量弱化商业气息，收费可按照档次不同、明码标价或写在团扇上或印于蒲团上，或标明在土布餐巾上。

乡村旅游想脱离现代的文化循入传统农耕不可能，但一味引入现代文化符号任其充斥于乡村旅游大地，也会失去乡村旅游者。所以，一旦旅游者在旅游目的地享受不到农耕文化所标识的绿色空间和淳朴的传统文化氛围，就是乡之"异"迷失之日，即乡村旅游的失败之时。不排斥，不盲从，主动吸收他文化来营养农耕文化，用"他山之石"来攻"我山之玉"，改善农耕文化的落后部分，保留并发扬农耕文化的精华，使都市文化与农耕文化和谐相融地展现在乡村旅游的画卷之上，将乡村旅游建设成简而陋朴而不鄙，土而不俗，特而不凡，俗而不俚的具有农耕文化特质的形象。

第九章　大别山乡村旅游发展现状

第一节　大别山乡村旅游概况

一、大别山基本情况介绍

大别山横跨鄂豫皖，按 1986 年国务院关于大别山科技扶贫规划界定的范围，涉及六市四十五县市区（见表 9-1），行政区域面积近十万平方公里，人口2 300 万。

表 9-1　大别山区位范围一览表

省	市（县、区）
湖北省	黄冈市英山县、罗田县、红安县、团风县、麻城市、浠水县、黄梅县、蕲春县、黄州区、武穴市、龙感湖管理区，孝感市安陆市、大悟县、孝昌县，随州市曾都、广水市
河南省	信阳市平桥区、浉河区、罗山县、光山县、潢川县、新县、商城县、固始县、息县、淮滨县
安徽省	六安市金安区、裕安区、叶集区、金寨县、霍山县、舒城县、寿县、霍邱县、安庆市宜秀区、迎江区、大观区、岳西县、潜山县、太湖县、宿松县、桐城市、怀宁县、望江县、枞阳县

大别山峰峦叠嶂，怪石嶙峋，峡谷迭生，瀑布凌山，险峻秀美。1 500 米以上高峰 10 余座，珍稀动植物异常丰富，大型水库、森林公园和自然保护区星罗棋布。整个大别山脉被数十座全国性和区域性中心城市环抱，是中东部最大的一

块绿地，目前已经开发的生态旅游景点有上百处。大别山是一座具有特性的山脉，是长江和淮河的分水岭，南北气候的分界线。

大别山是第二次国内革命战争时期鄂豫皖革命根据地的首府所在地。这里先后爆发了黄麻起义、立夏节起义、六霍起义、苏家埠大战。诞生了红一军、红二十八军、红二十七军、红二十五军，组成了红四方面军。解放战争时期，刘邓大军千里跃进大别山，为解放全中国起到了决定性作用。战争年代，大别山百万人民参军参战，几十万人为革命捐躯。幸存者仅1955年到1964年被授予少将以上军衔的就有570人，占当时全国将军的35.5%，金寨、六安、红安、大悟、新县5个县被誉为将军县，占全国9个将军县的一半以上。大别山浸透了烈士的鲜血，是英雄的山，革命的山，是红军的故乡，将军的摇篮，也是革命遗迹最多的地区，红色旅游可利用的资源有上千处。

大别山文化底蕴深厚，人文优势独特。在这片神奇的土地上，孕育了五代中国佛教禅宗祖师（二祖、三祖、四祖、五祖、六祖）和毕昇、李时珍、李四光、邓稼先等大科学家，诞生了司马光、刘安、陈独秀、赵朴初、熊十力、王亚南、黄侃、张恨水、闻一多、胡风等一大批鸿儒俊彦。这里是黄梅戏的发源地，京剧鼻祖程长庚、余三胜的故乡。

二、大别山乡村旅游发展政策

（一）湖北省

湖北省委、省政府高度重视大别山革命老区经济社会发展，于2011年3月下发8号文件，即《关于推进湖北大别山革命老区经济社会发展试验区建设的意见》，以推动试验区建设经济社会跨越式发展。《意见》分为总体要求、主要工作任务、创新体制机制、加大政策扶持、加强组织领导等五个方面。《意见》指出，湖北大别山革命老区经济社会发展试验区初期启动范围以国家和省确定的扶贫开发工作重点县为主，具体包括红安、麻城、英山、罗田、团风、蕲春、大悟、孝昌8个县市。试验区要按照"红色大别山、绿色大别山、发展大别山、富裕大别山"的总体要求，以"三化同步""两增同步"为目标，以基础设施建设和改善民生为重点，以改善和提高革命老区人民的生活水平为出发点和落脚点，以解放思想、改革创新为动力，不断推进经济、政治、文化、社会以及生态文明协调发展，把试验区建成科学发展的示范区、解放思想的试验区、艰苦奋斗的创业区、民生改善的先行区。

湖北省旅游局于2011年5月相应出台《大别山革命老区经济社会发展试验

区旅游产业推进工作方案》，方案进一步明确了要充分发挥旅游业在建设"四个大别山"、促进当地经济社会发展和城乡就业致富中的重要作用，以红色、文化、绿色旅游资源为载体，加强旅游基础设施，做大做强旅游产业，形成大别山特色旅游产业发展新格局，推动大别山旅游业跨越式发展的指导思想。按照"3年明显变化、5年大变化、10年跨越式大发展"的要求，加快完善旅游基础设施和公共服务设施，着力打造在全省具有影响力和竞争力的核心旅游品牌，大力推进旅游强县名镇名村和农家乐建设，全面提高旅游管理质量和服务水平，把旅游业培育成为当地的战略性支柱产业和人民群众更加满意的现代服务业，使大别山革命老区经济社会发展试验区成为全国重要的红色旅游基地和特色鲜明、全国知名的综合性旅游目的地，在促进当地经济社会发展中发挥重要作用。

根据湖北省委、省政府的意见，黄冈市委、市政府相应制定了《黄冈市经济和社会发展第十二个五年规划》，规划确立了"一区两带"战略，即实施黄冈临港经济区、长江经济带和大别山旅游经济带战略。大别山旅游经济带建设旨在鼓励社会力量参与旅游开发，建设一批各具文化内涵的旅游名城名镇名村名景，开发一批独具黄冈元素的旅游精品线，培植一批旅游强县。推进旅游与文化融合发展，旅游业与优势工业、特色农业融合发展，加大旅游产业产品开发的力度，旅游品牌创建的力度，配套服务业发展的力度，延长旅游产业链、产品链、服务链、经营链，全面提升旅游业的文化品位和综合竞争力。完善景点景区路网体系，加强大别山旅游公路主线、完善大别山旅游公路支线等重点工程建设，改造提升景区连接干线公路等级。推进景点景区开发建设与新农村建设、大别山腹地城镇带建设相得益彰，实现物质文明、精神文明、生态文明协调发展。为此，黄冈市于2007年出台了《关于加快旅游经济发展的决定》，2012年又陆续出台了《黄冈市旅游发展规划》《大别山红色旅游公路服务系统总体规划》以及《2012年黄冈市旅游营销总体方案》。黄冈市"两规划一方案"的确定，引领该市旅游市场走向制度化、规范化、科学化，同时各级部门也相应制订了详细规划方案，切实展开工程设计、招商引资等相关具体工作。

2016年2月，为贯彻落实《国务院关于大别山革命老区振兴发展规划的批复》（国函〔2015〕91号）和《国家发展改革委关于印发大别山革命老区振兴发展规划的通知》（发改地区〔2015〕1400号）精神，加快推进包括黄冈、随州、孝感、襄阳、武汉等5市22县（市、区）在内的湖北大别山革命老区振兴发展，湖北省人民政府发布《关于加快推进湖北大别山革命老区振兴发展的实施意见》（以下简称"实施意见"）。实施意见指出，注重生态建设和环境保护，推进城乡一体化发展，深化重点领域改革，加快建设红色、绿色、发展、富裕"四个大别山"，使老区人民共享发展成果、早日过上幸福安康的生活。

（二）河南省

河南省委、省政府十分重视河南信阳市大别山旅游发展，在 2012 年 2 月出台了《河南省"十二五"旅游产业发展规划》。规划认为，旅游产业是河南省重点培育的优势产业之一，是实现中原崛起、河南振兴的一大优势、一大支撑、一大后劲。"十一五"期间，全省上下紧紧围绕建设旅游强省的战略目标，通过推进旅游产品开发、提升服务水平、拉长产业链条、优化发展环境、强化宣传促销、打造旅游品牌等战略举措，旅游产业发展成绩显著，为全省经济社会发展和整体形象提升做出了积极贡献。"十二五"时期，河南省旅游产业发展面临难得的历史机遇，处于"转型升级、持续快速发展"的黄金机遇期。依托河南大别山丰富的红色旅游资源，结合"南北两片、中间一线"的分布格局，全力打造以新县、商城县、罗山县等为龙头的桐柏——大别山红色旅游区，坚持"红绿结合、跨区整合，政府主导、市场运作，加速升级、打造精品"战略，以鸡公山、灵山、桐柏山、黄柏山、南湾湖、汤泉池、新县鄂豫皖苏区首府、金刚台等景区为重点，整合山水观光、生态休闲、避暑度假、宗教文化等资源，以生态休闲度假旅游为导向，积极发展自然山水旅游、森林生态和观鸟旅游、科考旅游，重点开发以水库湖泊为主体的水上旅游和兼具山区扶贫功能的乡村度假旅游产品，配备多样化休闲、度假娱乐旅游设施和以家庭宾馆为主体的乡村旅游服务设施。大力培育和开拓省内及安徽、湖北等周边旅游市场，提升该区域旅游的影响力和知名度，塑造"红绿大别、闽台祖地、水韵茶乡"的主题形象，打造中国避暑胜地和国家级旅游度假区，带动豫南旅游业发展。通过"红"与"绿"、人文与生态、历史与现代等多种旅游资源和六大旅游要素的深度整合，将河南省大别山红色旅游区建设成为国内知名的集红色教育、休闲度假、生态观光为一体的红色旅游目的地。

河南省旅游局制定了《2011—2015 年河南省红色旅游专项规划》，着力突出信阳大别山红色旅游的核心地位。信阳市委、市政府也相应制定了《信阳市经济社会"十二五"发展规划》，规划把旅游业列为全市五大战略支撑产业之一，予以重点发展。在此基础上配套制定了《2011—2015 年信阳市红色旅游发展规划》，明确未来五年红色旅游发展的目标任务，创新红色旅游发展格局。在全面整合"红色旅游"资源的基础上，大力构建"红色旅游"产业体系，通过建设"红色旅游"精品线路，逐步辐射到其他"红色旅游"区（点）。信阳将通过一年的启动期，两年的建设期，三年的完善期，发展综合型红色文化旅游和特色专项旅游，经过 2006—2010 年的整体培育期、2011—2015 年的快速发展期和 2016—2020 年的全面提升期，三个红色旅游发展"五年计划"，通过整体打造红色革命旅游精品网络体系，到规划期末（2020年），将信阳建设成为红色旅游经济强市、国家级爱国主义教育基地、国家级体验型红色旅游目的地。

2016年4月，河南省人民政府发布《关于印发河南省大别山革命老区振兴发展规划实施方案的通知》，提出要紧紧围绕可持续发展，加强生态环境建设和保护，为大别山革命老区建设成为欠发达地区科学发展示范区、全国重要的粮食和特色农产品生产加工基地、长江和淮河地区重要的生态安全屏障、全国重要的旅游目的地提供有力支撑。并进一步指出，要着力发展特色农业，着力培育大别山农产品知名品牌。加快建设南阳（唐河）黄牛、泌阳夏南牛、豫南黑猪、淮南麻鸭、固始鸡等畜产品基地，商城天麻、桐柏桔梗、唐河栀子、新县银杏、确山夏枯草等中药材种植基地，信阳、驻马店、固始等优质无公害水产基地。推广双低油菜、油茶、芝麻、花生、油用牡丹等油料作物种植。支持"信阳毛尖""泌阳花菇""平舆白芝麻""正阳花生""唐半夏""固始柳编""樱桃谷鸭""桐柏玉叶"等知名农产品品牌发展，力争每个县（区）打造1—2个具有大别山地理标志的农产品品牌。

2018年1月，《中共河南省委 河南省人民政府关于推进乡村振兴战略的实施意见》)（以下简称"实施意见"）正式对外发布，该文件要求将乡村生态优势转化为发展生态经济的优势，提供更多更好的绿色生态产品和服务，促进生态和经济良性循环。加快发展森林山区旅游、水利风景区旅游、河湖湿地观光等产业，鼓励引导大别山、伏牛山、太行山等地区因地制宜发展区域经济。

（三）安徽省

安徽省于2011年发布《安徽省国民经济和社会发展第十二个五年规划纲要》。纲要明确提出，要打造皖南国际文化旅游示范区、合肥经济圈旅游区、大别山旅游区、皖北旅游区和皖西南旅游区，构建徽文化、皖江城市、淮河风情、皖北历史文化四大旅游带。完善旅游基础设施，加强旅游产品开发和线路设计，实施精品旅游战略，将旅游观光与休闲度假、体育健身、购物娱乐、商务活动结合起来，延伸旅游产业链，开发具有安徽特色的旅游商品。

安徽省旅游局相应制定了《安徽省旅游业发展"十二五"规划》，规划站在全国乃至世界旅游业发展的前沿，科学把握《国务院关于加快发展旅游业的意见》精神，按照全国和全省经济社会发展"十二五"规划的总体要求，在全面总结"十一五"旅游发展的成绩、透彻分析存在问题的基础上，结合旅游业发展的新环境、新形势，立足安徽旅游发展实际，提出了"十二五"安徽省旅游业的发展目标、总体布局、主要任务和保障措施，是指导"十二五"全省旅游业发展的纲领性文件。

安庆市委、市政府高度重视旅游业，将旅游业作为全市支柱产业和经济增长点，分别制定了《安庆市旅游发展总体规划》《安庆市文化旅游产业发展规划》《安庆市乡村旅游发展规划》。其中，《安庆市旅游发展总体规划》文本包括资源分析、发展战略、专项规划、政策建议等方面内容。规划范围为安庆市所辖一市七县三区、面积 1.53 万平方公里的区域，涵盖域内各主要风景名胜区、森林公园、地质公园、自然保护区以及历史、人文景观。《规划》对安庆市战略定位为，围绕"皖山、皖水、皖文化"，建设集观光旅游、休闲度假、娱乐体验、宗教修学于一体的全国闻名的皖国"人文山水"体验型旅游目的地。对整体旅游形象定位为"黄梅古城访皖国、山水圣地寻名迹"和"皖山皖水皖文化、宜城宜情宜游人"。总体目标是将旅游业培育成新型支柱产业和龙头产业，创建"人文山水"和"生态旅游"两大品牌。《安庆市文化旅游产业发展规划》将文化、旅游产业融合在一起，整合文化旅游资源，统一规划文化旅游产业发展，这是安庆市首个文化旅游整合规划，对文化旅游产业发展起到了引领和促进作用。《安庆市乡村旅游发展规划》以科学发展观为指导，认真贯彻落实国家、省关于乡村旅游发展和社会主义新农村建设的安排部署，按照《安庆市旅游发展总体规划》确定的发展思路和空间布局，结合安庆乡村旅游发展实际，推出安庆乡村旅游特色乡镇，特色村（点）、乡村旅游产品，促进全市乡村旅游健康有序发展。

六安市委、市政府在出台《六安市国民经济和社会发展第十二个五年规划纲要》和《六安市旅游发展总体规划（2009—2020）》《六安市红色旅游发展总体规划（2005—2020）》的基础上，进一步完善、延伸、拓展，科学谋划和组织编制旅游总体规划和专项规划，主要包括全市旅游业发展"十二五"规划纲要、乡村旅游发展规划、全市旅游交通规划、大别山地质公园争创世界地质公园规划、淠史杭水利工程申报世界文化遗产规划、新老淠河旅游发展规划、创建优秀旅游城市目的地规划等，以规划龙头引领全市旅游业的持续、稳定和健康发展。

六安市旅游局牵头做好全市、跨区域和重点景区规划的组织实施工作，发展改革、交通运输、国土资源、城乡规划、文广新局、农业等部门积极协调配合。各县区政府负责本行政区域内旅游规划的组织实施工作。有关旅游企业负责景区修建性规划的编制。旅游规划要与城市总体规划、土地利用总体规划、交通发展规划、文化体制改革与发展规划、水利发展规划、新农村建设规划等相互融入，有序衔接。

2015 年 12 月 2 日，安徽省人民政府办公厅印发《安徽省贯彻落实大别山革命老区振兴发展规划实施方案》。方案指出，要加快发展旅游业，统筹协调旅游资源开发，把旅游业培育成支柱产业，建设全国知名的红色旅游胜地和重要的文化、生态、休闲旅游目的地，并提出了要深度开发旅游产品和优化旅游发展环境等一系列举措。

（四）鄂豫皖三省旅游合作

大别山旅游合作行动是历史发展的必然结果。鄂豫皖三省旅游合作经历了从无到有，从简单到复杂，从低层次向高层次的转变。

天堂寨是大别山的主峰，恰好位于安徽金寨县，湖北罗田县、英山县两省三县交界处，被誉为"中原第一峰""华东最后一片原始森林"。自 20 世纪 80 年代起，两省三县在各自的辖区内都进行了不同程度的开发。各自独立的旅游竞争不但无法做大旅游产业，而且大大破坏本了应具有的市场魅力。2002 年 8 月，罗田县向工商部门申请注册"天堂寨"旅游商标，随即引起安徽省有关方面的强烈质疑，之后双方进行了激烈的"争夺战"。2003 年 9 月，在双方经过多次大战后一段时间的酝酿和冷静思考后，湖北、安徽两省终于坐到了"谈判桌"前，共同签订了《关于成立鄂皖大别山旅游联合体的协议》，由此拉开了从竞争到合作的序幕。

2004 年 4 月，鄂豫皖三省在安徽省霍山县成功举办了旅游推介会，得到了国家旅游局（现文化和旅游部）的大力支持，表示将把大别山景区作为国家级重点旅游景区来开发，安徽携手湖北、河南两省，共同打造大别山旅游的区域品牌。2005 年 4 月，三省三市五县旅游部门在湖北省武汉市共同举办了红色旅游大型推介、展示会。展示会上，河南新县鄂豫皖苏区首府、首府路和航空路革命旧址、武汉"八七会议"会址纪念馆、红安县黄麻起义和鄂豫皖苏区革命烈士陵园等红色景点，吸引了众多市民，不少人当场签约参加旅行社团队。在此次会展中，三省各地旅游主管部门通过对"武汉—麻城—红安—新县—信阳线"产品进行可行性分析研究，联合签署了《鄂豫皖红色旅游协作协议书》。根据协议，该区域成立了"鄂豫皖红色旅游协调小组"，加强旅游资源和产品整合，开发特色旅游产品，实行整体包装、促销，促进客源互动，促进实质性的旅游合作，并出台相应规定和实施细则。

2006 年 5 月，为提高旅游区知名度和品牌效应，三省联合成立了大别山红色旅游协调小组和游客调度中心，建立了客源互送、游客互动的联动机制，共同打造大别山红色旅游区。三省借助中央和地方主流媒体，统一组团赴北京、上海等 10 余个大中城市推介大别山旅游，以共同名义邀请旅行社和新闻媒体来考察红色旅游线路。同时，修缮境内的国家级、省级文物，合力打造"武汉—麻城—红安—新县—信阳""合肥—六安—金寨—霍山—岳西—安庆"两条精品旅游线路，并统一行动，规范辖区内宾馆、饮食、导游等行业管理。一系列推介会、展示会以及成立旅游协作小组，使大别山旅游合作得以初步产生。

2007 年 8 月，鄂豫皖三省签署了《鄂豫皖三省六市 36 县大别山红色旅游区域联合宣言》，明确了大别山红色旅游的目标：突出"千里跃进，将军故乡"主题形象，力争经过五至十年努力奋斗，把大别山建设成为继井冈山、延安之后又一全国著名红色旅游品牌。三省决定，共同创建绿色家园，保护大别山原生态旅游资源，努力实现大别山旅游持续增长。

2010 年 5 月，鄂豫皖三省签署了《大别山区域六市政府红色旅游合作协议》，达成了建立六市红色旅游合作联席会议制度、塑造区域旅游整体形象和统一品牌、启动实施大别山红色旅游行动计划、共同打造和推介大别山区域红色旅游精品线路产品、推动无障碍旅游、建立六市红色旅游人才区域交流培训制度六项协议。尤其是其中提出的塑造区域旅游整体形象和统一品牌的"十同"，具有很强的可操作性。即同一座山：大别山；同一个主题："千里跃进，将军故乡"；同一个口号："鄂豫皖革命根据地，大别山红色旅游区"；同一首歌：《八月桂花遍地开》；同一个形象标识、同一个规划、同一个旅游导游图、同一张宣传光盘、同一个网站、同一本推介资料。

2015 年 8 月，第八届鄂豫皖大别山红色旅游区域合作年会在信阳市新县召开，该届年会围绕贯彻落实国务院制定的《大别山革命老区振兴发展规划》，探讨加快大别山红色生态旅游一体化发展。

第二节　大别山乡村旅游文化特色

一、大别山乡村旅游资源类型

根据国家旅游局（现文化和旅游部）2002 年颁发的《全国工农业旅游示范点检查标准（试行）》，借鉴刘敏、甘枝茂的分类方法，大别山的乡村旅游资源可以划分为如下几大类型（见表 9-2）。

表9-2 大别山乡村旅游资源类型

主　类	亚　类	景观代表
田园风光	农业景观	天堂红叶·九资河、雾云山梯田
农业现代产业旅游地	特色农作物种植地（园）	千叶湖生态园
	特色规模经济种植地（园）	罗田板栗园、蕲春中草药园
	果园及茶园	英山茶园
	花卉园及苗圃	龟峰山杜鹃花、麻城五脑山菊花
农事活动及辅助设施	农贸活动	李时珍中草药交易会
	农作活动	打板栗
民居及附属建筑	民居	红安长胜街
农业物产	干鲜果品	罗田板栗甜柿、黄州萝卜、浠水九孔藕、浠水茅山螃蟹、蕲春水葡萄贡米、有机蔬菜等
	药材补品	蕲春中草药
	小吃佳肴	罗田吊锅、鄂东土菜
民俗文化	民间习俗	东路花鼓戏、大别山民俗
	手工艺品	红安大布、红安绣花鞋、黄梅挑花、章水泉竹艺、浠水安息香等

二、乡村旅游文化特色

　　大别山区以山地为主，地势较高，平均海拔500—800米，部分高峰海拔1 500米以上，海拔差异较大。山区内地形复杂多样，陡坡、山谷、平原等多种地形纵横交错分布。大别山区气候温和，雨水充足，属于典型的山地森林气候，气候资源丰富。大别山区的大部分区域为限制开发的"大别山水土保持"重点生态功能区，以生态为导向，合理开发利用特色农业资源是大别山区发展的必然路径。独特的自然资源禀赋，使大别山区具有发展特色农业的比较优势。茶叶、高山蔬菜、中药材、毛竹、板栗、蚕桑作为大别山区的特色优势产业和主导产业，产业基础较好，在区域经济中占有重要地位。可以说，大别山地区是一片绿色的土地。

　　同时，大别山也是一片红色的热土，是将军摇篮，古老与现代相互交融，自然与人文相映成辉。"历世相沿为之风，群居相染谓之俗。"几千年来，大别山先民在这里世代繁衍，并以自己的勤劳和智慧，创造出丰硕的文明成果，形成了别具特色的民风民俗。

（一）景观特色：典型的山地田园景观

景观类资源是乡村旅游资源中的主体，包括人造生态景观和人造文化景观两个部分。其中，农田、果园等为人造生态景观；新农村风貌和古村落等为人造文化景观。这类景观是乡村旅游资源中最常见的，它决定景观的格局、类型和特点，同时决定了当地小气候特征和居民生活环境。

1. 英山"云雾"茶园

英山云雾茶起名于湖北大别山主峰天堂寨的"天堂"二字，因是高山和半高山茶场所产，品质具有明显的香高、味醇、耐冲泡的云雾山中茶的特色，故定名为英山云雾茶。英山云雾茶地理标志产品保护范围为湖北省英山县南河镇、方家咀乡、温泉镇、红山镇、孔家坊乡、金家铺镇、石头咀镇、杨柳湾镇、雷家店镇、草盘地镇、陶家河乡等11个乡镇所辖行政区域。其中最有名的是雷家店镇。

行走在英山县境内，云雾之下满眼都是茶山。官方数据表明，茶叶种植面积1.4公顷，产量2.7万吨，英山茶叶种植面积及生产规模位居湖北省第一，全国第五。茶山在云雾的衬托下令人心旷神怡。

2. 雾云山梯田

蕲春雾云山村是一个古老的村落，已有上千年历史。史载约为唐朝年间一田姓官员来此避难躬读开辟，传延至今。雷公岩梯田说有几百年的历史，其精耕细作程度，古人创造的水利设施，堪称中华农耕文明典范。雷公岩梯田主要分布在蕲春北部海拔600米以上高山坡地，其中雾云山村面积最大。雾云山村梯田总面积约为7.3公顷，分为310块小田，最高与最低处落差达120米，空中俯瞰，十分壮观美丽。

3. 新农村建设典范——罗田九资河镇

罗田县九资河镇，地处鄂皖两省三县（英山、罗田、金寨）交界处的大别山主峰天堂寨脚下，九资河镇35个自然村、32 500人，是一个集"老区、山区、库区"于一体的贫困乡镇。天堂红叶·九资河田园风光被誉为中国最美的田园风光。近年来，九资河镇走旅游扶贫开发的路子，正在建设完善的仿古名镇再现的是2400多年前的鸠鹚古国的风貌。古镇内有一条河穿过，河上还有仿古的水车和索桥，所有的大小建筑物都是仿古设计，整个村子古风浓郁。村子里食、住、行、游、购、娱配套设施较为齐全，能够满足游客的各种需求，当地居民也在政府的政策下受益颇多，使昔日穷乡僻壤变成了鄂东旅游经济重镇，成为新农村建设的典范。

（二）生产特色：地理标志农产品丰富

这是乡村旅游资源中最具有特色的部分，包括了农业生产中的各种类型和过程。比如，农作物种植收获加工过程，禽畜饲养过程，农副产品以及与农业生产相关工具的加工制造过程等。

1. 特色农林产品

大别山地区既有山水综合效应，又有南北过渡地带的综合气候特征，是中国亚热带资源宝库和建设亚热带名优产品生产基地的理想区域。板栗、茶叶、药材、油茶、甜柿、花生、天麻、山野菜等，已经形成鲜明的地域特色。 这些特色产品长期以来远离化肥、农药，保持着较好的天然状态，是发展有机食品的理想原料。大别山革命老区现已是全国闻名的板栗之乡、茶叶之乡、药材之乡、油茶之乡和甜柿之乡，境内农林产品丰富，有的产品种植规模较大，已产生规模效益。 其中，农作物以水稻、小麦为主，经济作物有花生、黑瓜子、油茶、茶叶、烟叶、天麻等，盛产珍珠花、煨葫芦等山野菜（见表9-3）。

表9-3　大别山地区特色农林产品情况

特色产业	面积（万公顷）	产量（万吨）	产值（亿元）
茶叶	4.41	4.40	25.8
高山蔬菜	10.00	245.00	70.00
竹业	0.84	0.08	10.40
中药材	3.18	7.78	13.20
板栗	16.38	10.10	6.50
桑蚕	2.53	0.95	3.05
合计	37.34	268.31	128.95

注：以上数据来源于湖北省农业局，2011 年数据。

2. 农副土特产品

一是农业土特产品。黄冈是农业大市，农副产品类型多样，包括罗田板栗、黄州萝卜、浠水九孔藕、罗田茯苓、浠水茅山螃蟹、蕲春水葡萄贡米等。二是农村手工艺品。这主要是指用本地特色材料制作的，具有独特的工艺、精美的制作、新颖的设计的艺术品，它是传统文化宝藏的重要组成部分。包括红安大布、红安绣花鞋、章水泉竹艺、浠水安息香等（见表9-4）。

表9-4　黄冈地区的农副土特产品分类

类型	特色商品
农业土特产品	罗田板栗、黄州萝卜、浠水九孔藕、罗田茯苓、浠水茅山螃蟹、蕲春水葡萄贡米等
农村手工艺品	红安大布、红安绣花鞋、章水泉竹艺、浠水安息香等

（三）生活方式特色：极具特色的传统民间习俗

生活方式指乡村日常生活设施和生活习俗，包括村落和建筑居住区的环境、生活习俗、饮食习惯、服饰婚嫁等。

1. 英山茶俗

向客人敬茶是英山人待客的最基本礼节，敬茶、接茶有很多讲究。首先，茶具以小为敬，富人家有专门待客用的茶盅.不能备有茶盅的人家，最好要用小饭碗（英山称汤碗，但与现代的汤钵是两码事，汤碗比菜碗小），不能用菜碗。其次，加水适中为敬，尤忌满碗，有"酒满敬客，茶满欺客"的说法。这跟不用大碗的意思是一样的。其三，茶叶以细为优，英山的细茶是通常待客的佳品。农家每逢清明前后采新茶，用铁锅文火炒干，研成细末，故称细茶。其四，奉茶双手捧上为敬，双手端盅或碗，右手靠盅或碗口，左手近盅或碗底，让出客人接盅或碗的位置，以便客人接茶。其五，双手接茶盅或碗为敬，客人双手应从奉茶者所留的位置接茶。不能伸开五指从盅口或碗口接茶，也不能单手掌从盅底或碗底接茶，更不能一只手伸开五指从上，一只手掌从下，双手同时接盅或碗。这些接法都是对主人的大不敬。

2. 大别山特色美食

罗田吊锅又名大别山吊锅，是一种极具当地特色的民俗饮食文化。据罗田县志记载，罗田吊锅是山里人长期生活在高山密林，交通不便，物质匮乏的特殊年代遗留下来的独特餐饮方式，至少有1000年历史。其烹制方法十分具有乡村的豪放气息。吊锅，顾名思义，这是一样和"吊"有关的菜。饭煮好了，将有铁绊的铁锅套在挂钩上，盖着火苗。吊锅的原材料则都是山林的特色蔬菜和山间野味，待锅烧热后，切两块腊猪油一煎，把笋干、腊肉、萝卜、酸菜、青菜、豆腐等置于其中，加水、放盐烹煮，若要调味，就放点干辣椒壳与生姜片之类。这样一群人围着热气腾腾的一口大锅吃饭的情形，能够再现旧时大别山地区人们的特色饮食风俗。

罗田腊肉也是一道具有地方特色的美食，采用罗田当地的土猪"罗猪"做成。罗猪身短、头小、耳大、蹄细、毛纯黑，其肉精、肥适度。一般每头猪在100公斤左右。历史上曾作为贡品进贡朝廷。罗田广大农村群众在阴历十一月份左右杀年猪，此腊肉可留至第二年阴历三四月份。罗猪宰杀后，切割成块状，用松烟熏烤至赭红色，俗称"松烟香腿"。食用时其色、香、味俱佳。

另外还有黄州豆腐和黄州萝卜，都是黄州三绝之一。做黄州豆腐的每一道工序都极讲究，配上当地农村上好的水质，做出的豆腐没有豆腥味而且极有韧性很不容易碎。黄州鸡汤萝卜也是一道名菜，萝卜切得极薄，每一片都十分透明，搭配鸡汤，十分鲜美。

（四）文化特色：大别山传统民俗

文化类是指一切与地方文化相关的事物，包括风土人情民俗、民间故事、地方戏曲、歌舞、节庆活动、宗教历史遗迹等。

1. 东路花鼓戏

东路花鼓戏是流行于大别山区的一种地方戏，约二百年的历史，与楚剧是姊妹剧。楚剧发源于举水以西的黄陂孝感一带，故又名西路花鼓；东路花鼓发源于举水以东的麻城地区，故名东路花鼓（又名东腔）。东路花鼓源于民间小演唱，大别山地区的人民勤劳朴实，但由于人们不满足于日出而作、日落而息的单一的古典生活方式，从而萌发消除疲劳、愉悦身心、表达情感的心态要求，于是在采茶伐木、翻地锄禾、劳余夜息之际，便见景编词，即兴演唱，自娱自乐。东路花鼓戏就是在此基础上逐步形成、发展起来的。主要唱腔有高腔、二高腔等，吸取清戏（湖北高腔）的一些营养，如麻城的清戏班"天福泰"就很著名，同时还借鉴了汉剧的打击乐和表演艺术。至民国间麻城就有知名的东腔社班15个，罗田有12个。

2. 大别山民俗

大别山这块热土养育了勤劳、善良、热情、智慧的人民，这里既有浓厚的现代气息，也保留了独具特色的地方风情。比如，竹筛、簸箕、竹烘斗等生产工具随处可见，也可见到蓑衣、斗笠、草鞋等生活用品。石磨、石碓等虽然很少使用，但仍保存完好，特别是水碓冲木粉这个古老的生产方式仍然在发挥作用。土灶、铁锅、竹把子仍是手工制作。玩龙灯、舞狮子也是霍山人喜爱的节目。特色饮食，有小河鱼、红灯笼泡辣椒、米酒、糍粑、米面饼、血豆腐等几十种地方美食。如表9-5所示。

表9-5　大别山地区特色民俗分类

类　型	特色民俗
生产习俗	男耕女织的生产者习俗。在繁忙的劳作之余，他们不时地哼上两嗓子，相互调侃几句，嬉戏追逐，欢声雷动，劳作之辛，一扫而空。久而久之也就形成了当地的民歌和生产习俗。展现了农民朋友粗犷豪放；栽秧、薅秧、收割时哼唱的一首首秧歌，表达了他们对美好生活的热爱
民居习俗	民居习俗兼有南方和北方双重特点，其风格和样式多样。但无论如何，其建造的规矩、宜忌等习俗都是少不了的。选址不可随心所欲，既要考虑到地形，又要顾及与左邻右舍的错落关系。门向不取正南子午向，否则无嗣；不正对树木和大路，以防"木箭""土箭"射身；不正对别人家的烟囱，不然家人易得眼疾
饮食习俗	会客、待客大致有这样几步骤：下请帖、迎宾、支座、入席、开席、撤席、送客。各个步骤都要遵循约定俗成的程式和规矩。酒俗和茶俗在传统饮食文化中也占有极其重要的地位。在深山处做客，山民待客多用家庭自制的小吊酒。此酒饮用前要用瓦壶在炭火上煨得滚烫，喝时才有滋味，再加上淳朴山民之盛情，透出浓浓的古道热肠，因此，小吊酒最能代表大别山的酒文化
嫁娶习俗	迎娶又迎亲、接亲、拜堂、闹洞房、送房、合卺、开拜几个步骤，其中俗规数不胜数，且十分热闹有趣。在整个迎娶过程中，每进行到一个步骤，都有司礼仪的人"赞喜句"，如挑盖头、搀亲、传代、送房、撒帐，最后还要唱结束曲

第三节　大别山乡村旅游发展现状

一、安徽大别山乡村旅游发展状况

（一）乡村旅游资源

安徽大别山区域范围包括六安、安庆两市全境，区域内贫困地区多，经济发展落后，旅游综合竞争能力较弱。同时，安徽大别山区生态旅游资源富集，特别是绿色生态、红色旅游资源丰富，历史文化古迹众多（见表9-6），大部分优质旅游资源都分布在贫困地区，区域内的 139 个宜游贫困村，具备发展乡村旅游的良好条件。

表 9-6　安徽大别山乡村旅游资源类型

乡村旅游资源类型	代表资源
乡村自然生态景观	天柱山、天堂寨、司空山、万佛湖、花亭湖等
乡村田园景观	舒城龙眠寨生态观光园、霍邱田园度假村、潜山卧龙生态园等
乡村遗产与建筑景观	独山镇革命旧址、太湖龙潭古村落等
乡村产品与工艺	六安瓜片、霍邱柳编、潜山中药材等
乡村人文活动和民俗文化	桐城文化、禅宗文化、戏曲文化等

（二）乡村旅游市场

安徽大别山乡村旅游重点客源市场中省内市场所占份额较大，以本地居民、合肥都市圈为主。省外市场以长三角城市群、武汉城市圈等为主，区域内交通便捷，客源市场经济发展速度快，人口数量大，属于中高端消费群体，旅游消费行为较为成熟，旅游需求旺盛，出游能力强。2015 年，安徽省乡村旅游接待游客 2.89 亿人次，占全省接待人次的 64%，实现旅游总收入 2 052 亿元，占全省旅游总收入的 49%。大别山乡村旅游可以成为休闲度假的热门旅游目的地。[①]

（三）乡村旅游方式分析

安徽大别山乡村旅游的方式从跟团旅行向自助游、自驾游方向转变。家庭自驾比重高，多为朋友、同事间以及多个家庭组团出游，游玩时间从 1 日游转向 2、3 日游转变，利用周末、节假日到城市周边出游居多。旅游的行程安排个性化，体验元素多元化。

二、湖北大别山乡村旅游发展状况

① 余佳华，黄润.全域旅游视角下安徽大别山乡村旅游创新发展研究 [J].大庆师范学院学报，2017，37(04):40-43.

1. 乡村旅游资源

湖北大别山乡村特色旅游资源丰富。红色旅游、生态旅游、人文历史旅游、宗教旅游等旅游资源是发展湖北大别山区乡村旅游的基础和保证。这里有享誉海内外的鄂豫皖革命根据地、"千里挺进大别山"、将军县等红色旅游资源；有大别山龟峰山风景区、大别山桃花冲森林公园、大别山天堂寨风景区等良好的生态"天然氧吧"。四季皆美的山区自然风光，憨厚、淳朴的乡土人情，富有特色的乡村地域景点，丰富的人文遗迹等风景，为发展大别山乡村旅游提供了广阔的发展空间（见表9-7）。

表9-7　湖北大大别山乡村旅游资源类型

资源类型	主要构成部分	资源代表
乡村自然田园风光	山地、湖泊、瀑布、农田、果园	九资河田园风光、大鑫湾
乡村遗产与建筑景观	宗教或祭祀活动场所、书院、特色街区、堤坝院落	红安七里坪革命旧址、柏子塔、祝家楼古民居
乡村生活与产物	菜品饮食，传统工艺、农事活动	红烧鲫鱼、黄州东坡肉、黄州豆腐，挑花、根雕、扎花
乡村文化景观	人物与事件、乡村习俗、庙会、灯会、戏曲、文学	李时珍医药文化、黄梅戏

（二）乡村旅游市场

武汉天河国际机场到红安、麻城、团风、罗田、黄州等县（市/区）只要1.5小时车程，至其他县也都在2.5小时车程之内。又处于华东、华北、华南、华中四大旅游客源市场的交接点，为构筑跨省、跨区域旅游奠定了基础。

总投资达13.89亿元的黄冈大别山红色旅游公路全长458.65千米，贯穿红安、麻城、罗田、英山、浠水、蕲春、黄梅7县市，连通沿线红色遗迹、绿色生态、禅宗文化三大旅游区的38个景点景区以及23个乡镇，惠及230多万人民群众；加之鄂东地区航空、铁路（尤其是高铁）、高速公路和乡镇公路网络建设不断完善，为大别山乡村旅游快速发展奠定了坚实的基础。比如，湖北黄冈市乡村旅游发展目前已初步形成水产养殖型、科技农业型、田园生态型和名村名镇型等多形态的乡村旅游产品（见表9-8）。据统计，星级"农家乐"达到1000多家，直接带动就业人数 10 万人，间接带动就业人数 30 余万人。[①]

表 9-8　黄冈大别山乡村旅游部分线路产品一览

旅游产品	具体旅游线路
大别山生态之旅（3天）	武汉—麻城五脑山—龟峰山—罗田薄刀锋—天堂湖—天堂寨—返武汉 武汉—浠水三角山—英山桃花冲—吴家山—罗田天堂寨—返武汉
大别山红色之旅（3天）	武汉—红安李先念故居—红安烈士陵园—红安七里坪—麻城烈士陵园—麻城龟峰山—罗田胜利老街—薄刀锋—返武汉
大别山名人文化之旅（3天）	武汉—黄州东坡赤壁—李四光纪念馆—陈潭秋故居—团风邻家大院—浠水闻一多纪念馆—蕲春李时珍健康文化旅游区—返武汉
大别山宗教文化之旅（3天）	武汉—黄州安国寺—浠水三祖天然寺—黄梅四祖寺、老祖寺、五祖寺—返武汉

（三）乡村旅游发展现状

近年来，湖北大别山乡村旅游呈现出持续增长的发展势头，已成为全省乡村旅游的亮点。以黄冈市为例，2014 年，全市乡村旅游接待游客 600 万人次，约占旅游总人数 34%；实现旅游综合收入 30 亿元，约占旅游总收入 30%；乡村旅游直接就业人数 20 万人，带动就业人数 60 余万人。2015 年，两项旅游指标占比 40% 左右，全市乡村旅游综合收入突破 50 亿元。目前，全市已成功创建 4 个旅游强县、3 个旅游名镇、14 个旅游名村、9 家五星级农家乐和 5 000 多家农家乐、上万个乡村旅游服务点。同时，罗田大别山百里画廊、英山西河十八湾、神峰山庄、蕲春龙泉花海、武穴宋河山庄等一大批乡村旅游项目已初具规模，叫响品牌。乡村旅游不仅增加了当地村民收入，创造了就业机会，还给当地的传统农业经济注入了新的活力，已成为发展黄冈农村经济的有效手段。[②]

1. 接待初具规模，特色日趋明显

大别山地区积极引导和培育利用农业、渔业资源优势和乡村风土民俗、红色文化、禅宗文化、健康文化等吸引旅游者，为游客提供观光、休闲、娱乐、餐饮、

① 柯珍堂.发展大别山乡村旅游促进农村剩余劳动力转移的价值研究——以湖北黄冈市为例[J].湖北农业科学，2011，50(20):4314-4317.

② 柯珍堂.发展大别山乡村旅游促进农村剩余劳动力转移的价值研究——以湖北黄冈市为例[J].湖北农业科学，2011，50(20):4314-4317.

住宿等服务的乡村旅游景区和旅游项目，旅游产业初具规模，产业结构日趋合理。在乡村积极培育"渔家宴""农家宴"等特色旅游项目，制定"渔家宴""农家宴"特色旅游项目评定标准，包括"接待设施"和"服务质量"两大类60项评分标准。

2. 乡村旅游内容丰富，旅游接待持续增长

为充分挖潜乡村游内涵，精心串联全市乡村旅游线路，编制各类乡村旅游线路近二十条。每年各县市都推出采摘、收获等体验式旅游项目，游客可以观赏和亲手采摘从国内外引进的各种优质瓜果蔬菜，亲自参与挖花生、挖地瓜、摘水果等农事收获活动，2015年黄冈市共接待600万人次，实现旅游收入30亿元。罗田的红叶节、蕲春的桃花节、黄州的踏青节、浠水的龙舟节、英山的茶叶节、蕲春的雾云山火把节、插秧节等，都成为武汉市民出游的首选项目。

3. 基础设施逐步完善，乡村旅游后劲十足

近年来，黄冈市树立"环境是旅游先导"的理念，不断加强对旅游环境的基础配套，不断完善乡村旅游道路，完善旅游交通指示牌、停车场、游客中心和公共信息图形符号等硬件设施，重点做好十大旅游名镇、八大乡村旅游经济带的配套设施和公共服务设施建设。

三、大别山乡村旅游发展中存在的问题

乡村旅游作为大别山目前重要的产业确实推动了当地经济发展和产业结构的调整，尤其是对农民收入的增加和生活水平的提高起到至关重要的作用。然而，据实地调研发现，目前大别山乡村旅游业的发展以外来投资者的企业化运作和村民自发经营为主，政府主导的作用不是很明显。由于缺乏政府宏观调控以及政府的扶持力度，导致大别山目前的乡村旅游开发一直处于低水平发展阶段，存在问题不少，具体表现如下。

（一）乡村旅游开发形式单一，缺少文化内涵

大别山属于"老、少、边、穷"地区，农村经济发展落后，乡村旅游起步较晚，大多数乡村旅游规模小而散，且投资主体多为个体投资，圈地经营，具有较大的随意性和盲目性特征，政府规划的滞后导致了资源开发的无序与浪费，严重影响乡村旅游的可持续发展。在大别山乡村旅游开发和经营中，普遍存在单打独斗、各自为政的现象，往往是简单依托大别山自然山水、乡村资源发展"农家乐""渔家乐"等小规模的旅游产品，而丰富的大别山红色文化旅游资源、历史文化旅游资源、民俗特色文化旅游资源等还没有真正形成规模开发、深度开发，文

化开发起点低，各种文化内涵挖掘浅、薄。一些项目在政绩和市场的双重推动下，近距离低水平重复，开发模式、经营模式和市场模式都极其单一。为迎合某些游客的需求，很容易造成自身文化的扭曲和错位，导致文化低俗化。

（二）乡村旅游经营管理落后，文化产品研发滞后

大别山地处农村带，乡村旅游的开发主体仍是当地农民。事实证明，发展乡村旅游单靠农民自身力量问题很多，尤其是缺乏发展乡村旅游所需的资金及相关技术等。资金不足，无财产抵押，银行不给贷款，导致乡村旅游发展小打小闹，无规模经济效益。加上由于受经验和知识所限，经营乡村旅游的农民多半未经培训，在乡村旅游产品开发上大同小异，缺乏个性，不能体现地方乡村旅游特色。以农民为主体发展乡村旅游，还导致在导引、休息、安全、卫生、消防、娱乐、餐饮等服务的设施开发与管理上很不完善，服务理念淡薄，服务水平低。实地走访发现，绝大多数乡村旅游产品没有真正体现当地乡村生产、生活和风俗的层面。旅游市场上出售的民间工艺品造型大同小异，无产地、无说明、无包装，且大部分旅游商品来自浙江义乌、广西桂林的旅游商品批发市场，跟全国各景区出售的旅游商品没有什么两样，无法满足游客对民俗文化的需求。而土特产虽然具有地理标识，但附加值不高，品牌价值更未彰显。

（三）政府财力有限，乡村旅游配套基础设施不完善

大别山区是国家连片贫困区之一，经济社会发展相对滞后，而旅游开发又是一项复杂的系统工程，包括景区景点建设、旅游公路建设、通信电力建设、垃圾及污水处理、旅游宣传促销等多个方面都需要巨额资金。除招商引资外，大别山自身财力投入乡村旅游的基础设施建设的资金就捉襟见肘了，导致整体建设水平低，基础设施不到位，致使大别山乡村旅游目的地开发还处于初步的创业阶段。例如，黄冈市从自然条件来看，旅游资源分布较广、较散，又多处在山区和交通阻塞之处，仅 37 家重点景区与县城之间就有 567 千米道路需要改造升级，而政府部门的投入有限，无法满足游客对基础设施的基本需要，公共设施和卫生状况等还难以让游客满意。例如，道路、交通、停车场、卫生间、电话、生活污水和垃圾处理等公共设施简陋，以及客房、餐厅等食宿设施条件差等方面的问题。由于政府的有限投入和分散经营的低效益、低积累，难于实现共同投资以满足快速发展的乡村旅游所需要的基础设施。加之乡村旅游资源开发初期投资大，投资回报周期较长，这无疑又给筹措开发资金带来一定难度。

（四）城市化和过度旅游化淡化了乡村旅游地的原真性

乡村旅游之所以能够发展起来，就在于乡村具有与城市截然不同的人文景观和自然环境。希望回归自然、追求生态美的旅游者感兴趣的就是这些原始、古朴的乡村特性。城市化是社会发展过程中的一种必然现象，但必须处理好乡村旅游和城市化协同发展关系，要注重顾此及彼，不能因为城市化而人为地破坏乡村旅游发展的载体。通过实地调研和观察发现，大别山地区在新农村建设过程中，不能妥善处理乡村自然风光和文化遗产保护的关系，将乡村特有个性和景观庸俗化，失去了乡村旅游价值。而少数地区过度商业化的旅游开发难以维护乡村遗产的真实性。例如，对已经毁坏的现今不存在的乡村景观典型的人工整体恢复，以及在乡村景观遗产区内出售的各种纪念品和宣传招贴、没有本区域内文化内涵的现代电子产品等，都凸显遗产的商业化特征。

第十章　旅游人类学视阈下的大别山乡村旅游文化构建

第一节　大别山乡村旅游文化构建的路径

一、大别山乡村旅游文化构建的原则

（一）差异化定位

大别山区域有着丰富的乡土资源，乡村旅游文化不能一味模仿与借鉴，应在充分的市场调查基础上，把握旅游市场大众化、散客化的趋势，了解市场特征、竞争对手情况，分析潜在游客的市场需求，从游客的类型偏好入手，确立乡村旅游产品开发的市场定位，在产品形象、功能、组合、服务、体验等方面提炼独特的内容，注入创新创意元素，占据游客的内心位置，形成差异化经营、错位发展，避免低层次重复建设，塑造自己的品牌个性。

（二）区域统筹规划

大别山乡村旅游的发展要树立全空间规划理念，不局限于单一的景区和农户，从景区旅游转向旅游目的乡村旅游统一规划开发，把大别山乡村旅游的发展融合到区域发展、环境治理、产业发展、城乡建设，以特色村镇、旅游小镇、文化旅游名镇等建设为载体，全局规划统筹，带动引领乡村旅游目的地整体建设。

（三）文化传承原则

乡村文化是特定社会历史阶段的乡村风情风貌的反映，是现代社会认识历史、

231

形成新的价值观的窗口。大别山区域拥有悠久的历史，文化底蕴深厚，红色文化，吴楚古文化，李时珍、万密斋、闻一多等名人文化，黄梅戏、东腔戏、罗田畈腔等民俗文化都是乡村文化资源的重要部分，在景观设计中，应注重对这些优秀文化进行继承和发扬，选取一些特色文化资源进行深入挖掘，通过主题创意、精心策划，打造出地域特色鲜明、别具一格的乡村民俗旅游景观。

（四）产业融合创新

产业融合作为产业创新的重要策略，是推进乡村旅游产业结构升级的重要途径。大别山乡村旅游创新发展要树立产业融合理念，拓展产业发展空间。通过与现代农业、新型工业、现代服务业等融合，实现乡村旅游与农业、林业、体育、教育、科技、文化等产业融合发展。

二、大别山乡村旅游文化创意的实施路径

（一）创意乡村文化主题活动

充分利用大别山特色文化元素，将休闲体验产品植根于乡土文化中。重新策划编排系列乡村文化节庆活动，如黄梅戏艺术节、映山红文化节、茶文化节、庙会文化节、踏青文化节、美食文化节等。开发具有大别山地域特色大型实景演出活动，如黄梅戏、皖西庐剧、民俗表演、乡村戏曲、大别山歌会等，让乡村文化旅游产品感性化、具体化。通过将域内文化资源实现创造性的转化，实现乡村旅游由"看景点"向"品文化"的跨越。

（二）创新乡村旅游产品形式

深度融合产业，全面实现旅游产业的联动效应。大别山乡村旅游创新发展，需要提炼出自身优势核心资源，因地制宜地开拓旅游产品和项目，塑造形象，扩大影响力。一是开发乡村慢生活产品，以乡村摄影、徒步行走、乡村美食、乡土文化等为主，满足游客放松身心，休闲娱乐的需求；二是打造乡村康体运动产品，以天柱山、万佛湖、燕子河等为引领，开展拓展运动、森林生态、户外营地、亲水漂流项目，满足游客亲近自然、康体健身的需求；三是发展研学红色旅游精品，以大别山烈士陵园、革命旧址群、大别山革命历史纪念园等为依托，满足游客感触历史、精神洗礼的需要；四是打造田园生态观光产品，依托生态观光园、农业示范园、休闲农庄等，以创意农业、乡村景观等为特色，满足游客向往原初、回

归乡野、体验农耕的需求。

（三）创新乡村旅游景区设计

大别山乡村旅游要进一步提升空间联动和设计创新。依据原生态、度假、休闲、浪漫等不同主题，设计不同的主题风格，在景点、厕所、饭店、民宿中融入文化、艺术、科技元素，通过材料、颜色、装饰、布局，把相关的符号、雕塑、标志等都充分展现出来，实现地域标志品质化。在景区设计上，融休闲娱乐、文化体验、科技教育等活动于一体，满足游客开阔视野、放松身心等需要。

（四）拓展乡村旅游开发主体

全域旅游时代是全民参与、共享经济的时代，旅游参与主体除了政府和旅游企业外，还应拓展旅游创客、社区居民、合作社等其他主体。首先是乡村旅游创客，返乡农民、大学生、专业人才、创业团队等各类创客，具有捕捉市场机会的敏锐眼光，了解游客旅游需求和动机，拥有现代经营管理的知识和经验，善于利用互联网思维和科技手段。政府应在资金、市场、技能培训、政策扶持等方面给予帮扶，建立乡村旅游创客示范基地，吸引更多的优秀乡村旅游创客投身乡村旅游发展。其次是乡村旅游社区，社区居民是乡村旅游地的重要经营和参与主体，需要协调好旅游经营者与社区居民之间的利益关系。大别山乡村旅游可以积极探索扩大社区参与渠道和形式，让居民参与乡村旅游规划和发展目标制定，参与乡村旅游产品的设计、开发、销售、营销等活动，参与乡村环境和乡土文化的保护。鼓励引导居民提出乡村旅游发展建议和意见，保证居民获得相应的收益，强化社区居民的认同感，调动居民的参与动力，促进乡村旅游可持续发展。再次是乡村旅游合作社，它是以农业生产为基础，农户在自愿联合、规范管理的基础上建立的互助性经济组织。大别山乡村旅游发展过程中，鼓励乡村旅游合作社发展，采用多样化的合作形式，农户以现金、房产、土地、实物、劳动力、信息技术等要素入股，将分散的农户形成合力，发挥规模优势，提升住宿、餐饮、休闲、娱乐等设施建设，统一协调、规范乡村旅游经营管理。最后是多主体合作，大别山乡村旅游根据自身的条件和政策，敢于尝试新的主体合作模式，如"景区＋农家""旅行社＋景区＋农户""公司＋农户"等合作模式。积极引导社会和民间资本开发投资乡村旅游项目，探索村企合作、市场经营、民间参与等模式，通过多主体间合作，加强乡村旅游基础设施建设，吸引乡村旅游人才，提升乡村旅游的水平、质量和效率。

（五）创新乡村旅游示范区

建设以旅游名镇、旅游名村、金牌农家乐、乡村旅游示范点、全域旅游示范区等建设为载体，以点带面，大力发展安徽大别山乡村旅游新业态，创新多元化多层级的乡村旅游产品，创意各乡镇的旅游主题，打造具有影响力、个性化的创意乡村游景点，建设全域美丽乡村。例如，安庆潜山县作为全国全域旅游示范区，以天柱山为带动，乡村旅游发展成效显著，塑造了安徽大别山乡村旅游的一张名片。

（六）创新乡村旅游智慧平台

随着大众旅游时代的到来，散客已经成为旅游主力军，大别山乡村旅游要注重信息网络体系建设，加强旅游智慧平台建设，建立完善乡村旅游特色网站、手机客户端，开通微博、微信、微信公众号，实现信息发布、网络预订、网上支付，完善导游、导航、导览、导购等功能，为游客提供全方位智能化乡村旅游服务。同时，推动乡村旅游企业与携程、同程、去哪儿、途牛等大型知名旅游互联网企业合作，实施网络营销推广。积极与电子商务企业合作，建设旅游淘宝村、电商服务站点等。

第二节　大别山乡村旅游文化构建模式

在当前大别山乡村旅游发展过程中出现的一些突出问题，归根结底是因为传统文化对现代乡村旅游发展支撑力度弱等要素所致。因此，对于现代乡村旅游来说，传统文化是其能否持续发展的有效支撑，而特色文化资源则是发展的必要条件。大别山地处山区，远离城市，经济发展落后。俗话说，"靠山吃山，靠水吃水"，大别山有其深厚的历史文化底蕴（红色文化、名人文化等）。因此，要促进大别山乡村旅游的发展，就要注重对其文化的营造。具体而言，可以从以下几个方面着手。

（一）产业发展型创意乡村旅游发展模式

该模式是资源充分循环利用和产业拓展有机结合在一起的发展模式，即以第一产业——农产品生产为基础，以第二产业——农产品加工为延展，以第三产业——休闲度假为龙头，形成了集种植、加工、出售、旅游等功能于一体的综合型产业发展模式。

以大别山罗田县为例，罗田县是全国闻名的板栗之乡，栽培总面积达 6.7 万公顷，年产板栗 3 500 万千克以上，其产量、面积均居全国之冠。每到金秋时节，罗田也推出"打板栗"特色旅游活动，为游客提供农家乐、打板栗、剥板栗、炒板栗、品板栗、邮寄板栗、保鲜板栗一条龙服务，但每千克板栗售价仅停留在 10 元左右，远未达到产业链式发展，产品的附加值极低。为此，可在种植、加工、环保等环节融入创意旅游的元素，让游客深度体验到板栗在罗田的悠久历史和保健功能，并参与到认养、收获、加工、制作、学习板栗文化的系列活动中来（见图 10-1）。

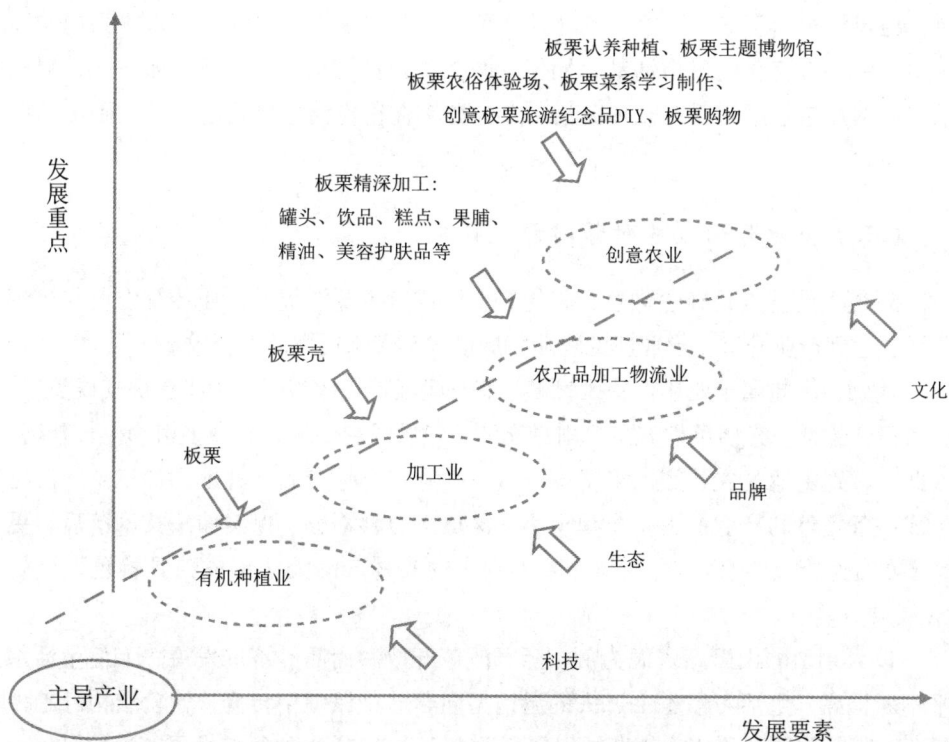

图 10-1 大别山农业旅游产业延长模式图

（二）居民参与型乡村旅游开发模式

社区参与旅游一直被誉为是 21 世纪旅游业可持续发展的重要路径，而当地村民广泛参与到农业旅游过程中，不仅能提高村民的收入和文化认同度，而且还是构建原乡文化、美丽乡村的最佳选择。

以罗田九资河圣人堂村为例,全村共有169户,面积0.8平方千米,圣人堂最具特色的是它的田园风光,而这田园风光的点睛之笔就是圣人堂的乌桕树。每到秋季,红红的乌桕树所渲染的田园风光吸引了无数摄影家、画家来此写生、采风,2006年圣人堂村被国家旅游局(现文化和旅游部)命名为"全国农业旅游示范点",并已经连续举办了7届红叶节。依托美丽的田园风光,全村绝大多数农户办起了农家乐,但仅停留在"吃农家饭、住农家屋"的层次上,规模小,功能单一。为此,应鼓励村民全面参与旅游,在恢复大别山地区乡土建筑的基础上,全面展现鄂东乡土文化。屋内的布置在保证现代功能的基础上,还原农耕时代的古朴自然;农家菜系以鄂东土菜为主,如吊锅;把那些渐渐被人们淡忘和忽视的特色民俗风情传承下来,游客来到此地,可以在参与农事劳作和蔬菜水果采摘的同时参与一些有特色的民俗活动,如传统磨豆腐、打糍粑、滚铁环、抓石子、唱民歌、撒网捕鱼等民间手工艺体验活动,让游客在慢生活中更好地体验大别山的风土人情。

(三)资源导向型乡村旅游开发模式

该模式的重点是经过创意,将优势资源或特色资源提升,使传统农业与旅游业融合达到产业升级,形成新的农业发展模式,带来更大的综合效益。

大别山南麓属于亚热带季风气候,兼有暖温带气候特征,为半湿润气候类型。自然条件优越,光照条件充足,雨量充沛,气候温和,适宜于众多植物生长繁衍。因此,大别山地区农林产品丰富多样,但是这些农林产品从种植到加工生产没有形成一条完整的产业链,生产规模小、深加工力度不够、保鲜储藏技术落后、更重要的是宣传力度小,这些是导致大别山的农林产品无法形成独具特色产业的原因。

以大别山的山野菜资源为例,随着改革开放和商品经济的发展,人们生活水平不断提高,生活习惯也由过去的温饱型向营养、保健型转变,饮食结构日趋多样化,野菜的综合价值也逐渐被人们所重视。作为21世纪很有发展前途的绿色食品,野菜以营养价值高,具有医疗保健作用,风味独特,越来越受到人们的青睐。食用野菜不仅已成为人们追求的时尚,也加快了我国野菜资源的开发与利用,特别是近年随着市场经济的发展和外贸出口的需要,我国的野菜开发利用得到较大发展。生产模式已由原来的农民自采自食转向农民采集,工厂收购加工,成批销售或出口,目前全国已建成多个野菜出口加工基地,甚至很多省市也建立了野菜加工厂。

大别山地区可供开发利用的山野菜资源十分丰富，却没有形成产业化优势，知名度不高。笔者认为，可以依托大别山丰富的山野菜资源，利用它们的食用和药用价值，建立一个生态有机农场，广泛传播"健康土壤—健康植物—健康食物—健康身体"的理念，以有机山野蔬菜为主产业，融合教育、瑜伽、中医等，形成具有中国特色的创意旅游农业产业园。同时，居民可以"认养"小块土地，享受亲自耕种、采摘的乐趣。

（四）文化传承型乡村旅游开发模式

该模式在传承乡村当地特色文化的基础上，结合市场上的发展趋势和需求，整合旅游农业资源，增加农业附加值，创意出符合游客需求的发展模式。

以茶叶为例，大别山地区是我国重要的茶叶产地，覆盖了大别山区的 29 个县市，茶叶创造的价值也占当地居民收入的主要部分，最更可高达 50%，然而茶农对于茶叶能创造价值的认识仍然停留在卖茶叶上。近些年，在"美丽乡村"政策推动下，英山县便有所突破。英山县是全国著名的绿茶之乡，现有茶园 1.5 万公顷，已建成 5 个万亩茶叶带，50 多个 67 公顷茶叶小区，30 多个茶叶专业村，拥有全国第一家以茶叶命名的茶叶公园——乌云山茶叶公园，美丽的绿色茶园已成为英山县一道亮丽的风景线，每年吸引着大量的省内外游客前来观光采茶，被国家旅游局（现文化和旅游部）授予"全国采茶芬芳地——最佳采茶旅游目的地"。然而，如果没有文化底蕴，只提供农业旅游观光，景区基础设施建设滞后、交通可达性差，这些都会制约游客对该地的选择。

在此基础上，笔者认为，可在具有连片规模的茶山地区建设一个"特色茶文化农庄"。该农庄必须具有一套完整的接待体系，让游客在一个大型的农庄内就能体验到具有主题特色的食、住、行、游、购、娱，在茶农的参与下完成从种茶、采茶、制茶、品茶、鉴茶、茶艺、茶点的完全体验。在特色茶文化农庄内，让居民展示传统的制茶工艺，游客也可跟随居民学做特色茶点，入住茶乡古舍体验传统茶俗等。特色茶庄兼具茶叶初精制加工、茶文化传播、手工制茶技艺体验、茶叶品著、茶产品展示及交易、百科古茶园鉴赏观光、休闲娱乐、餐饮、住宿、小型会议、旅游团队接待等功能。这样，游客可以充分体验到农耕乐趣，贴近大自然，放松身心。该特色茶文化农庄要发挥英山"云雾"的潜力，提高附加值，重要的是通过挖掘传统茶文化及习俗，实现文化＋旅游的创意化发展。

第三节 罗田县燕儿谷乡村旅游文化构建的实证研究

一、罗田县乡村旅游发展概况

（一）乡村旅游景观类型

罗田县位于鄂东北大别山南麓，自然风光秀丽，生态环境良好，是个典型的农业休闲与乡村旅游资源大县。近年来，罗田县委、县政府紧紧围绕"生态立县、旅游兴县"发展战略，以建设"大别山绿色发展的先行区、大别山最具特色的生态经济示范县"为抓手，着力发展乡村旅游，近年来罗田县先后被评为"全国休闲农业与乡村旅游示范县""中国最美乡村旅游示范县"。具体乡村旅游景观类型如表10-1所示。

表10-1 罗田县主要乡村旅游景观及分类

分　类	代表性景点	依托资源
村落型旅游景观	官基坪紫薇山庄	400年历史的明清古建筑群紫薇山庄、古树、奇石、根雕等民俗文化
	九资河鸡兹古邑	独特的仿古建筑群、古朴的余三胜文化产业园
	胜利镇明清古街区	明清民居建筑群、鄂东民俗、大别红色文化
	古仁墩村孝文化基地	吴氏孝子祠、牌坊、孝文化教育馆
	李家楼新农村旅游区	文明、富裕的新农村风貌
	圣人堂旅游名村	天堂红叶、吊锅节、农家休闲
	古羊寨乡村休闲区	古羊山梯田、周锡恩故居、抗金古战场遗址、天河沙海漂流
	叶家冲新村	20公顷荷塘、林果药材园6.7公顷、水产养殖
	项家河生态休闲山庄	水潭水库、泗泊河、田园风光
	银狮寨风景区	成片古松木、油茶林亩、植物观赏园、休闲山庄

分 类	代表性景点	依托资源
特色产业旅游景观	项家河金银花种植基地	66.7 公顷金银花、贡菊种植基地、产品加工园
	花银岩贡米生产基地贡米	水稻 27 公顷、精米加工厂
	匡河百合生产基地	百合种植基地、游客体验区
	九资河香桑种植基地	教学研桑蚕基地、香室观光、药用香砂枕、蚕丝被制作演示
	荣华寨红果种植基地	红果种植及采摘
	黄狮寨人工杉木林基地	杉木林及配套的森林木屋、景观亭
	大雾山桐花谷	油桐种植面积 200 公顷、桐花观赏
	丰衣板栗公园	板栗 66.7 公顷、垂钓、名贵鱼类观赏
	林家铺萝卜生产基地	绿色无公害露天基地 133.4 公顷、大别山土特产展销大厅和农家乐
	罗家畈红叶观赏基地	梓树、乌桕面积达 40 公顷、休息区、摄影区、大中型农家乐
	匡河鱼庄	白莲河水库风光、鲢鱼、鳙鱼养殖水面 534 公顷
	唐家冲农家生活体验园	山羊、黄水牛、土鸡养殖、板栗林业生产带、133 公顷百合园生产基地
	姚家铺农耕文化体验园	农产品基地 6.67 公顷、农耕体验园
	中药材种植加工园	中药材产业园、中药材观光园、近千种中药材
农业观光园	錾字石生态农业观光园	中国地理标志产品"錾字石"甜棉生产基地
	小寨野生核桃基地	高品质野生核桃观光采摘园、核桃附加产品
	鄂东古梅园	笼尖、抗金古城遗址、朱氏宗祠、古梅园
	瑞源生态农业观光园	有机红提、蔬菜种植、垂钓中心，水果采摘园、农家乐客房
	燕儿谷生态农庄	茶梅园、乡村工匠学校、民俗文化

（二）乡村旅游发展概况

1. 乡村旅游景点打造成效显著

罗田县已建成天堂寨景区、薄刀峰景区、天堂湖湿地公园、罗九百里生态画廊、三里畈温泉小镇、瑞源农业生态观光园、罗田板栗公园、李家楼新农村、燕儿谷生态农庄等 10 大休闲农业与乡村旅游精品景区。启动了金盆地休闲农业与乡村旅游带、白莲乡十里荷塘等一批规模较大、档次高的乡村旅游建设项目。九资河镇、圣人堂村先后被确定为旅游名镇和旅游名村，曾荣获全省旅游发展先进县，其中圣人堂村还被授予全国农业旅游示范点。

2. 乡村旅游产业发展初具规模

罗田县共有休闲农业与乡村旅游点 325 个，其中示范点 106 个，涉及全县 12 个乡镇、4 个国有林场，覆盖率达 100% 全县共有休闲农业旅游各类企业、农家乐 800 余家，其中年收入 500 万元以上规模的休闲农业与乡村旅游点 25 个。全县休闲农业和乡村旅游商品加工企业 35 家，开发产品 200 多个品种，并建有农产品加工园区，建立销售网点 300 多处，产品不仅满足本地游客的需求，而且有 20 多个品种远销县外以及中国香港、中国台湾和日本、韩国等其他国家。经过发展，全县基本形成了休闲农业与乡村旅游产业化经营格局。

3. 旅游扶贫效应日渐凸显

乡村旅游产业具有"离土不离乡"、就业方便的优势。2011 年，全县共接待游客 225 万人次，实现旅游总收入 9.45 亿元。目前，全县旅游业从业人 2.6 万人，其中农业人员 2.3 万人，占就业人数 88% 的。由于旅游市场的不断繁荣，带动了全县旅游运输、餐饮业、服务业、商贸业和传统手工艺等领域的全面发展，间接带动全县近 15 万名农民在乡村旅游中受益，农民受益面达到 34.7% 以上。九资河镇圣人堂村 90% 的农户从事旅游经营，旺季日接待游客量达 4000 余人，旅游收入占全村总收入 80% 的。三里畈温泉村依托温泉产业发展乡村旅游，近 50 户"农家小院"全年营业收入达余 50 万元。

4. 品牌优势日益彰显

罗田板栗、香桑、甜柿、中药材闻名全国，板栗、九资河茯苓是中国地理标志产品；"天堂寨风景区""薄刀峰风景区"获得国家商标局正式批准两大旅游注册商标，形成独具特色的"生态旅游"品牌效应；九资河镇是全国有名的药材大镇、圣人堂村先后被评为全国农业旅游示范村、湖北省旅游名村和"百镇千村"示范工程建设重点村。罗马度假村等 7 家"农家乐"被评为省级"农家乐"旅游示范点，碧水山庄等 4 家"农家乐"被评为"四星级"省级农家乐。

5. 社会效益十分明显

一是促进了农村产业结构调整。乡村旅游的发展带动了农产品加工业、饮食业的发展，直接促进农村产业结构调整，九资河、白庙河等乡镇的农产品加工业、旅游业的比重已经超过种植业。乡村旅游业的发展也带动了商业的发展，农副产品的销售量大、流动快，一大批旅游商品深受游客欢迎。二是推动了农业产业发展。乡村旅游业的发展，整合了生态资源、产业资源，带动了中药材、板栗等产业的集聚化、基地化和园区化发展，促进农业主导产业的提升。三是促进了传统文化的传承。乡村旅游的发展，激发了广大农民发掘特色传统文化的热情，一些历史古迹得以挖掘，一些非物质文化得以传承。罗田手工油面制作技艺、东腔戏、罗田畈腔等被列入非物质文化遗产保护目录。四是有效保护了生态环境。乡村旅游的发展，减少了森林的砍伐，扩大了村镇绿化面积，改善了生态环境。罗田先后获得全国绿化先进单位、经济林建设先进县、林业生态建设先进县、绿化模范县、绿化小康县、造林绿化百佳县。

二、农村精英协调下的乡村旅游文化建设研究——以罗田燕儿谷为例

维弗雷多·帕累托是经典精英理论的创始人，他认为"人类历史就是一部精英持续更替的历史：衰落的精英逐渐退出历史舞台，而新兴精英开始崭露头角"。精英意味着"最强大、最有活力、最有能力的人"。农村精英是指那些能够对村庄的生存和发展起到重要影响的关键人士，可以划分为政治精英、文化精英和经济精英等。自古以来，中国农村精英就是中国乡村经济社会发展的重要力量，乡村旅游的兴起为农村精英提供了新的发展平台。文化是旅游的灵魂，乡村旅游的最终卖点是文化，它促使政治精英、经济精英和文化精英为了共同的利益拧成一股绳。而乡村旅游文化内涵的单薄，是造成乡村旅游品质低下的根本原因。加强乡村旅游文化内涵建设是一个多方联动的过程，社区参与是学界一致认可的根本性原则，在目前农村民众民主自治能力尚未提高的情况下，发挥农村精英的带动作用是值得探索的好路子。本书试以农村精英在罗田燕儿谷"乡愁文化"复兴中的协同作用为例，对其乡村旅游开发成效及文化营造路径进行实证研究，借鉴其成功运作的经验，为提升我国乡村旅游层次提供一条新途径。

（一）案例概况

燕儿谷生态农庄位于湖北省黄冈市罗田县，地处大别山南麓，是一家以大别山原生态环境为依托，以花田、竹海、园林、溪流为主题，以乡村旅游、休闲度假、传统文化传承等为主要功能的乡村经济转型示范村庄。燕儿谷生态农庄所在

地骆驼坳镇燕窝湾村是湖北省建档立卡旅游扶贫重点村，村版图面积9.6平方千米，全村人口1368人，建档立卡贫困户121户385人，是罗田县出了名的"国定"贫困村。2011年，返乡创业能人徐志新回家乡创立了燕儿谷公司，创新村企联建机制，鼓励农民工和大学生返乡，大力发展乡村旅游。2016年，燕儿谷被确定为"全国旅游扶贫试点村"，被授予"全国旅游扶贫示范项目"、湖北省休闲农业与乡村旅游示范点、湖北省文明单位，乡村旅游已经成为当地的支柱产业。如今，罗田燕儿谷村是黄冈市及全省农旅结合乡村振兴示范样板村，也是全省能人回乡创业的突出典型，作为乡村振兴的一个缩影，曾多次登上央视等新闻媒体的大舞台。

（二）燕儿谷兴起：燕窝湾精英协同事件过程

1. 缘起

作为能人回乡创业的突出典型，燕儿谷的发展与董事长徐志新的大力推进不无关联。徐志新出生在罗田燕窝垸村的徐家老屋，一岁时随父母离开老屋，迁往另一个乡镇，成年后到罗田县政府机关工作，壮年时辞职下海到北京、深圳等地经商，积累了一定财富，现是北京某律师事务所高级合伙人。可无论身在何方，徐家老屋的白砖青瓦，门前一棵600年的皂荚树，记忆中妈妈做的饭菜，儿时玩过的田间游戏……都是他忘不了的乡愁（见图10-2）。可记忆中的家乡早已不是熟悉的模样，村子负债近百万元，村里破败、荒芜、萧条，大多数青壮年都外出打工，成了"空心村"，被戏称"厌人垸"。这一切都围绕着家乡的徐家老屋展开，徐家老屋犹如一个原点，又如一个圆心，便是他回乡投资创业的最初动力。正是带着"反哺家乡、复苏传统文化"的浓浓情结，徐志新回乡投资成立了"燕儿谷生态农庄"。正如他所说："当时我听到一首歌名叫《燕归巢》，就把此地改名燕儿谷。希望在外的游子，能把它当成自己的精神家园，能常回家看看。"

图10-2 燕儿谷徐家老屋（叶俊 摄）

2. 发展

2010 年，徐志新回到燕窝垸村创办的燕儿谷生态观光农业公司，下设三个子公司，分别为湖北燕儿谷新农业有限公司、湖北燕儿谷生态养生园有限公司、湖北燕儿谷园林工程有限公司。同时采取"公司＋集体＋农户"的模式运作，村支部与公司联合党建、联合决策、联合规划、联合投资、联合办公、联合生态保护、联合提供就业创业条件，迅速带动农户参与进来。公司 2010—2017 年先后流转土地 467 公顷，涉及罗田三个乡镇的 8 个村。总投资 1.06 亿元，实施茶梅、梅花、玉兰、桃花、樱花、海棠、石榴、油茶等多个特色种植基地建设，建成了中国最大的茶梅基地，填补了我国中部省份秋冬赏花游的空白。目前，公司建成第一个返乡养老村燕归园（见图 10-3）、第一个大别山民俗文化旅游小镇茶梅小镇，以及茶梅园（占地约 13 公顷）、茶梅品种园苗圃基地（约 20 公顷）、梅岭（约 16.7公顷）、玉兰园、桂花冲、樱花园（约 13 公顷）、乡村工匠学校等核心景点已逐步对外开放；国家贫困村许家垱村的 67 公顷油茶及大别山农副产品深加工项目已经实施。

图 10-3　养老村燕归园（叶俊 摄）

3. 成效

2013 年，公司与燕窝垸村村委会签订了《村企联建协议》，通过"五结合"（政府扶贫与企业扶贫相结合、政策扶贫与产业扶贫相结合、短期输血与长期造血相结合、扶村与扶户相结合、扶贫攻坚与企业发展相结合）、"七联合"（联合党建，联合规划，联合决策，联合投资，联合办公，联合生态保护与环境治理，联合创造回乡创业与就业条件），构建"公司＋集体＋农户"的产业扶贫模式，扶贫效果显著、带动示范性强，对大别山旅游扶贫、产业发展、实现乡村振兴具有较强的带动作用。公司带动了农民工返乡创业与就业，截至 2017 年，燕窝湾村返乡农民工 147 人，开办农家乐 45 家，提供了固定员工和临时工岗位 200 多个，结对帮扶了 38 户贫困户，落实了土地租赁、择岗就业、产业帮扶等脱贫措施。2017

年，公司支付土地租金 120 万元，发放 37 名固定员工工资 130 多万元，发放 100 多名季节性临时工工资 153 万元。几年来，周边群众仅土地租金和工资两项就获得收益 800 多万元，每年带动农户销售竹笋、软粘粑、甜柿、腊肉、油面等特色农副产品收入 300 万元。在建设发展过程中，积极鼓励村民发展旅游配套的服务业，2015—2017 年新建农家旅馆 12 家，新开农家乐 44 家，建设旅游观光服务站点 10 处等，累计为村里增加收入 800 万元。结合养老项目建设，公司还盘活了河铺镇许家宕村 80 公顷荒废的油茶林，2016 年油茶籽每千克卖到 7 元，目前正在申报绿色无公害养生农产品。2016 年底，燕窝垸村通过了"户脱贫，村出列"的初步验收，成为国务院扶贫办、国家旅游局（现文化和旅游部）确定的"国家旅游扶贫试点村"。燕儿谷生态观光农业有限公司被国家旅游局（现文化和旅游部）授予"全国旅游扶贫示范项目"。

（三）燕儿谷模式：精英协调开发模式

燕儿谷生态观光农业有限公司与罗田县燕窝垸村精诚合作，共同努力，按照"五结合"和"六个一"思路，探索出了村企共建精准扶贫模式。"五结合"即政府扶贫与企业扶贫相结合、政策扶贫与产业扶贫相结合、短期输血与长期造血相结合、扶村与扶户相结合、扶贫攻坚与企业发展相结合，夯实"户脱贫"和"村出列"的基础；"六个一"即建强一个支部、引进一个老板、流转一片土地、培育一个产业、建成一个景区、致富一方百姓。"村企共建"成为带动村民脱贫致富的重要引擎，是美丽乡村建设的重要推动力。

一是抓党建班子，为"村企共建"提供思想组织保证。公司和燕窝垸村联合建设党支部，公司董事长的组织关系转回村支部，并担任第一书记，有利于统一思想认识，确定发展目标。通过建立党员微信群，实时对党建活动、公司生产经营、农民发展需求等情况进行沟通，共同学习，共同研究公司与村支部在组织建设、共同发展等方面的问题。2013 年、2016 年燕窝垸村党支部被黄冈市委组织部评为"黄冈市优秀基层党组织"；原村支书 2016 年被湖北省委组织部评为"湖北省优秀共产党员，优秀党务工作者"，第一书记徐志新被黄冈市委评为"优秀第一书记"。

二是抓科学决策，确保"村企共建"的正确方向。对涉及群众利益、涉及"精准扶贫"等事项的决定，由村企联合讨论做出决议，村支书或村主任作为集体和群众利益代表进入公司管理层，担任副总经理，参与公司重大事项的决策。同时建立了"燕儿谷论坛"微信群，就重大事项实时征求村民意见。例如，公司是否建设大规模农家乐的问题，村民希望公司为其开办农家乐与农家旅馆提供创业条件，最终村企联合决策，成立农家乐联盟，鼓励并支持村民开办农家乐，村企制订并掌握农家乐的建设及服务标准，目前已经开设农家乐、农家旅馆8家，正在建设农家乐11家。又如，村企联合决策，明确了产业发展方向，坚持绿色发展，打造美丽乡村，村委会关停了一家采石场和一家养鸡场，终止了一家石材厂的项目审批。

三是抓规划统筹，为"村企共建"避免利益冲突。从2011年筹建伊始，燕窝垸村和燕儿谷公司就统一村庄规划和景区规划，打造美丽乡村整体规划，将景区发展和老百姓的私人建设统筹考虑，将景区建设与村里经济发展高度融合，最大限度地避免私人乱拆乱搭乱建影响整体规划和发展，避免因为建设方面引发利益冲突。由于村、企共同努力，基本实现了将花园建在村民家门口，村在景中，景在村里，让农户成为景区的一部分，并从中获益。2016年、2017年春节七天假期，到燕儿谷观赏茶梅和梅花的游客日均超过2000人。2016年，燕儿谷公司被国家旅游局（现文化和旅游部）评定为"全国旅游扶贫示范项目"，燕窝垸村被国务院扶贫办和国家旅游局（现文化和旅游部）确定为"全国旅游扶贫重点村"。

四是抓投资入股，创建可持续发展体制机制。燕儿谷公司鼓励村集体和村民入股，如村集体以荒废的橘子园、废弃小学的经营权作价入股，投资燕儿谷养生园公司，由村委会持股10%，盘活了闲置资源，发展了集体经济，增加了集体参与共同发展的积极性。目前，已经有部分村民以承包经营权和少量资金入股，村民郭某原来在福建打工，后投资入股燕儿谷公司，成为公司股东，并被聘任为副总经理。另外，还有数位村民先后成为公司的股东。村民和农户入股企业，实现了从村民、员工到股东的身份转换，逐步形成承包者与经营之间的利益共同体，增加村民对企业发展的参与热情和支持度，更有利于实现增收方式的转换，分享企业的发展成果，走上共同富裕的道路。

五抓联合办公，增强村企沟通协调能力。为了保障村企共建的实效，更好地协调工作和提高决策效率，燕窝垸村村委会与燕儿谷公司共同建设了面积为1068平方米的村委办公楼，办公楼产权归村委会所有，村委会和企业共同使用，合署办公。办公楼既是村委会和企业的办公中心，又是村民服务中心和游客接待中心，既提高了办公效率，也极大地方便了群众办事。更为重要的是，村企联合办公，建立畅通的及时协调和沟通机制，有利于事业发展和精准扶贫的动态管理，实现帮扶的及时性和因户因人施策。事实证明，在涉及具体的扶贫帮困、解决纠纷、规划实施等事项时，这种机制的确能发挥良好的作用。

六是联合生态保护与环境治理，为美丽乡村与养生养老创造先决条件。在解决农业、农村、农民"三农"问题方面，通常更多地注重经济效益、脱贫致富，而生态保护和环境治理往往容易被忽视。因此，在农村、农业开发建设中，经常出现农药、化肥过度使用，农村垃圾乱堆乱放现象。既不利于环境美观和身体健康，更不利于观光产业发展。为了保护乡村环境，几年来，村企联合拆除了120多个猪圈和旱厕，投资建设了3处公共厕所，安置了10个移动厕所，并在所有通村通组的路旁都种上了行道树，还将全村范围内的鱼塘淤泥都挖出来送到山上，既清洁了池塘，又改良了土壤，为村民和游客创造了宜居宜游的良好环境。村里安排了4个公益性岗位负责垃圾的清运，一个护林员公益性岗位防止森林火灾和滥砍滥伐。生态保护与环境治理为乡村旅游增加了人气，带动了消费，提高了农民收入。2014年燕儿谷被评为3A级景区，2015年燕窝垸村被评为全省绿化生态单位和文明村。

七是联合提供就业创业条件，支持村民返乡工作，增加乡村活力。随着社会经济的发展，城市化大趋势已经不可避免，但这并不意味农村、农业没有前途。目前一些地方农村空心村、荒芜村现象严重的，其重要原因是农村的能人和青壮年劳动力大量进城，往农村注入的资本比例偏低。实际上，随着中央农村土地"三权分置"模式的实施，农村土地的充分利用、农村经济发展应该具有广阔的空间。为了增加和鼓励农民工及农村在外读书及工作的人员返乡就业与创业。公司不断创造机会，目前公司有固定员工30多名，其中20多人属于返乡就业。同时，还吸引在外员工人员回乡开农家乐和农家旅馆，为繁荣旅游观光产业做出贡献。

（四）乡村文化内涵的营造

政治精英、经济精英往往会利用丰富的人脉资源，成为推动乡村文化内涵建设的重要力量，他们甚至可以动用广泛的超社区社会关系网络——国家力量来落实个人意愿。在燕儿谷口碑效应日益凸显之后，如何复苏传统文化，营造名副其实的乡愁情怀将成为其乡村旅游的重要卖点。为了抢救乡村工匠传统工艺，湖北省人大代表、燕儿谷董事长徐志新，于2018年5月31日，向罗田县人民政府递交了"关于重视乡村工匠助力乡村振兴的建议"的专题报告，受到高度重视，在推进传统乡村文化复苏方面不遗余力。

1. 复苏大别山传统乡村手工艺

燕窝垸位于大别山南麓，这里有山有水，有着利于竹子生长的天然环境，村里村外尽是竹林。在这个竹林的大别山深处，走出了不少以竹为生的手艺人。正如当地政府工作人员所说："以前篾匠在我们罗田当地是很有名的，那时候还没有塑料制品，家家户户装东西的器具就是篾制品。在当时，以竹为生的人有很多，竹篾制品也有很多，小到孩子的玩具，如竹蜻蜓，大到姑娘出嫁的嫁妆，如编有福禄寿禧字样的物件以及竹床等，都需要用到篾编。所以，篾匠师傅在当时是个受人尊敬、并且足够养家的职业。"然而随着社会的发展，陶瓷、塑料、金属等各种材料做的各种用具到处都是，已经渐渐取代了传统的竹篾制品，篾匠的数量在大量减少，很多年轻人甚至都没见过、没听说过还有这么一门传统的手工技艺，也就更少有人愿意去从事这份职业了。而当地像这样锁在深山人未知而又濒临失传的传统手工艺人还有剃头匠、泥瓦匠、铁匠、木匠、油面师傅等。乡村工匠是乡村文化的重要组成部分，手工制品凝聚着祖先智慧和特殊的文化内涵，在一段时期内，手工制品凭借精巧实用，深受民众喜爱，成为街头巷尾的紧俏货。随着时代发展，人们生活观念的改变，越来越多的手工制品被工业制作替代，工匠失业成为一种社会现象，工匠手艺濒临失传的边缘。复苏大别山传统乡村手工艺，便是复苏乡村民俗文化。

2. 组建"九佬十八匠"乡村工匠学校

在充分挖掘大别山传统乡村民俗的基础上，燕儿谷建立了大别山区第一所乡村工匠学校，吹响了"九佬十八匠"[①]的招募号角，向全市发出了乡村工匠召集令。一大批能工巧匠背着陪伴了自己半个世纪的工具，从千沟万壑中走来，齐聚燕儿谷。他们年龄最小的 58 岁，最大的 81 岁。他们的传统工艺是大别山民俗文化的精髓，他们的纯手工作品更是大别山熠熠生辉的乡村文化符号，承载着无数的大别山游子的乡愁。这所工匠学校将集传统工艺传承、工匠精神弘扬、乡村振兴产业化、中小学生研学体验和特色荆楚工匠村落五大功能于一体，成为湖北农村工匠的一张新名片。

3. 多方联合研发文创产品

燕儿谷乡村工匠学校旨在抢救传统工艺，传承乡村记忆，助力精准扶贫，实施乡村振兴。在过去的一年，公司创新思路，开展跨界合作，携手民间匠人、非遗传承人、高校科研院所、网络平台等，探讨融合民间传统手艺与各种创意的跨界趣味，通过提炼民间艺术的符号，重新赋予当下的设计视觉，用文创产品让传统民间艺术品重新回归日常生活。目前，招收的传统匠人涉及传统水粉画、磨豆

---

① "九佬十八匠"是中国民间对靠手艺谋生的民间工匠的一个统称。在中国民间，有很多手工艺人，他们走乡串户，用自己的手艺服务乡民，这些艺人的手工技术与乡民的日常生活密切相关。他们不仅是中国民间的艺人，更是中国几千年文化的积淀。"九佬"指的是阉猪、杀猪、骟牛、打墙、打榨、剃头、补锅、修脚、吹鼓手这九个行当。"十八匠"包括：金匠，银匠，铜匠，铁匠，锡匠，木匠（又分长木匠，即建房的，方木匠，即打家具的，圆木匠，即做圆桶、脚盆的，也称为箍匠，还有锯匠即锯木板，也称界匠），雕匠，画匠，弹匠、篾匠、瓦匠、垒匠，鼓匠、椅匠、伞匠、漆匠，皮匠，此外还有织布匠，绒匠，染布匠，弹花匠，铸造匠，磨剪铲刀匠，窑匠等。

腐、木工、篾器活儿、扯油面等，既提供给游客丰富文创产品，又丰富了景区的体验活动（见图10-4）。

图 10-4 燕儿谷竹篾产品（叶俊 摄）

（五）正视和应对——农村精英协调下的乡村旅游文化内涵建设对策

1. 正视困局

对农村而言，理想化的精英权力结构是政治精英、经济精英和文化精英合力构成三角结构，彼此循环，并保持动态的平衡关系。目前，农村精英的权力结构却是失衡的，一头是政治精英和经济精英的联合，非常强势；另一头是文化精英（传统文化）的弱小。精英阶层与普通村民分化，文化上移，影响了土生土长的乡村文化传承。尽管燕儿谷的"九佬十八匠"在当地经济与政治精英的干预下，做得风生水起，但缺少传统文化话语权的参与，长此以往会导致文化的商品化。而一方面，为了生计，为数众多的普通村民离乡离土，割断了和乡土文化的联系，而留守乡村的农民在现代化和市场化的冲击下，已逐渐淡忘祖辈创造的灿烂文化，本土文化的认同与传承岌岌可危。

2. 应对策略

"礼失求诸于野"，乡村社会存在着相对稳定的传统价值资源，对乡土文化构建和传承而言，乡民是永远的主体，是文化生机和活力的孕育者，社区村民广泛参与，三方精英"势均力敌"、协同治理才是乡村旅游文化内涵建设的有效机制。所谓精英均势，是指政治精英、经济精英及文化精英在乡村事务的治理中各尽所能，互相扶持，寻求权力契合的平衡点。

（1）政治精英发挥政策优势作用，有限干预。在中国，旅游开发还处在政府主导向市场主导转型过渡阶段，这其中政治精英的权力优势尤为重要。燕儿谷在乡村文化内涵建设方面，政治精英（村支书、村委会）可以在政策引导、学校教育、市场规范、遗产管理、资金资助、对外交流等方面多下功夫。具体来说，在传统乡村文化挖掘保护方面，政治精英可以组织专家学者组成专家指导委员会，召集相关村民，整合乡村文化资源，做好传统文化的整理和传承工作，积极申请各级"非物质文化遗产"，评选并资助"非物质文化遗产"传承人。政策引导方面，制订促进乡村文化建设的乡规民约，构建乡村社会的新秩序。对外交流方面，搭建国内外交流平台，宣传推广乡村文化。学校教育方面，鼓励相关部门编写乡土教材，并渗透到中小学的课程体系中，培养学生的乡土观。在条件成熟的情况下，协助地方开设博物馆或文化展示中心，提升乡村旅游的文化含量等。

（2）文化精英发挥文化引领作用，主导乡村文化发展。文化精英作为农村文化传播者、示范者和传承者，是乡村旅游文化内涵建设的主力军，但乡村文化精英正随着传统文化的衰落而逐渐边缘化，必须发挥文化建设的引领作用，加大对文化精英的培育力度。燕儿谷的文化精英培育途径有两条：一是由其他精英转换而来；二是由普通民众努力提升其阶层地位而来。首先要创造各种条件，积极促进政治精英和经济精英参与乡村文化建设，通过学习提升自身的文化素质，向文化精英转换。在燕儿谷，董事长徐志新不仅是经济精英的代表，更是当地文化精英的代表，对于故乡的热爱与情结促使他不断推动着民俗文化的挖掘与开发，但个人的力量是有限的，还需要通过理念传导带动更多的管理团队主动参与。其次要通过学校教育和社区教育，培养年轻一代对地方文化的认同感。燕儿谷在乡村治理中堪称典范，访谈中无不发现村民以其村容村貌为荣，但对于传统文化的传承与创新力度不够。一是应在形式多样的乡村文化活动中强化文化认同，激发普通村民特别是年轻人参与乡村文化建设的自豪感；二是挖掘和收集本土乡村文化资料，并整理归档；三是加大乡村旅游文创产品的开发力度，同时保持乡村文化的乡土味，防止随着旅游的发展而商业化和庸俗化。

（3）经济精英发挥资本优势，参与乡村文化建设。乡村旅游文化内涵建设如果少了经济精英的物质支持，只依靠政治精英和文化精英的力量，容易形成空想主义。据调查，燕儿谷走出了一条村企共建的发展道路，构建了"公司+集体+农户"的产业扶贫模式。当地经济精英（燕儿谷生态农业有限公司）凭借自身实力，开展观光农业、休闲农业、农林种植、农业科学技术研发及推广、工艺品加工等开发相关衍生业务，提高了当地农业资源的利用率，带领村民共同致富。但在乡村文化建设方面单纯依赖返乡精英是难以为继的，乡村的文化形态多样，精英参与文化建设只能顾及乡村硬件建设部分，对于那些非物质文化而言，乡村精英几乎是束手无策。同时，返乡精英在乡村文化建设中也存在诸多的不确定性，一是返乡精英的文化建设水准既取决于外部力量的约束，也取决于精英本色的领悟、贯彻决策能力，个体差异可能带来很大的效用差异；二是返乡精英具有较高的流动性，一旦条件变化，可能会放弃前期所有工作，文化建设会存在断裂的风险。因此，我们要鼓励、支持、引导经济精英参与乡村文化建设，并创新投入体制与机制，鼓励经济精英发展农村文化产业，繁荣农村文化市场。

附　录

附录一　大别山区域中国传统村落名单

（一）黄冈市第一、二、三、四批中国传统村落名单

1. 红安县华家河镇祝楼村祝家楼垸
2. 麻城市歧亭镇丫头山村
3. 武穴市梅川镇同心村李垅垸
4. 罗田县九资河镇官基坪村罗家大垸
5. 罗田县河铺镇肖家垸乌石岩村
6. 罗田县白庙河乡潘家垸村
7. 团风县贾庙乡百丈崖村
8. 红安县华家河镇涂湾村
9. 红安县太平桥镇回龙寨村石头湾
10. 红安县永佳河镇欧桥村刘云四湾
11. 罗田县胜利镇瓦房基村老闫家垸
12. 英山县国营英山县吴家山林场大河冲村
13. 蕲春县向桥乡狮子堰村
14. 麻城市歧亭镇杏花村
15. 麻城市夫子河镇付兴湾
16. 麻城市木子店镇王家畈村
17. 麻城市黄土岗镇小漆园村
18. 武穴市龙坪镇花园居委会

19. 红安县八里镇陡山村

20. 红安县永佳河镇喻畈村

21. 红安县永佳河镇椿树店村

22. 麻城市宋埠镇谢店古村

23. 麻城市木子店镇刘家塆村

24. 麻城市木子店镇龙门河村

25. 麻城市黄土岗镇大屋垸村

26. 麻城市黄土岗镇桐枧冲村茯苓窝

（二）信阳市第一、二、三、四批中国传统村落名单

1. 光山县文殊乡东岳村

2. 罗山县铁铺乡何家冲村

3. 新县八里畈镇神留桥村丁李湾村

4. 新县周河乡毛铺村楼上楼下村

5. 商城县长竹园乡张花店村何家冲村

6. 商城县长竹园乡汪冲村四方洼村

7. 商城县冯店乡郭店村四楼湾村

8. 光山县泼陂河镇何尔冲村徐楼村

9. 光山县泼陂河镇黄涂村龚冲村

10. 光山县南向店乡董湾村向楼村

11. 光山县净居寺名胜管理区杨帆村

12. 新县苏河乡新光村钱大湾

13. 新县周河乡西河村大湾

14. 新县陡山河乡白沙关村白沙关

15. 新县卡房乡胡湾村刘咀村

16. 新县田铺乡香山湖管理区水塝村韩山村

17. 新县田铺乡田铺居委会大湾村

18. 商城县吴河乡万安村何老湾

19. 商城县余集镇迎水村余老湾

20. 光山县马畈镇代洼村杨柳湾组

21. 光山县晏河乡管围孜村徐畈组

22. 新县郭家河乡土门村徐冲组

（三）六安市第一、二、三、四批中国传统村落名单

1. 舒城县晓天镇晓天街道居委会中大街
2. 金寨县汤家汇镇上畈村朱家湾
3. 金寨县汤家汇镇瓦屋基村宴湾
4. 金寨县果子园乡姚冲村姜湾
5. 裕安区独山镇蔬菜村
6. 金寨县汤家汇镇斗林村李家湾

附录二　大别山区域非物质文化遗产名录

（一）黄冈 1. 黄冈市国家级非遗项目（9 项）	
黄梅禅宗祖师传说	黄梅县
李时珍传说	蕲春县
苏东坡传说	市直
东路花鼓戏	麻城市
黄梅戏	黄梅县
湖北大鼓	团风县
岳家拳	武穴市、黄梅县
红安绣活	红安县
黄梅挑花	黄梅县
2. 黄冈市省级非遗项目（35 项）	
十八老子的故事	红安县
李时珍传说	蕲春县
黄梅禅宗祖师传说	黄梅县
苏东坡传说	市直
万密斋传说	罗田县

牌子锣（黄州点子）	黄州区
罗田畈腔	罗田县
浠水民歌	浠水县
红安荡腔锣鼓	红安县
丝弦锣鼓	团风县
龙舞（唐家渡舞龙）	黄州区
麻城花挑	麻城市
黄梅戏	黄梅县
英山采茶戏	英山县
文曲戏	武穴市、黄梅县
东路花鼓戏	麻城市
东腔戏	罗田县
湖北大鼓	团风县
岳家拳	武穴市、黄梅县
浠水杂技	浠水县
武当派秘传内家拳法	英山县
黄梅挑花	黄梅县
红安绣花鞋垫	红安县
英山缠花	英山县
红安大布传统纺织技艺	红安县
章水泉竹艺	武穴市
武穴酥糖制作技艺	武穴市
蕲春管窑手工制陶技艺	蕲春县
传统面食制作技艺	罗田县、红安县
麻城东山老米酒酿造技艺	麻城市
蕲春艾灸疗法	蕲春县

庞安时伤寒病疗法	浠水县
马家潭龙舟会	团风县
双峰山庙会	黄梅县
洗马花灯会	浠水县

3. 黄冈市市级非遗项目（110项）

五祖传六祖的故事	黄梅县
苏东坡传说	市直
李时珍传说	蕲春县
余三胜传说	罗田县
龟峰山传说	麻城市
十八老子的故事	红安县
毕昇传说	英山县
陈细怪故事	浠水县、蕲春县
万密斋传说	罗田县
秦始皇赶山填海的传说	浠水县
禅宗祖师传说	武穴市
徐寿辉传说	罗田县
闻筱缇故事	英山县
畈腔	罗田县
浠水民歌	浠水县
哦呵腔	浠水县
红色革命歌谣	红安县、麻城市
荡腔锣鼓	红安县
黄州点子	黄州区
英山民歌	英山县
丝弦锣鼓	团风县

三百六十调	黄州区
乐儿嗬	武穴市
工尺锣鼓	英山县
蕲春文锣鼓	蕲春县
武穴号子	武穴市
罗田民歌	罗田县
丝弦锣	黄梅县
牌子锣	团风县
天台禅乐	红安县
天狮子	浠水县
花挑	麻城市
赶翠柳	罗田县
五虾戏鲶	红安县
丁甲企龙	黄州区
罗田皮影戏	罗田县
东腔戏	罗田县
英山采茶戏	英山县
黄梅戏	黄梅县、湖北省黄梅戏剧院
文曲戏	武穴市、黄梅县
东路花鼓戏	麻城市
二黄	市直
红安皮影戏	红安县
麻城皮影戏	麻城市
黄梅小调	黄梅县
架子戏	红安县

英山花鼓	英山县
黄冈善书	团风县、浠水县、黄州区、蕲春县、红安县
旱龙船	黄梅县
娘娘船	武穴市
岳家拳	武穴市、黄梅县
浠水杂技	浠水县
武当派秘传内家拳法	英山县
小崎武术	团风县
太极纯功	黄梅县
黄梅挑花	黄梅县
红安木雕	红安县
蕲春布贴	蕲春县
黄冈民间绘画	黄州区、团风县
缠花	英山县
英山雕刻工艺	英山县
剪纸	团风县
英山绣活	英山县
蕲春绣活	蕲春县
宣纸烙画	黄州区
红安鞋垫	红安县
红安大布	红安县
管窑陶瓷工艺	蕲春县
毕昇泥活字印刷术	英山县
章水泉竹编	武穴市
武穴酥糖制作技艺	武穴市

安息名香制作技艺	浠水县
手工油面制作技艺	罗田县
蕲春酸米粉制作技艺	蕲春县
油面传统制作技艺	红安县
麻城东山老米酒酿造技艺	麻城市
团风狗脚制作技艺	团风县
雪花粑制作技艺	英山县
东坡肉制作技艺	市直
东坡饼制作技艺	市直
东坡烧梅制作技艺	市直
蔡家山陶瓷制作技艺	麻城市
麻城空心挂面制作技艺	麻城市
蕲春仙人台制茶技艺	蕲春县
团黄贡茶传统制作技艺	英山县
老君眉茶艺	红安县
李时珍中草药文化	蕲春县
杨济泰戒毒药艺	武穴市
蕲春蕲艾	蕲春县
万密斋养生法	罗田县
庞安时伤寒总病论治疗法	浠水县
蕲春艾灸	蕲春县
火居道	罗田县
火神会	蕲春县
东坡饮食文化	黄州区
红安乡土饮食文化	红安县
马家潭龙舟会	团风县

基于旅游人类学角度的乡村旅游文化建设研究——以大别山乡村旅游为例

唐家渡舞龙	黄州区
达城庙会	蕲春县
黄冈吊锅老米酒	麻城市、罗田县
张氏龙灯	红安县
黄梅花灯会	黄梅县
洗马灯会	浠水县
婚丧习俗	英山县
但店天府圣会	团风县
麻乡约－麻城移民文化	麻城市
詹家湖龙舟会	团风县
双峰山庙会	黄梅县
抬阁	浠水县
楹联习俗	黄梅县

（二）信阳1.信阳市国家级非遗项目（4项）	
信阳民歌	信阳市
信阳毛尖茶	浉河区、平桥区、罗山县
皮影戏	罗山县
花鼓戏	光山县

2.信阳市省级非遗项目（18项）	
汉族叙事长诗《郭丁香》	固始县
信阳民歌	信阳市
花挑舞	固始县
火绫子（商城权伞舞）	商城县
皮影戏	罗山县
光山花鼓戏	光山县

灶书	固始县
信阳毛尖茶采制技艺	信阳市
锣鼓十八盘	潢川县
商城花篮戏	商城县
大鼓书（鼓词）	信阳市平桥区
火绫子（火淋子）	潢川县
花伞舞（商城花伞舞）	商城县
嗨子戏（耍孩儿）	潢川县
渔鼓道情	潢川县
布鞋手工制作技艺（毛弟布鞋手工制作技艺）	商城县
泥塑—淮滨泥塑（小叫吹）	淮滨县
皮影戏	信阳市平桥区
3. 信阳市市级非遗项目（135 项）	
香稻丸的传说	息县
民间歌谣	息县
信阳毛尖的传说	信阳市
董督堂免麦粮	平桥区
亡羊补牢	平桥区
太子城的传说	平桥区
负函城的传说	平桥区
叶公问政	平桥区
乌龙集传说	淮滨
楚相孙权敖的故事	淮滨
淮河歌谣	淮滨
黄姑山传说	固始
司马光砸缸的故事	光山县

子路问津的传说	罗山县
花山的传说	光山县
东岳寺的传说	光山县
二龙戏珠的传说	光山县
淮滨泥塑——小叫吹	淮滨
固始刺绣	固始
固始染布衣花	固始
叶雕	商城
河口古戏楼	罗山县
定远黎士序亭	罗山县
柳林老街	浉河区
浉河民间吹打乐	浉河区
道教民俗礼乐	平桥区
闹台锣鼓	光山县
春牛舞	潢川、商城
拣棉花	潢川
十把扇子	潢川
火伞	潢川
卖花	潢川
旱船	潢川、光山县
商城花伞舞	商城
商城花挑舞	商城
信阳龙灯舞	商城
大头和尚逗柳翠	商城
信阳高跷舞	平桥区
信阳竹马舞	光山县

信阳狮子舞	光山县
九连环	息县
息县皮影戏	息县
平桥皮影戏	平桥区
地灯戏	新县
花篮戏	商城
嗨子戏	潢川
光州渔鼓	潢川
地灯	潢川
大鼓书	息县、平桥区、光山县
手工制作古秤技艺	潢川
空心贡面制作技艺	潢川
罗山大肠汤制作技艺	罗山县
油酥馍制作技艺	息县
乌龙酒酿造工艺	淮滨
皮影制作技艺	光山县
息半夏泡制技艺	息县
中医针灸技艺	平桥区
放河灯	淮滨
观音山庙会	商城
三教洞庙会	商城
亮山观音寺庙会	固始
猪山寺庙会	光山县
信阳剪纸	平桥区、固始、息县
谚语	息县、淮滨

明朝监察御史黄家栋的传说	息县
歌谣	息县
息县方言	息县
王莽撵刘秀	平桥区
楚王宝锅	平桥区
金花寨的传说	平桥区
大明塘的传说	平桥区
震雷山的传说	平桥区
潢川渔鼓的起源传说	潢川县
刘大佬送袈裟	潢川县
马祖常的故事	潢川县
金斗湖	潢川县
永乐城的来历	潢川县
小南海的骆驼庙	潢川县
五龙宫	潢川县
豫南花乡卜塔集的传说	潢川县
杜甫店的传说	潢川县
上油岗的传说	潢川县
潢川城的龙头嘴和铁水牛的传说	潢川县
光州贡枣的传说	潢川县
光州贡面的传说	潢川县
荷叶酥和三股油果	潢川县
玩旱船的来历	潢川县
玩"春牛"的来历	潢川县
玩灯的起源传说	潢川县
潢川民间舞蹈《火淋子》的起源传说	潢川县

潢川大鼓的起源传说	潢川县
潢川皮影戏的起源传说	潢川县
乌龙入海	淮滨县
张果老的传说	淮滨县
李少的传说	光山县
司马光砸缸的故事	光山县
荄斓画	潢川县
根雕	平桥区
漆画	平桥区
泥塑	平桥区
董家河民歌	浉河区
唢呐	平桥区、淮滨县
道事音乐	平桥区
锣鼓十八番	平桥区
劳动号子	潢川县
丝弦锣鼓	商城县
情歌	商城县
劳动歌	商城县
仪式歌	商城县
儿歌	商城县
生活歌	商城县
时政歌	商城县
狮子舞	平桥区
采茶舞	平桥区
走人家	潢川县
花伞	潢川县

火马	潢川县
霸王鞭	潢川县
花车	潢川县
五里撅	潢川县
丰收乐	潢川县
花棍舞	潢川县
跑驴	潢川县
放蝴蝶舞	商城县
豫剧	平桥区
潢川皮影戏	潢川县
新县皮影戏	新县
坠子书	平桥区
光州大鼓	潢川县
划龙船	潢川县
柴山堡大鼓	新县
信阳焖罐肉制作技艺	浉河区
"柳林老街地锅豆腐"制作技艺	浉河区
谭家河蒿子馍	平桥区
民间工艺	平桥区
（三）六安市 1.六安市国家级非遗项目（5项）	
大别山民歌	六安市
庐剧	六安市
竹编（舒席）	舒城县
柳编（霍邱柳编）	霍邱县
绿茶制作技艺（六安瓜片）	裕安区

2. 六安市省级非遗项目（19项）	
梁山伯与祝英台的传说	舒城县
金寨古碑丝弦锣鼓	金寨县
思帝乡锣鼓	金寨县
六安灯歌	金安区
锣鼓书	金安区
小调胡琴书	舒城县
四弦书	霍山县
翁墩剪纸	金安区
大别山盆景	裕安区
临淮泥塑	霍邱县
绿茶制作技艺（霍山黄芽）	霍山县
绿茶制作技艺（舒城小兰花）	舒城县
迎驾酒传统酿造技艺	霍山县
石斛泡制技艺	霍山县
叶集木榨油技艺	叶集区
一品斋毛笔制作技艺	金安区
大红袍油纸伞制作技艺	金安区
中医漈衡钝斋医学	霍山县
邀大岭	金安区
3. 六安市市级非遗项目（26项）	
周瑜故事	舒城县
六安谚语	金安区
舒城民歌	舒城县
鸽鹆理窝舞	裕安区、金安区
十把小扇	裕安区

霍邱花鼓灯	霍邱县
霍邱龙灯	霍邱县
长集皮影戏	霍邱县
皖西推剧	霍邱县
显扬冲叉	舒城县
张玉柱剪纸撕纸艺术	霍邱县
六安竹编	裕安县
手工空心挂面制作技艺	叶集区
晓天橡栎食品制作工艺	舒城县
晓天蒲扇制作技艺	舒城县
夏氏一品斋毛笔制作技艺	皖西文化艺术品公司
霍山根艺书法	霍山县
六安烙画制作技艺	六安区
徐集花生糖制作技艺	裕安区
传统刻字技艺	霍邱县
六安蒿子粑粑制作技艺	裕安区
六安漆艺（舒城山漆）	舒城县
六安漆艺（金寨推光漆）	金寨县
潘氏荣全烫伤药水秘方	霍邱县
六安婚俗	金安区
六安鲍氏慈孝文化	裕安区

参考文献

[1] 吕鹏 ."舞台真实"下乡村旅游产品设计分析[J].太原师范学院学报(社会科学版），2007（01）:71-72.

[2] 路幸福，陆林 . 国外旅游人类学研究回顾与展望 [J]. 安徽师范大学学报（人文社会科学版）， 2007（01）:93-101.

[3] 王健 . 旅游人类学理论在中国旅游发展中的应用 [J]. 旅游科学，2007（05）:1-6.

[4] 孙九霞 . 旅游人类学在中国 [J]. 广西民族大学学报（哲学社会科学版），2007（06）:2-11.

[5] 王洁超，刘卉 . 论如何加强乡村旅游文化建设[J].农村经济与科技,2007(12):83-84.

[6] 伍海琳 . 体验式乡村旅游产品设计研究——以湖南长沙县团结乡为例 [J]. 邵阳学院学报（社会科学版），2011，10（01）:40-44.

[7] 纳尔逊·格雷本，金露 . 中国旅游人类学的兴起 [J]. 青海民族研究，2011，22（02）:1-11.

[8] 柯珍堂 . 发展大别山乡村旅游促进农村剩余劳动力转移的价值研究——以湖北黄冈市为例 [J]. 湖北农业科学，2011，50（20）:4314-4317.

[9] 杨霞 . 旅游人类学发展述评 [J]. 民族论坛，2013（06）:9-12.

[10] 鲍松媛 . 试论乡村旅游形象的提升策略 [J]. 学术交流，2013（09）:115-118.

[11] 赵华，邵云芳 . 文化视角下的大同乡村旅游可持续发展研究 [J]. 山西大同大学学报（社会科学版），2013，27（05）:103-105.

[12] 刘娟，钟伟 . 乡村旅游地形象塑造研究 [J]. 合作经济与科技，2010（09）:8-9.

[13] 李海情 . 农业旅游经济发展的回顾与展望 [J]. 中国商贸，2010（12）:127-128.

[14] 郭焕成，韩非 . 中国乡村旅游发展综述 [J]. 地理科学进展，2010，29（12）: 1597-1605.

[15] 王乐 . 山东省乡村旅游发展模式研究 [D]. 青岛：中国海洋大学，2014.

[16] 姜玉辉.乡村旅游发展模式研究 [D].湛江：广东海洋大学，2014.

[17] 韩锋.乡村旅游景观研究 [D].保定：河北农业大学，2014.

[18] 戴迪思.旅游开发中的民族文化变迁研究 [D].吉首：吉首大学，2016.

[19] 谢淦辉.乡村旅游的发展模式及对策研究 [D].广州：华南农业大学，2016.

[20] 潘颖.基于文化景观保护理念的乡村景观规划研究 [D].北京：北京建筑大学，2016.

[21] 任瑞珏.贵阳市新堡乡布依族的文化变迁研究 [D].贵阳：贵州民族大学，2016.

[22] 郭凌.乡村旅游发展与乡土文化自觉——旅游人类学视野中的文化结构与解构 [J].贵州民族研究，2008（01）:44-50.

[23] 叶玉洁.旅游对目的地居民社会文化的影响 [J].合作经济与科技，2008（21）:16-18.

[24] 刘宇，周建新.旅游目的地居民心理变迁的人类学透视——以广东省苏家围客家乡村旅游开发为例 [J].赣南师范学院学报，2009，30（05）:116-119.

[25] 邹媛莹.云南丽江纳西族文化变迁的思考 [D].昆明：昆明理工大学，2013.

[26] 郑文俊.基于旅游视角的乡村景观吸引力研究 [D].武汉：华中农业大学，2009.

[27] 甘代军.文化变迁的逻辑 [D].北京：中央民族大学，2010.

[28] 翟永真.乡村文化旅游景观设计中的地域文化研究 [D].西安：西安建筑科技大学，2015.

[29] 郭涛.乡村旅游景观的本土化规划设计研究 [D].吉林：东北林业大学，2009.

[30] 余佳华，黄润.全域旅游视角下安徽大别山乡村旅游创新发展研究 [J].大庆师范学院学报，2017，37（04）:40-43.

[31] 沈亚婷，胡文静，刘兴双.文化创意视角下乡村旅游产品设计——以凌源市范杖子村为例 [J].辽宁经济，2017（08）:79-81.

[32] 吕琼艺.漳州乡村民俗旅游资源开发研究 [D].福建：福建农林大学，2010.

[33] 任红蕾.聊城乡村民俗文化旅游资源开发研究 [D].青岛：中国海洋大学，2011.

[34] 徐闪闪.乡村旅游地形象对游客行为意愿影响研究 [D].杭州：浙江大学，2012.

[35] 陶玉霞.论乡村旅游形象的结构生成及其历时性建构 [J].北京第二外国语学院学报，2015，37（05）:64-72.

[36] 郝彩宁.基于民俗文化视角的乡村旅游文化研究 [J].旅游纵览（下半月），2015（08）:12.

[37] 刘忠超.乡村旅游目的地形象塑造与实证研究 [D].曲阜：曲阜师范大学，2017.

[38] 何东英.大力发展大别山乡村旅游 [J].世纪行，2012（01）:41.

[39] 柯珍堂，陈丽军.黄冈大别山乡村旅游发展存在的问题与对策研究——以黄冈市罗田县九资河镇为例 [J].中国商贸，2012（17）:170–171.

[40] 盘晓愚.中国乡村旅游的发展阶段和新趋势 [J].河北农业科学，2009，13（9）:87–88.

[41] 马培红.2016年中国乡村旅游发展报告 [C].厦门：厦门大学，2017.

[42] 樊茜.我国乡村旅游的现状、问题及对策 [D].西北大学，2017.

[43] 朱姝.中国乡村旅游发展研究 [M].北京：中国经济出版社，2009：178–190.

[44] 张树民，钟林生，王灵恩.基于旅游系统理论的中国乡村旅游发展模式探讨 [J].地理研究，2012，31（11）:2094–2103.

[45] 王秀珍.乡村旅游经营模式研究——以武汉市黄陂区为例 [D].华中师范大学，2008.

[46] 孙九霞.文化变迁的类型 [J].中山大学研究生学刊（社会科学版），1995，16（3）:104–109

[47] 杨振之，邹积艺.旅游的"符号化"与符号化旅游———对旅游及旅游开发的符号学审视 [J].旅游学刊，2006，21（5）:75–79.

[48] 杨振之，宋秋，等.东道主与游客：青藏高原旅游人类学研究 [M].北京：中国社会科学出版社，2016：:137–144.

[49] 刘之浩，金其铭.试论乡村文化景观的类型及其演化 [J].南京师大学报（自然科学版），1999，22（4）:120–123.

[50] 邹统钎，等.乡村旅游：理论·案例 [M].天津：南开大学出版让，2008:89–100.

[51] 曾晨，陈亮明.乡村文化景观及其现状研究 [J].绿色科技，2014（7）:181–183.

[52] 邓明艳等,旅游发展背景下乡村景观格局变迁与优化[J].生态经济,2010,221（2）:82–87.

[53] 徐清,乡村旅游开发中的景观危机 [J].中国园林,2007（2）:83–87.

[54] 江灶发，城市化背景下的乡村景观保护 [J].江西社会科学,2013（2）:241–244.

[55] 唐晓云，赵黎明.农村社区生态旅游发展分析——基于利益相关者理论 [J].西北农林科技大学学报（社会科学版），2006，6（2）：93–97.

[56] Ap J,J.L.Crompton.Developing and Testing a Tourism Impact Scale[J].*Journa of Trave Research*,1998,37（12）:120–130.

[57] 谌永生.敦煌市居民旅游感知及态度研究 [J].人文地理,2005（2）：66-71.

[58] 章锦河.古村落旅游地居民旅游感知分析——以黟县西递为例 [J].地理与地理信息科学，2003，19（2）：105-109.

[59] 郭伟，方淑芬.旅游地复合系统协调开发理论——方法——实证 [M].北京：地质出版社，2004.

[60] （澳）PeterE.Murphy.旅游社区战略管理：弥合旅游差距 [M].陶犁，邓衡，等，译.天津：南开大学出版社，2006：28,363，410-412.

[61] 叶俊，基于社区的旅游规划方法研究 [D].昆明：云南大学，2007.

[62] 叶俊，社区参与旅游规划的问题及三维体系的构建 [J]，黄冈师范学院学报，2009，29（2）:149-151

[63] 叶俊，民族村寨社区参与旅游规划路径研究——以西双版纳曼景法旅游社区为例 [J].热带地理，2012，32（3）：300-306.

[64] 王琼英.乡村旅游的社区参与模型及保障机制 [J].农村经济，2006（11）：85-88.

[65] 俞金国.差异模型在旅游地规划发展中的运用 [J].经济地理，2005，25（1）：126-130.

[66] 付保红，徐旌.曼春满村寨民族旅游中村民社会角色变化调查研究 [J].云南地理环境研究，2002，14（1）：43-49

[67] 冯年华，乡村旅游文化学 [M].北京：经济科学出版社，2011.

[68] 黄震方，黄睿.城镇化与旅游发展背景下的乡村文化研究：学术争鸣与研究方向 [J].地理研究，2018，37（1）：233-249.

[69] 许小健.广佛地区乡村旅游中农业景观营造研究 [D].广州：华南理工大学，2017.

[70] 冯娴慧，戴光全.乡村旅游开发中农业景观特质性的保护研究 [J].旅游学刊，2012,27（8）:104-111.

[71] 牟娅，于婧.中国重要农业文化遗产空间分布特征研究 [J].湖北农业科学，2018,57（19）:103-107.

[72] 卢勇，王思明.兴化垛田的历史渊源与保护传承 [J].中国农业大学学报（社会科学版），2013,30（4）:142-150.

[73] 卢勇，高亮月.挖掘与传承：全球重要农业文化遗产兴化垛田的文化内涵探析 [J].西北农林科技大学学报（社会科学版），2015,15（6）:155-160.

[74] 罗治得，朱飞.农业文化遗产旅游开发研究——以江苏兴化垛田为例 [J].江苏

商论,2018（3）:48-51.

[75] 韩雪娇.乡村振兴战略中村落民俗文化的保护与利用[J].经济师,2018（11）:82-83.

[76] 王迪.旅游产业导向下的乡村空间艺术创造研究——以礼泉袁家村为例[D].西安：西安建筑科技大学，2015.

[77] 武春霞.文化视角下的袁家村乡村旅游发展研究[D].昆明：云南财经大学，2016.

[78] 顾安琪.新农村建设背景下乡村聚落景观改造实践研究——以浙江安吉县为例[D].无锡：江南大学，2018.

[79] 余佳华，黄润.全域旅游视角下安徽大别山乡村旅游创新发展研究[J].大庆师范学院学报，2017，37（4）：40-43.

[80] 吴云超.湘西乡村旅游发展研究[D].北京：北京林业大学，2011.

[81] 罗兰，乔圣茹，王东阳."村企共建"与精准扶贫[J].中国行政管理，2017（7）:156-158

[82] 石群，农村精英的协同发展与困境解析——基于浙江乡村旅游文化内涵建设的研究[J].重庆文理学院学报（社会科学版），2012，31（4）:48-52.

[83] 李华，罗田县乡村旅游景观设计研究[D].华中师范大学，2014.